薄荷实验
Think As The Natives

道德与市场

| 美国人寿保险的发展 |

MORALS
AND
MARKETS
The
Development
of
Life Insurance
in the
United States

（美）维维安娜·泽利泽 著 姚泽麟 等 译

VIVIANA
A. ZELIZER

华东师范大学出版社
·上海·

图书在版编目（CIP）数据

道德与市场：美国人寿保险的发展／（美）维维安娜·泽利泽著；姚泽麟等译. —上海：华东师范大学出版社，2019
 ISBN 978-7-5675-9049-6

Ⅰ.①道… Ⅱ.①维… ②姚… Ⅲ.①人寿保险—研究—美国 Ⅳ.① F847.126.2

中国版本图书馆 CIP 数据核字（2019）第 060759 号

MORALS and MARKETS: The Development of Life Insurance in the United States
by Viviana A. Rotman Zelizer
Copyright © 1979 Columbia University Press
Chinese Simplified translation copyright © 2019 by East China Normal University Press Ltd.
Published by arrangement with Columbia University Press through Bardon-Chinese Media Agency
博達著作權代理有限公司
ALL RIGHTS RESERVED
上海市版权局著作权合同登记 图字：09-2017-567

道德与市场：美国人寿保险的发展

著　　者	维维安娜·泽利泽（Viviana A. Rotman Zelizer）
译　　者	姚泽麟 等
责任编辑	顾晓清
项目编辑	李泽坤
封面设计	周伟伟
出版发行	华东师范大学出版社
社　　址	上海市中山北路 3663 号　邮编　200062
网　　址	www.ecnupress.com.cn
网　　店	http://hdsdcbs.tmall.com/
邮购电话	021—62869887
印 刷 者	苏州工业园区美柯乐制版印务有限责任公司
开　　本	890×1240　32 开
印　　张	9.75
字　　数	215 千字
版　　次	2019 年 6 月第 1 版
印　　次	2021 年 5 月第 3 次
书　　号	ISBN 978-7-5675-9049-6
定　　价	55.00 元
出 版 人	王焰

（如发现本版图书有印订质量问题，请寄回本社市场部调换或电话 021—62865537 联系）

献给我的母亲罗西塔·维尔·德·罗特曼（Rosita Weill de Rotman）和我的父亲朱力欧·罗特曼（S. Julio Rotman）。

即使他们不是我的亲生父母，他们也是我真正的朋友。

目 录

前　言......001

致　谢......015

导　论......001

1　历史与经济背景......007

2　持续之谜......019

3　一个比较的视角......045

4　价值观和思想观念对接纳社会创新的影响：人寿保险与死亡......065

5　生命、偶然与命运......103

6　营销生命：道德说服与企业......137

7　人寿保险代理人：职业声望和专业化中的问题......177

结　论......221

注　释......227

参考文献......268

译后记......287

前　言

基兰·希利（Kieran Healy）[①]

2016年10月，大都会人寿保险公司解雇了史努比[②]（Snoopy）。三十多年来，这家以纽约为基地的保险公司一直得到这条为人钟爱的猎兔犬和《花生漫画》中其他成员的支持。在这段时间中，大都会人寿保险公司的广告、公司标志、漂浮在美国职业高尔夫联赛球道上的公司飞艇，以及公司销售代理和经理的名片上，都有史努比的身影。该公司的《办公用品商标指南》推荐将史努比印制在雇员的名片上，但同时警告史努比只应该以其"品牌大使的姿态"出现，即史努比正无忧无

[①] 基兰·希利是爱尔兰裔美国社会学家，于普林斯顿大学获得博士学位，目前是杜克大学社会学系副教授，他主要研究利己和利他行为的社会基础、人体器官的捐献与交易等。代表作 Last Best Gifts: Altruism and the Market for Human Blood and Organs 由芝加哥大学出版社于2006年出版。（译者注）

[②] 大都会人寿保险公司全称 Metropolitan Life Insurance Company，于1863年在纽约创立，创立之初名为 National Union Life and Limb Insurance Company，1868年开始启用现名。大都会人寿是目前美国最大的人寿保险公司。而史努比则是美国漫画《花生漫画》（Peanuts）中的著名角色，原型为米格鲁猎兔犬。大都会人寿保险公司自1985年起，就"聘用"史努比作为"形象代言人"，意图借史努比的可爱睿智淡化保险公司冷冰冰的形象，一度是大都会不可或缺的重要角色。（译者注）

虑地伸开双臂小步快跑。在美国文化中,史努比长久以来就是受人钟爱的形象,然而令人悲伤的是,在资本主义体系中,一切坚固的东西都烟消云散了——或者说,正如大都会公司的新闻稿所表达的,"全球范围内,变化来得比以往任何时候都要快……消费者陷入这种飞速变化之中,他们正在寻求一个信得过的搭档以帮助他们度过这些变化"[1]。大都会决定重组其业务,这使得一条卡通小狗失去了立锥之地。大都会公司全球首席营销官埃斯特·李评论道:"于投保人的最佳利益而言,我们要使他们明白,人寿保险应当被视为一种实用的商业制度——纯粹以商业原则运营,并仅以公认的商业程序的规则作评判。他们越是快速地学会切断人寿保险与所有不切实际的情感之间的联系,这对他们就越好。"

不,她当然没有说这些。原话出自威廉姆·斯坦登在19世纪90年代晚期所写的一篇文章,题为"人寿保险作为一种务实的生意还是作为一种不切实际的情感"(Life Insurance as a Practical Business versus Life Insurance as an Impractical Sentiment),这里只是引用了他的这段话。埃斯特·李真正说的是:"三十多年前,我们将史努比带进来,以使我们公司的形象更为友好、更加平易近人,因为那时候人寿保险公司被视为不友好的和冷漠的。当时史努比帮助推动我们的业务,并且充当着重要的角色……然而,随着公司的发展,将品牌与我们所做的工作直接相连就显得十分重要了。"大都会公司的董事长兼首席执行官斯蒂芬·坎德瑞补充说:"我们的新商标反映了我们公司的转型,也在市场中将我们与其他公司相区别,最终为我们的客户和股东带来更大的价值"[2]。他们的言论比不上斯坦登的直率，但是他们的意思同样清晰可辨。他们说，曾经有一段时间，我们需要史努比，使人寿保险显得温暖和热情友好，但是这种日子已经过去了。直接以经济术语、而不用任何委婉的分散注意力的东西来思考大都会公司，现在正当其时，或者说得更扼要一点，这已经具备了充足的理由。

我们可能有点怀疑，大都会公司管理层的姿态退回到了美国人寿保险更加原始的时代，那时候人寿保险业务面对严峻的现实，人们的感受需要被充分顾及。毕竟，他们所谈论的是20世纪80年代中期，那时候华尔街和影片《华尔街》对其他许多人而言都是非常有力的广告，二者宣传的都是在经济生活中明确的私利。保险公司起初希望使其公共形象变得温和，随后又希望卸下安全的伪装，无论这种需要背后是什么样的故事，看起来都应该有着更深层次的根源。

《道德与市场》就是探究何为那些根源的一本书。本书初版于1979年，是泽利泽的处女作。之后，她出版了一系列著作，包括《给无价的孩子定价》(Pricing the Priceless Child)、《金钱的社会意义》(The Social Meaning of Money)和《亲密关系的购买》(The Purchase of Intimacy)，对经济社会学和文化社会学都具有重要而长久的影响。当一个人重温一个学者的早期作品而这些作品又具有开创和支撑一个重要的研究议程的意义时，正如泽利泽所做的那样，他/她总是会好奇有多少过去的情况在文献中已经被遗忘、又有多少未来将会发生的情况已出现在文献中。

如同许多处女作一样，《道德与市场》还带有其脱胎于博士论文的一些痕迹,尤其是清晰的论述框架,以及向指导其博士论文的哥伦比亚大学的社会学家的致意。但是这本书读起来并不像一篇博士论文。它的语言明晰,节奏轻快。本书前三章只有不到40页的篇幅,泽利泽迅速地提出了问题。临近18世纪末,人寿保险公司在美国得以建立,看起来这是解决寡妇和孤儿的财务问题的有效方式。然而这些公司却并未蓬勃发展。人们对公司销售的这些保险产品无动于衷。19世纪40年代后,情况才发生变化。人寿保险开始飞速扩张,终于巩固成为一个巨大的市场。如何解释人寿保险早期的失败以及后来的成功?泽利泽考察了既有的解释——多数都是结构性的因素或经济的因素——并且发现这些解释并不充分:人寿保险的支付方式早已有之;其他类型的保险(诸如火险和海险的保单)几乎不必费心就能成功出售;保险公司通常都运行得不错;法律上也并没有阻碍;有关死亡率的恰当知识和数据也已可以利用;人寿保险的保单并不那么糟糕。然而,非常特别的是,人寿保险面对一种独特的来自潜在客户的抵制。即使对这一产业最终成功最有说服力的解释之一——保险公司招募了一支强有力的销售代理和营销队伍——都假设人寿保险存在某种特殊的问题,因而首先就需要一支技艺高超的销售人员队伍。

《道德与市场》余下的章节就试图解决这个谜题。首要的想法便是我们需要对有关死亡的美国文化和价值观做出解释,以理解美国人何以阻碍了人寿保险市场的发展长达半个世纪甚至更久。关于这一点,一个人可以写下一两句概要,而这些概要可能出现在随意引用本书的许多讨论中:《道德与市场》展示了精于算计的市场准则如何被引介到一个神圣的领域,即死亡,从而出人意料地激起了强有力的抵制,并且需要花费时间和精力才能克服。人寿保险行业在市场上的成功最终并非来自于以某些更为工具性的价值观消除或替代人们神圣的价值观,而是以一种更为有趣的方式,即通过某种部分"吸纳"的方式:"神学受到资本主义思潮的支配——但同时,强迫后者以精神的外衣掩饰了其自身的物质主义使命。"

这是对本书的一个合理概括,但本书的内容远不止于此。在其相对紧凑的论述当中,《道德与市场》提出了关于经济生活中的文化角色,以及更一般的,关于社会变迁中的文化角色等一系列难题。当泽利泽实现了她的基本目标,成功地表明我们必须理解交易的文化面向才能解释人寿保险市场的发展时,这本书似乎并未戛然而止。随着本书的继续展开,分析的重点发生了变化。本书一开始论述道,一个令人满意的解释需要整合文化或价值观,但这种解释思路逐渐让位;因为本书不是简单地探索文化的外生效应,而是探索一条双向的通道(two-way conduit):一头是人们的价值承诺,另一头则是他们所做的经济决策。

分析焦点的转换得益于"美国人寿保险发展"这一案例的结构以及泽利泽的研究问题关注的是"人们对人寿保险的接纳实质上是被耽搁而非永久拖延"这一事实。如果你被局限于一个国家和一种只展开一次的事件顺序,那么即使历史社会学中最直截了当的问题——"为什么这件事情在它发生的时候发生了?"——都难以得到令人信服的回答。在一个短而精的章节，泽利泽聚焦于其他国家的保险发展，她通过比较英格兰和法国的案例，部分地解决了这一困难。如果说单一的一组事件很难处理，那么解释某些事情为什么没有发生则更为困难。也许最令人烦恼的案例是某些事情曾经未能发生而后来又成功发生了。在美国，直到其取得巨大成功前，人寿保险都是一个失败的产业。对此类案例最直截了当的解释就是考虑在结构上对变化的一些阻碍，而这些阻碍后来又被消除或为变化的发生让出了道路。但是泽利泽已经指出，结构性的条件并不足以解释所发生的一切。同时，将文化或价值观带到分析的中心，似乎像一种解释事物为何保持原状而非解释其为何变化的方式。面对这种挑战，一个研究者也许会被引诱通过扭曲历史的棱镜而去捏造问题，直到问题不再成为焦点。由此，我们可以对短则十年、长则几个世代甚至一整个世纪都不予理睬，因为它们被当作"转型阶段"，处于两个具有不同而稳定的价值观的时代之间。在人寿保险的案例中，市场的需求和人们根深蒂固的关于死亡管理的信念之间，存在着深刻而根本的不相容性。这种不相容的情况根深蒂固，直到这些信念以一种令人意想不到的灵活变通能力来适应新的条件。

《道德与市场》则去探索这种重构究竟是如何发生的，而不是驳回问题或迷失在激烈的矛盾中。本书开篇对文化角色的讨论，使用的还是"非经济因素"或"文化变量"等当时约定俗成的学术词汇。这意味着一种稳定的、单调的（monotonic）因果效应在起作用。但第四章首次对人寿保险与死亡管理之间的关系进行详细讨论，从而使得分析非常不同。尽管这一章开始便提到创新扩散中的"价值观兼容性"的思想,其讨论迅速转移至一个更加有意思的概念,即"金钱与死亡的关系,无论死亡是实在意义上的还是象征意义上的"。关键是"神圣的货币"的思想,神圣和货币看起来是一对矛盾,但泽利泽很快通过一系列的例证将这对矛盾分解为令人信服和引人入胜的细节。在亲人死亡这种不幸的节骨眼上引入金钱似乎令人憎恶,但问题并不是反对算计的一般禁忌,而是一种对被"廉价"对待的恐惧。在他们对奢华的喜爱中,或者他们至少在避免被视为在某一时刻不能做出合适的姿态或支付所需的花费的愿望中,礼物交换和金钱混合在了一起。在神圣和世俗之间的传统对立中,礼物、利他和慈善在一边,金钱、利己和市场在另一边。但是,正如玛丽·道格拉斯在《洁净与危险》中所指出的,关于世俗和什么在象征性地污染的观念:

> 在两个层面对社会的运行过程起作用,一方面主要是工具性的,另一方面则是表达性的。在第一个层面,也是更为显而易见的层面,我们发现人们都试图影响其他人的行为。信仰强化了社会的压力:宇宙当中所有的能量被调动起来以确保一个老人临终愿望的实现,保护一个母亲的尊严或是弱者和无罪者的权利。[3]

金钱也许经常污染其他东西,但其无疑也是宇宙中的一股力量。同样地,金钱也可以被调动起来服务于某些神圣的目的。也就是在工具性的和神圣的交汇点,金钱才可能不再是一种世俗的侵扰，转而成为达至正确目的的一个手段。泽利泽在第四章评论道："但另一方面，人寿保险变成了在死亡时货币的象征性用途的一种合法手段。"第四章余下的部分一直坚持这一洞见，并解释了人寿保险如何逐渐在实用层面和表达层面都被整合到对死亡的准备活动当中。

接下来的章节更为细致地考察了人寿保险公司的营销努力和人寿保险代理人的特殊角色。泽利泽再次表明，销售材料的内容和代理人的处境总是与作为一种产品的人寿保险的经济处境之间存在着张力。商业策略和公众态度就像一对相互对抗的力量——二者是敌对的，但却以某种方式推动了事物的前进。当客户抵制人寿保险产品时，公司则"以道德和神学的武器"予以回击。但是，一旦人寿保险产业开始繁荣，这种"传统的道德武器"便"在一场不再寻求思想观念[①]胜利、转而寻求无限经济扩张的战役中，变得锈蚀无用"，因此，"把商业主义的目的掩饰了近四分之三个世纪后，人寿保险行业对其自身先前的情感色彩感到窘迫，转而寻求一种明确（sober）的经济制度的身份"。对此，泽利泽通过"结构性矛盾"（structural ambivalence）的框架来进行分析。这个概念部分地借用自罗伯特·默顿和艾丽诺·巴伯（Elinor Barber）的思想，他们认为角色、地位或工作经常伴随着交叉压力，这导致扮演这些角色的人、占据这些地位的人和从事这些工作的人被来自不同方向的力量所拉扯。她论述说，就像殡葬行业的从业人员，人寿保险代理人为体面

[①] 本书把"ideology"均翻译为思想观念。（译者注）

而奋斗,但他们"为职业所限制,不得不将死亡当作一门生意"。结果是他们的道德论述和对更高价值观的呼吁一直处于听起来不太诚恳的危险之中。虽然他们努力成为"有工资的传教士",并被要求"带着使徒的决心去行动",他们却还是一直处于滑入被污名化的销售人员这一身份的危险之中。泽利泽指出,这些"人寿保险企业矛盾的结构性根源使得这种平衡中的摇摆会不断地持续下去"。

所以,一直到大都会人寿保险公司为了追求其"高尚的目的"而使用但之后又抛弃史努比和他的朋友们,保险公司都是这么做的。对《道德与市场》所指出的矛盾而言,虽然重塑形象是一个比较琐碎的例子,但这一矛盾已经被不断地证实。在其《生老病死的生意》(*Marketing Death*)一书中,陈纯菁[①]追溯了中国人寿保险市场早期的发展和稳固的过程。20世纪90年代,美国国际集团旗下的友邦保险进入中国,并招募本地代理人销售保险产品。当时,很少有中国人了解人寿保险是什么,也几乎没有人喜欢公开地谈论包含死亡问题的合同。结果是,与泽利泽所说的矛盾的表现略有不同,代理人向他们的至亲销售保险产品。这些亲戚信任代理人,尽管这些保单并不便宜。而且,保单销售很少或几乎不讨论保单的细节,甚至也不谈论

---

① 陈纯菁(Cheris Shun-ching Chan)博士毕业于美国西北大学,专攻文化社会学和经济社会学,目前是香港大学社会学系副教授。其专著《生老病死的生意》(*Marketing Death: Culture and the Making of a Life Insurance Market in China*)已于2012年由牛津大学出版社出版,中文版将由华东师范大学出版社出版。(译者注)

人寿保险实际上究竟是什么。重要的是，代理人故意不提他们将从所销售的每个保单中收到40%的提成。部分销售人员有疑虑，但通常来说，他们并未觉得这种行为是不合适的，因而并未停止他们的销售活动。足量的保单就这样被成功售出，一个人寿保险的市场终于出现了。只有当友邦保险通过大量的广告以寻求扩大销售代理的队伍规模时，交易的具体条款才突然被保险公司自己公诸于众了。（人寿保险公司之所以需要招募更多的销售人员，是因为随着市场的扩张，原本那群代理人能销售保险产品的至亲多多少少都已经"用完"了。）这直接引发了一场令人尴尬的公众论争，此后这种向至亲售卖保险产品的做法就寿终正寝了。之后，市场受到更多的正式规制，代理人开始向更广泛的熟人和陌生人销售保险产品。[4]

回顾起来，《道德与市场》开创了一个有效的且迄今为止都被广泛应用的有关交换社会学（the sociology of exchange）的研究取向。虽然名义上这是有关19世纪一个历史片段的研究，但《道德与市场》却直接把加剧保险公司困境的一般性问题识别了出来。诸多关联都在本书中得以明确，比如有关血液和器官的商业化交易的争论，这显然是从蒂特马斯1970年所出版的《礼物关系》(*The Gift Relationship*)中获得的灵感。在过去的二十年中，社会学家越来越将泽利泽的这本书视为一个典范，用来研究如何创造和维系有关神圣的、禁忌的，抑或棘手的物品和服务，那些以礼物或以市场为基础的交换。

在一篇导论性的前言中，从迄今为止大量的学术文献中任意摘选一些文献，容易引起人们的反感，但记录一些不同的经验场景还是值得的，因为这些场景广泛应用了泽利泽取向（Zelizerian approach），抑或直接和《道德与市场》中所探究的问题相衔接。这包括一些关于"人类物品"交易的研究，诸如血液和器官；卵子、精子、遗传物质；还有尸体。这也包括研究一场有关临终照护的激进运动如何在财务上变得切实可行；探索不同类型的医院如何应对压力，以使自身更能回应市场的需要；研究20世纪90年代人寿保险被保人离世前的结算业务[①]；研究为母亲们提供服务而收取费用的雇员如何抵制公司的商品化冲动；以及分析想要得到电台中唱片播放权的人们如何试图避免因贿赂（payola）而被捕[②]。

还有许多其他的例子。晚近的作品经常背离《道德与市场》一书所采用的历史取向。比如，很多都是民族志，或以访谈为基础。采用泽利泽后来的著作的思路，这些作品对于由交易双方各自展现的、当下经常被称为"关系工作"（relational work）的内容，都提供了一种更好的视角。虽然方法不同，且矛盾（ambivalence）这一概念在当代的讨论中使用较少，但值得注意的是许多此类作品仍然只聚焦于人们所持续面对的困难，然后便戛然而止。这种持续的困难常常发生在正式界定的角色上，这些人想要居中调停一些可能带来尴尬的交易，同时他们又想

---

① 离世前的结算业务是指患不治之症的被保人向第三方以低于到期收益的价格，出售人寿保险保单以便活着时享用人寿保险收益的一种安排。（译者注）
② 在美国，payola 意指唱片公司贿赂电台 DJ。事实上，美国并未禁止唱片公司花钱在电台做宣传，但前提是电台必须事先说明。Payola 之所以违法，就是因为电台不事先说明，而假装这些音乐都是 DJ 自己选择的结果。（译者注）

保持他们自己或者他们的交易伙伴的尊严。而且，这些人也想在他们的行为和带有更多怯懦动机的人们的行为之间划清界限。

关于市场中道德角色的研究，包括泽利泽自己后来的作品，都倾向于聚焦交易双方参与的边界划分（boundary-making）和差别划分（distinction-drawing）的过程。这类研究的主题是人们在实践中如何利用文化和道德资源。但是考察关系工作如何被完成之后，同一群学者又倾向退回到这样一些问题：确切而言，人们从何得到对错的标准以开始行动，这些标准又如何被执行，谁又从中获益？同过去一样，交易中规范边界的起源和维持问题时仍然难以给出令人信服的回答。经济学家在近些年考察了这些交易，借用阿尔文·罗斯（Alvin Roth）的术语，他们对某些特定种类的市场交易存在广泛的"抵触"（repugnance）而同样感到沮丧，因为这种抵触并非微不足道而已经足够严重，但同时这种抵触又因多种多样而不能简单概化，而且其起源亦难以解释。《道德与市场》承接了这个问题的最初思路。它从宽泛的涂尔干式的问题出发，这些问题包括神圣与世俗的基本界分，以及解决交易问题以礼物和以市场为基础的方式之间的强烈对比。但是，本书随后却沿着类似于齐美尔的感性（sensibility）的路径进行分析，在这种路径中，类似于某些制度之间的基本差异，开始显现得更像是有着双重属性的抽象的社会形式，这些社会形式先是可以以一种方式运行，然后又可以以另一种方式运行。金钱变成了礼物，而礼物则变成了负担，负担又变成了道德义务，然后循环往复。

本书甫一问世的时候，社会学家和历史学家首先都认为

《道德与市场》对我们理解人寿保险产业做出了重要的贡献。随着泽利泽接下来著作的影响力增加,这本书开始被解读为对保险公司如何为了开拓人寿保险市场而使死亡变得安全,以及如何为死亡而使市场变得安全做出解释。相比人寿保险这一特殊的案例,关于在生活的神圣化部分金钱所扮演角色的一般论述开始变得更加重要。这使得本书的第二个实质性的主题逐渐退到幕后,但它本不应如此。除了在管理死亡中金钱的角色之外,本书还探讨了人寿保险产业的成长和发生在 19 世纪的人们对风险与赌博的态度的巨大转变。泽利泽的讨论尤其强调了盘绕在人们行动的风险和道德责任之间的关系问题,一种保险安全网对工作的个人动机的潜在害处,以及与天意(providence)对赌的一般危险。

2007 年至 2008 年的金融危机过后的大衰退,使得历史学家和社会科学家将注意力突然转回到金融领域、保险行业的兴起,以及有关于风险和个人责任的现代信念的基础等。在历史学中,类似乔纳森·列维的《财富的怪胎》(Freaks of Fortune)一书重新考察了在海险中有关风险的现代思想的起源,深度追溯了从天意到保费的转换,以及围绕生命可保的兴起而发生的争论。社会学家,就他们的专业领域,开始更为细致地考察量化和测算技术如何被应用于破解包括对违约的可能性及道德价值的估算。与此同时,报纸和其他媒体充斥着各种意见和评论,他们对身无分文的个体在财务上的不负责任、对强化市场中个人责任的需要,或者对金融分析家试图建造模型以回避奈特不确定性①（Knightian uncertainty）（这就如同天意现在已为人所知）予以严词谴责。《道德与市场》所提出的问题与其所提供的解答一如既往的有意义。继续阅读吧——阅读这本书只有很小的风险，而可以得到近乎确定的回报。

---

① 奈特不确定性由经济学家、经济学芝加哥学派的创始人法兰克·奈特（Frank Hyneman Knight）提出，指无法被衡量、不能被计算或然率的风险。（译者注）

致 谢

在其论文《忠诚与感恩》(*Faithfulness and Gratitude*)中,齐美尔指出,"只有我们首先给予,我们才能自由,这就是为什么在并非由感恩所引起的第一份礼物中,蕴含着一种给他人的美好和一种对他人的自发的热情……这种礼物不能与任何随后的礼物相提并论"[1]。来自西格蒙德·戴蒙德(Sigmund Diamond)教授和伯纳德·巴伯(Bernard Barber)教授的建议和支持,以及他们在待人和知识上的慷慨,对我来说就是"第一份礼物",而我将永远不能给予足够的回报。这项研究始于戴蒙德教授在哥伦比亚大学研讨课上的一篇论文,正是在研讨课中,他向我推介了利用历史学方法来从事社会学研究。即使后来到了以色列的特拉维夫大学教学,戴蒙德教授依然抽出时间,极为细心地纠正我寄给他的手稿中的问题。他的许多实质性的评论和编辑建议,以及他体贴的鼓励言语,于我而言都具有重要的价值。

在哥伦比亚大学攻读研究生的第一学期,我见到了巴伯教授。自那以后,他的作品一直激发我的灵感。本书中的许多理论视角,都是以巴伯教授的课程、论著和我们私下的交谈为基础的。他在社会学领域思维清晰而视野广阔,加之他对我的问题和疑问总是报以无尽的耐心，这些都是我得以完成本书的关键因素。

我也要感谢罗伯特·默顿（Robert K. Merton）教授、戴维·罗斯曼（David J. Rothman）教授、乔纳森·科（Jonathan Cole）教授和小约翰·莱利（John W. Riley, Jr.）博士，他们也给了我鼓励以及针对个别问题的相当有用的评论。我要特别感谢罗格斯大学的艾文·路易斯·霍维茨（Irving Louis Horwitz）教授，他阅读了数章手稿，并以其热情的态度和敏锐的洞见给了我许多帮助。我也要向在五年研究生期间给予我慷慨资助的哥伦比亚大学和国家心理卫生研究所（the National Institute of Mental Health）致以深深的谢意。我还要谢谢美国人寿保险协会（the American Council of Life Insurance）的鼓励。

非常幸运，我有海伦·史蒂文斯（Helen L. Stevens）这样一个助理帮助我打印手稿。伊丽莎白·麦格雷戈（Elizabeth McGregor）以爱维持着家庭的高效运转。我的丈夫杰瑞和我的儿子朱利安都是我的好伙伴。最后，我要感谢罗格斯大学的哈利·布雷德迈尔（Harry C. Bredemeier）教授和苏珊·萨德-佐默斯（Susanne Schad-Somers）博士，是他们首先激励了我去学习社会学。

导　　论

　　保险史学家一直对美国人寿保险的扩散模式感到困惑。19世纪早期人寿保险不同寻常的缓慢发展节奏，与19世纪40年代之后这个产业突然势不可挡的成功形成了鲜明对比。扎特曼（Zartman）在1909年就注意到："美国人寿保险突然而至的巨大发展从未得到令人满意的解释。"[1] 六年后，斯塔尔森（Stalson）仍旧重复道："美国人寿保险始于1843年的重要变化是所有研究者都承认的；但对于这一重要的现象，还没有一个人做了透彻的研究。"[2] 既有的解释仍旧不得要领，目前盛行的有关人寿保险发展的解释仍然限于经济学层面。经济学家和经济史学家垄断了保险研究领域，而大多数社会学家却已经忽略了这块内容[3]。把人寿保险作为一种社会创新而非一种简单的经济制度来分析，这是一个应用和扩展重要的社会学概念和方法的重要机遇。

　　在人寿保险的合法化过程中，主要的文化和思想观念因素都卷涉其中。使用这样一个案例，本书主要关注的是经济行为的非经济方面。考察美国人寿保险产业扩散的真实速率和模式后，我们转而检讨了当前经济学有关人寿保险历史的解释中存在的典型局限和错误。然后，通过一系列的比较分析方法，我们试图检验文化变量在其中的角色。首先，我们对人寿保险扩散模式的跨文化一致性做了比较分析；其次，我们又对美国不同类型的保险之间的差异做了比较分析。比如，关于第一点，人寿保险的"思想观念抵制"这一文化变量，在多数其他国家中都阻碍了人寿保险的发展。而关于第二点，基于明显的经济理性，火险和海险在文化上得到重视，在美国发展迅速，也未遇到什么障碍；相比之下，人寿保险是后来才出现的，而且发展要缓慢得多。那么，是什么导致人寿保险处于如此独特的争议之中呢？

对人寿保险的批判很大程度上导源于这样一个价值观体系，在这个体系中，对人的生命做严格的经济估值会受到谴责。社会秩序的某些方面，诸如死亡、生命、人的器官，以及其他普遍仪式化的项目或行为，都被认为是神圣的，因此这超越了用金钱来定义的界限。而对这些方面进行金钱等价的做法的确立，便是本研究核心的理论关注点。社会科学家对"现金交易关系"（cash nexus）已经做了不少理论研究，但奇怪的是，关于这个领域的经验研究却很少。在《货币哲学》中，齐美尔对个人和金钱价值有极富洞察力的分析，但该书的英文全译本却在最近才出现。除了少数例外，这本书在社会学文献中的价值一直被忽视。许多社会科学家热衷于市场模型和经济人概念，对市场和人的价值之间互动的某些复杂性视而不见。人的价值挑战了市场交易中非人的、理性的和等价的影响。对给人提供输血用血的志愿体系和商业体系，蒂特马斯开展了富于想象力的跨国比较，似乎是深入考察这种冲突的唯一努力。他的书认为商业的血液分配系统不仅不如志愿的献血系统有效率，而且更为重要的是，对社会秩序而言，商业系统是不可接受的，亦是危险的。蒂特马斯写道，将血液变成一种商品，那么很快"大量的人类活动和关系也可以用美元和英镑做交易——这就在道德上变成可接受的了"[4]。蒂特马斯对这些市场交易的结果感到不满，他相信对特定项目或活动，包括输血、器官移植、收养照料、医学实验参与等而言，只有互惠的或礼物形式的交换才是合适的。这种对市场法则的抵制并不是其独有的。在早期论著中，马克思就关注货币使人丧失人性的影响。在《1844年经济学哲学手稿》中，马克思谴责了在资本主义社会中，人的生命被轻易化约为可以买卖的商品这一现象；他指出，在自己所处的时代，愈演愈烈的卖淫行业和人口买卖便是这种堕落过程的终极例证[5]。布劳（Peter Blau）同样如此。尽管占主导地位的是他有关社会行为的市场模型，但他亦说道："按照道德标准被界定为一种价值无法估量的东西，却在市场上以某一价格出售，由此，人们作践自己，摧毁了他们本应具备的核心价值。"[6] 布劳以爱情和拯救为例，提出对无形的精神收益的定价只会产生一些不道德的副产品；这是卖淫而非爱情，是买卖神圣之物①（simony）

---

① 库利从另一个不同的角度表达了"道德问题"，这源于这样一个事实，即"金钱价值无法表达社会更高层次的生活"。尽管库利同意人的价值，如爱情、美好、正直等并不是传统的商品，但他否认金钱价值与生活当中一个特殊、低级的领域之间的永久分离。他的选择是抬高金钱估价（的地位和价值）；准确的做法是鼓励"金钱估价转变成更高的价值……所有东西都有其价格，这一原则应当被扩展而非被限制"。参见 Charles H. Cooley, "The Sphere of Pecuniary Valuation," *American Journal of Sociology* (September 1913), 19:188-203.

而非精神祝福。人寿保险以最尖锐的表达方式提出了将神圣之物等价于金钱的问题：一个人怎么决定死亡的价格？通过人寿保险对普遍的关于死亡和临死的态度及定义的分析，我们考察了制度对文化价值观的影响。

对风险和赌博文化界定的变化也对人寿保险的发展有一定作用。在19世纪的最初几十年里，传统的经济道德和宗教决定论的社会思潮都谴责人寿保险是亵渎神圣的投机冒险。19世纪中后期突然出现的唯意志论的宗教观点和企业家的经济道德赋予了人寿保险公司以合法性。人寿保险被当作赌博的污名也被擦除了。

我们的分析也利用了两个社会—结构变量。其一，我们分析了一种张力，这种张力就蕴含在从以礼物类型的社会交换系统到以一个不牵涉个人情感的市场交换系统去帮助失去亲友的人们的过渡过程中。人寿保险彻底改变了死亡管理的方式。18世纪的寡妇能够得到来自朋友、邻居和亲属的帮助以缓解穷困，但这种救助方式被一个高效且营利的科层制系统所取代。不过，对寡妇和孤儿的保护并不能被简单化约为单纯的经济行为。其二，对18世纪人寿保险公司的营销技巧变化的分析表明，它们试图兼顾商业的和利他的目标。人们发现，保险代理人的状态是矛盾的，因为他们被两种形象所撕扯：一边是传教士的自我形象，另一边则是贪婪的销售人员的公众形象。人寿保险代理人的职业地位就像一个指示器，显示了公众对这个行业的反应。"脏活"（dirty work）的概念就被用来分析人寿保险代理人的角色特征和较低的职业声望。

本书的关注点并不仅限于对人寿保险的发展做一番历史的描述，根本的目的是通过挖掘这段历史当中还未被分析过的层面，来考察更为一般性的社会学问题，即经济行为的非经济因素，以及更为具体的问题，即因为将死亡置于市场之中而造成的文化和结构困境。

我的研究基于对历史文献资料的质性分析。我试图使用一套广泛而多样的、包含不同类型的数据资料。我所查阅资料的首要来源就是人寿保险公司出版的广告小册子、保险期刊和杂志、早期有关保险的论文和教科书、人寿保险代理人的训练手册和他们的回忆录。虽然这些资料主要再现了人寿保险行业而非其顾客，但它们亦能反映公众的意见。对人寿保险最广泛的异议被同时代的广告不断地讨论、细致地回应。我也查阅了人寿保险行业之外的资料来源，包括19世纪的商业期刊和综合杂志、寡妇手册和婚姻手册、人寿保险批评者所撰写的小册子，以及一系列政府档案。总体而言，我以经典的历史研究方法分析这些资料，但所用的理论和概念则来自社会学和历史学，这将帮助我确切地表述研究设计和将要回答的问题。

1

历史与经济背景

有关人寿保险在美国的历史,有一个新奇而有趣的章节仍待书写。那就是有关人寿保险早期的斗争、试验和冲突的故事,当时人寿保险的规模比较小,整个产业还比较脆弱[1]。

据估计,1977年,美国生效的人寿保险总量超过了2万亿美元。单是当年人寿保险的购买量就达到3600亿美元。这些压倒性的数字显示了当代人寿保险在财务上的成功,但在这些数字背后,却有着一段长期斗争和对抗的历史。一开始,人寿保险被认为"有害于"这个国家的利益[2]。根据"小道消息"的报道,只有少数人给自己投了人寿保险[3]。一位最早的人寿保险代理人后来回忆道:"人寿保险试图对某个阶层的人有益。但我们很难吸引这部分人的注意力,或引发他们心中的兴趣。"[4] 迟至1853年,《纽约时报》的一篇社论仍认为:"一个为自己的生命或健康投保的人,必然成为他自己愚蠢行为或他人的欺诈行为的受害者。"[5] 这也使得观察者感到困惑:"在这个国家,所有要素都被结合起来,以使(人寿)保险得到更广泛的利用……但人寿保险却很少被利用,这是如何发生的?"[6] 美国人花了半个多世纪才接受人寿保险。第一个人寿保险公司创立于1759年,但直到19世纪40年代,人寿保险的销售较过去才有了显著提升。在此后的一些年,令人惊讶的是,人寿保险的增长率突然变得非常高。19 世纪之初，整个美国生效的人寿保险不超过 100 单。直到 1844 年，仅一家公司在其开业的最初 19 个月中，就售出了 796 单人寿保险[7]。在 1815 年，法院还在争论一份人寿保险合同是否具有法律效力[8]。三分之一个世纪过后，一个法官宣布："人寿保险现在已经变成了一门大生意，并被认为对社区极具益处。"[9] 在大量有关保险的论述中，仍然有两个问题未及回答：如何解释美国人长期地强力抵制购买人寿保险，又如何解释 19 世纪 40 年代后其不同寻常的迅速成功[10]。为了寻找答案，我们将考察两个时间段：其一是 19 世纪的头 40 年，这段时间包括了人寿保险在美国建立时的斗争，以及大众对抗人寿保险的源头；其二是同一世纪的之后几十年，人寿保险已经成功地站稳脚跟。这项研究将处理 19 世纪早期阻碍人寿保险发展的文化变量，同时亦评估哪些变化使得人寿保险之后得以扩张。然而，要对文化价值观和思想观念的变迁做一个时间上的分段，是绝对不现实的。尽管不同时期占据主导地位的往往是不同的价值观，但在一个较长的时段中，人们会发现多种价值观并存。因此，我们处理的是文化的渐变，大体上追寻的是人寿保险被接受的合适土壤。

美国人寿保险首先出现在咖啡馆的非正式氛围中，在 18 世纪早期，商人们在那里见面商谈生意。个体的海险核保人①（underwriters）偶尔会为他们的顾客开出短期的寿险保单。它

---

① 又称"承保人"，其主要工作包括对潜在客户进行筛选，以及如果决定承保，则要分析客户的风险程度，决定应缴纳之保费，甚至在必要时修改保单内容等。（译者注）

们大部分都是"赎金"(ransom)保单,只应对非同一般的风险,比如商人方一要到欧洲或西印度群岛做生意。第一个正式的人寿保险组织是"长老会牧师旗下缓解寡妇孤儿困苦的社团法人"(the Corporation for Relief of Poor and Distressed Widows and Children of Presbyterian Ministers),由长老会于1759年在纽约和费城创立,为的是给他们牧师的生命投保。1769年,一个类似的机构由圣公会牧师创建。这些组织具有暧昧不清的历史地位。对一些历史学家来说,这些组织是商业公司,但另一些人认为它们是"半慈善半保险"的机构,作为人寿保险核保的个体形式和公司形式之间的过渡形式而提供服务[11]。美国金融史并未将长老会基金列入早期公司的名录当中,因为这一基金是"为其他目的而非商业目的"[12]建立的。实际上,圣公会和长老会的社团法人在结构上非常类似于人寿保险公司,除了它们应对的是一群特定的顾客,以及会接收馈赠以充实基金。但是,这些额外的款项只用于帮助未签署保险的人,而常规的保险项目则以既定的比率提供赔付。牧师"极为马虎"地接受了这二者的联合[13]。圣公会基金的组织者保证说,"牧师并未更一般地追求社团法人的好处,但这并不是社团法人的错。社团法人尽了力,直接和间接的方式都用了,为的是吸引捐赠"[14]。

在18世纪的最后十年成立了很多保险公司;比如,1794到1799年间,就颁发了29张执照。虽然这些都是火险和海险公司,但其中至少有5家被特许核保生命风险。人寿保险业务仍旧"形同虚设"[15],只有一个例外。这个例外就是创立于1794年的北美保险公司。一开始,这家公司只是简单地遵循个体核保人的做法，对生命中非同一般的风险进行投保①。最终在1795年，这家公司决定"就人命的保险实施一些计划"[16]。但他们非常失败，因为直到1799年的11月，他们才开出了不到6份保单。1817年，这家公司完全放弃了人寿保险业务。人寿保险所遭遇的另一个令人沮丧的尝试是由威廉·戈登（William Gordon）在18世纪晚期做出的，他给一个为波士顿的寡妇提供生活物资的社团制定了一份详细的计划。但最后并无成效[17]。

1812年3月，宾夕法尼亚生命与养老保险公司（the Pennsylvania Company for Insurance on Lives and Granting Annuities）得以组建。这是美国第一家商业人寿保险公司，以科学为基础，它向所有公众提供保险产品②。1812年至1840年，另一些公司建立，它们都有签发人寿保险的权力③。但是，生意是如此糟糕，以至于在短短几年时间里，大多数人寿保险公司就放弃了这个领域。比如，1818年在纽约组建的联合保险公司

---

① 有两个船长为了应对被海盗劫持而投保，他们一个从费城航行到伦敦，另一个从巴尔的摩到波尔图或里斯本。参见 Charles K. Knight, "History of Life Insurance to 1870s," pp.66。其实，人寿保险保单与"致命的自然意外的海上风险"一样并不多见。参见 J. A. Fowler, *History of Insurance in Philadelphia for Two Centuries*, p.623。

② 1807年，一家英国公司在费城设立了一个办事处，但由于1810年该州的立法禁止所有州以外的保险公司开展业务，这家办事处就最终正寝了。1810年，费城的黑人建立了非洲保险公司，但由于经常无法回应顾客需求而结业。参见 W. Weare, *Black Business in the New South*, p.7。

③ 1836年至1840年间，几家老公司重新开始其人寿保险经营特权，但都以失败告终。Nichols评论说，"如果1835年的光明承诺实现了，那么人寿保险在美国开始作为一种被认可的商业实践可能会提前7年"。参见 Walter S. Nichols, *Insurance Blue Book, 1876-77*, pp.37-38。

从未卖出过超过 12 份保单,而购买的人还是它的职员和主管[18]。宾夕法尼亚公司(成立于 1812 年)、马萨诸塞医院人寿保险公司(成立于 1818 年)、纽约生命与信托公司(成立于 1830 年)、吉拉德人寿保险、养老与信托公司(成立于 1836 年)是这段时间内的四家主要公司。

尽管他们奋发努力,这些公司的人寿保险业务规模却一直不大。当我们将人寿保险与信托业务的成功发展做对比时,1840 年以前人寿保险业务的弱点便一目了然。信托公司受托接受金钱或证券并进行保管,而这一领域之前由私人所把持。对托管制度的需求首先源于这样一些情况,即一个富有的人因年纪太大或身体残疾而无法顺利地管理其财产,或者当他死后,财产遗留给了他的遗孀、姐妹或未成年的孩子,他们却又无力照看其财产。受托的公司为受益人的利益管理财产①。颁给宾夕法尼亚公司、马萨诸塞医院人寿保险公司、纽约生命与信托公司和吉拉德人寿保险、养老与信托公司的执照赋予了它们从事信托业务的权力,但在它们的信托部欣欣向荣的同时,人寿保险部却在艰难挣扎。这是一个意料之外的发展,因为这些公司预料它们的大多数业务是人寿保险。马萨诸塞医院人寿保险公

---

① 法律上,信托被定义为"一种信用托付关系,在这种关系中,一方是名义上财产的持有者,服从一种公平合理的义务,为另一方的利益而保管或使用财产"。参见 George C. Bogert, *Trusts*, 4th ed. (St. Paul, Minn.: West, 1963), p.1。名义上的持有者就是受托人,而得到利益的一方即为受益人。参见 Marvin Sussman, Judith N. Cates, David T. Smith, *The Family and Inheritance*。有关信托公司的发展史,参见 Gerald T. White, *A History of the Massachusetts Hospital Life Insurance Company*。

司于 1818 年开始其人寿保险和信托业务。1823 年，它只募集了共 696 美元保额的人寿保险，而通过信托业务募集的资金却达到 7 万美元。1827 年，该公司只开出了 35 份人寿保险保单，但却几乎有 304 份年金和捐赠受托保管。直到 1830 年，该公司的信托业务达到将近 500 万美元①。精算师纳撒尼尔·鲍迪奇博士在董事会做报告说，"人寿保险业务……目前还十分弱小，公司的整个力量都趋向于信托业务的建立"[19]。同国内外媒体甚至立法机关一样，公司的组织者也评论人寿保险销售的失败，并为此感到痛惜。回首早些年人寿保险的挫败，联合保险公司的首批董事之一在 1873 年写道：

> 我们后来还是无法理解这个现象。哥伦比亚学院已故的伦威克教授曾被选为精算师，少则一年、多则几年，所有的努力都被用来劝说人们投保，但最后都无济于事。……人寿保险部被放弃，为数不多的保单被其所有人取消。为自己的生命投保，在当时被许多好人认为是不道德的[20]。

国内外杂志都对美国人购买人寿保险时的犹豫不决做了评论。"在这个国家，对生命投保只被投以如此之少的注意力。长

---

① 相比其他三家公司而言，马萨诸塞公司是非常典型的。1813 年至 1814 年间，宾夕法尼亚公司生效的人寿保险保单从来没有超过 210 份。1837 年至 1841 年间，吉拉德公司的保单最高量是 258 份。1830 年至 1844 年间，纽约人寿生效的保单最多也只有 889 份。参见 Owen J. Stalson, *Marketing Life Insurance*, pp.63, 88, 97。

久以来,我们都对此感到震惊……",《奥尔良信使报》在 1836 年报道[21]。《亨特商人杂志》和《爱丁堡评论》也有意见一致的评论:"说也奇怪,它(人寿保险)还从未在美国流行过。""尽管人寿保险已经被引入美国,但并不能说它已经在我们美国人的后裔中茁壮成长。"[22] 宾夕法尼亚公司的董事会对此只能表示同意:

> 董事会非常遗憾,由于那种普遍存在于所有新事物中的偏见……公司经营的人寿保险业务规模遭到极大限制[23]。

甚至议员都在反思人寿保险公司的这种意外惨败,以激发公众的信心[24]。

这段充斥着落空的努力和失败的公司历史,在 19 世纪 40 年代却突然转变为一个惊人的成功故事:"亲眼目睹这一转变的人们都对人寿保险的迅猛发展感到迷惑不解。"[25] 19 世纪 40 年代的革命性变化,如同现在被提到的一样,迷惑了很多人,使他们误以为美国人寿保险的起始点就在 1840 年。历史叙述将超过半个世纪的失败浓缩为几句轻描淡写。这种历史的选择性导致绝大多数相关文献记录的都是成功的一面;也许这就是我们对人寿保险所遭遇的抵制知之甚少的原因①。

---

① 19 世纪的人寿保险史家在处理第一家人寿保险公司"经过数年徒劳的辛苦,直到完全饥饿"的"黑暗日子"和"不确定的和悲惨的存活"时显得更少犹豫。参见 "Life Insurance Profession and Life Insurance Literature – Their Rise and Progress," *United States Insurance Gazette* (May 1861), 13:7。其中一个史家批评保险从业者"只记得当下的繁荣,却忘记了这种繁荣是通过怎样的艰苦斗争而得来的"。参见 William T. Standen, *The Ideal Protection*, p.228。

1840年至1859年间，人寿保险所发生的一切可以从数字中得到最为清楚的反映。1840年，美国有15家人寿保险公司，生效的人寿保险总额低于500万美元。到1860年，人寿保险公司增至43家，而生效的人寿保险总额将近2.05亿美元。就单个公司的成就而论，纽约相互人寿保险公司①在1845年时生效的人寿保险总额只有不到450万美元，到1860年，这一数字达到4000万美元。1845年至1860年间，新泽西的相互收益人寿保险公司所生效的人寿保险总量从200万增长到2000万美元。绝大多数其他公司亦有类似的成功经历。1859年之后，尽管有些阶段性的倒退，但人寿保险的故事仍是不断巩固成功的过程。就连内战都未打断人寿保险产业的发展。形成鲜明对比的是，1859年至1867年间，美国有75家新成立的人寿保险公司，而到1865年内战尾声时，生效的人寿保险总量比1860年的三倍还多②。

　　人寿保险出版物的发展直接反映了这一产业的经济命运。19世纪40年代之前，只有人寿保险公司才有兴趣印制人寿保

---

① 相互制保险公司（mutual insurance company）是由投保人依法组成的非营利目的的公司。投保人即股本出资人，亦是公司所有人。凡是保费收入大于损失给付之余额，以及其他任何收入，则回馈于投保人作为红利，或是用以降低保费，或是暂时保留作为融资未来发展之需。与此相对的另一公司类型是股份制保险公司（stock insurance company），即由某些股票持有人出资设立公司，目的是获得投资回报，经营盈亏由出资人承担。设立最低资本额，作为赔付损失及保障被保险人的基金。（译者注）

② 美国所经历过的生效的人寿保险总量的最大增幅发生于1845年至1850年间，其从1425.6万美元增长到9668.7万美元，增幅达571%。参见 Stalson, *Marketing Life Insurance*, pp.286, 784；亦可参见 R. Carlyle Buley, *The Equitable Life Assurance Society of the United States*, pp.77。

的宣传资料,几乎没有小册子和广告之外的出版物。那时候并没有保险业务的杂志,一般的新闻媒体也几乎忽略了这个主题。一个作者写道:"对人寿保险宣传资料的需求还没有产生……这个主题看起来并无希望,公众对此几乎漠不关心。"26 随着公众对其态度的改善及其销售额的增加,19 世纪 40 年代的人寿保险终于变得有新闻价值。有关人寿保险的文章开始定期出现在媒体上,尤其是最重要的一些商业出版物上。到 1854 年,《亨特商人杂志》兼并了《保险杂志》,后者成了前者的一个固定栏目。第一份保险期刊《塔科特月刊》(Tackett's Monthly)创办于 1852 年。随之到 1853 年,《保险观察》(Insurance Monitor)创办,1855 年《美国保险公报》(the United States Insurance Gazette)创立。《塔科特月刊》的第一次社论指出,公众对人寿保险的广泛兴趣已经创造出了通过印刷品进行沟通交流的需要。《美国保险公报》的创刊号同样说:"媒体、商人阶层和公众已经将他们的注意力转向了保险的理论和实践,人们的呼声要求着更多有关这一主题的了解和信息。"27 对人寿保险的媒体报道篇幅大增。其反对者感到人寿保险与媒体的关系太过亲密,于是抱怨道:"保险公司如此资助宗教的和世俗的媒体,(以至于)……几乎没有一家报纸会接纳任何讨论或质疑人寿保险原理的文章。"①

---

① 参见 George Albree, The Evils of Life Insurance, p.15;亦可参见 Elizur Wright, Church of the Holy Commissions (New York, 1877)。后一本小册子严厉控诉了代理人的佣金收入体制。其中,赖特(Wright)指出,"在过去的七八年里,在任何一份被广泛订阅的报纸上,发表任何对人寿保险公司的寻根究底式的批评已经变得非常困难了"。

2
持续之谜

对人寿保险历史的既有解释更多源自丰富的想象力，而非系统的研究。缺乏细致的理论基础和坚实的经验支持的问题，加之另外两个缺陷而更为恶化。第一，绝大多数研究都太过倚重单一的、他们认为关键的因素来解释人寿保险历史的波折，这个产业最初的失败和后来令人着迷的成功，都被他们用这些单一因素来解释。第二个问题是他们对经济因素的偏好。文化因素则被打发到次等的解释变量行列，只有在枯燥乏味的叙事中增添一些八卦的味道时，文化因素才显得有用[1]。本书试图作以下尝试：一、不但引入部分对人寿保险历史必不可少的社会—结构变量，而且亦引入文化和思想观念变量；二、表明经济变量如何构成了一个多变量解释模型的必要元素，尽管仅有经济变量并不足够。

因此，本章考察的是其他历史学家的解释；本章揭示了他们研究的不甚精确，但也指出了他们对于理解美国人寿保险历史做出的贡献。

我们将会讨论以下的变量：

人寿保险发展

外部因素	内部因素
经济增长	营销策略
城市化	公司结构
死亡率	保单的质量和价格
精算知识	公司的经济安全
政府和法学家的态度	人寿保险原理知识
居民的购买力	

经济发展

美国的经济增长早已被认为是人寿保险发展最重要的决定因素之一。从这一观点出发，人寿保险早期的麻烦就被视为"商业和财政未充分发展"的结果 2。19 世纪 40 年代的经济大扩张就解释了当时人寿保险的突然繁荣①。罗斯托②最先提出，1843 年至 1859 年对美国经济史极为关键。显然，他有关美国经济"起飞"的时间与人寿保险"起飞"的时间正好吻合。但是，人

---

① 因为人寿保险是资本积累的一项主要机制，由此人寿保险就有助于经济的进一步增长。参见 S. Bruchey, *The Roots of American Economic Growth: 1607-1861*, p.143。
② 华尔特·惠特曼·罗斯托（Walt Whitman Rostow）生于 1916 年，是美国著名的经济史学家，发展经济学的先驱之一。（译者注）

寿保险在 1857 年至 1867 年的"飞速"发展阶段发生于美国工业化完成之前，用罗斯托的话来说，这是一个更为"巨大、在统计上更令人印象深刻的现象"[3]。1867 年，美国人寿保险公司所拥有的生效的人寿保险总额已经超过 1000 亿美元。

对罗斯托的许多批评在攻击其一般理论的同时，却基本没有挑战他的时间表。近期，几乎所有的经济史家都认为，经济增长率在 1815 年至 1860 年间的某个阶段经历了一个明显的加速过程，更为确切的时间段就是 1843 年至 1857 年。诺斯声称这个加速过程始于 19 世纪 40 年代之前，大概在 1823 年至 1843 年。他还提到始于 1843 年的一次经济复苏，但断定工业化的进程只是到了 19 世纪 40 年代和 19 世纪 50 年代早期才变得有意义。戴维则提出一系列的经济"爆发式增长"而非一次性起飞，但他依然认为 19 世纪 40 年代是这样一个关键的阶段[4]。

19 世纪 40 年代这种有利的经济环境部分地解释了当时人寿保险发展的原因。

居民的购买力

人寿保险之所以没卖出去，是因为居民的一般购买力太低。这种解释看起来有逻辑，但却被斯塔尔森、史密斯和怀特所摒弃。到 19 世纪初，尤其是在一些主要的东部城市中，经济生活已经足够复杂，个体的资产也足够多，这都证明了人寿保险公司的形成是合理的。不但私人资本和个人财富飞速增加，而且拥有资本的人口总数亦有上升①。

信托业务和储蓄银行的成功同样也说明人寿保险于19世纪初在财务上是可行的。上一章已经提及了信托人寿保险公司的繁荣。而关于储蓄银行，怀特讲述了于1816年在波士顿注册成立的远见储蓄银行如何"超出其创建者的预期"而迅速发展 5。五年时间里，该银行的存款达到60万美元，盈余6200美元，利率则是每季度1%。1818年，一家储蓄银行在巴尔的摩开业。1819年，另外三家银行分别在波士顿、纽约和波特兰开张。接下来的十年里，储蓄银行的数量迅速增加，仅在马萨诸塞州，就有17家银行获准开业。到1840年，美国有7.9万人在储蓄银行存款，存款总额1400万美元。到1850年，25.1万人拥有超过4300万美元的存款。当时的许多储蓄银行很难将其账户限于"节俭的穷人"，这显示有大量中产阶级手握闲钱②，而这些中产阶级正是此后人寿保险的最佳客户。马萨诸塞医院人寿保险公

---

① 史密斯表明1799年至1815年，17个州的房产和土地的价值总额从6.2亿增加到16.32亿美元，增长了3倍（价格水平的提高只解释了一部分增长）。参见 James G. Smith, *The Development of Trust Companies in the United States*, p.231. 泰勒（Taylor）亦提到1799年至1806年生活水平的提高，转引自 Paul David, "The Growth of Real Product in the United States Before 1840," p.154. 亦可参见 J. Owen Stalson, *Marketing Life Insurance*, p.54.

② 美国的互助储蓄银行最早出现于19世纪，当时采用的完全是英国模式。第一家互助储蓄银行于1816年在马萨诸塞州注册成立，到1849年全美共有87家银行经营互助储蓄业务，这些银行主要集中于东北部和东部大西洋沿岸的城市中心地区。它们最初都是以慈善机构的形式出现，原始资本一般都由富裕的商人捐献。早期的互助储蓄银行是存款人共同所有制，主要为穷人服务。（译者注）

司的组建,也正是为了响应对中产阶级越发庞大的资金进行财务管理的日益迫切的需求[6]。

城市化

1811年,宾夕法尼亚众议院的一个委员会报告,人寿保险是"城市和大的城镇特别需要的"[7]。历史学家认为从占主导地位的农村共同体(gemeinschaft)、紧密连接的18世纪社区到一个更为没有人情味的城镇化社会(gesellschaft)的转变过程,催生了人们对人寿保险的需要。诺斯写道:

> 家庭单元在农耕家庭经济中的自给自足,让位于工业资本主义秩序下人们在经济上的互相依赖。……一大批没有资产而靠货币收入为生的人口的出现……导致了家庭的不安全。人寿保险就是缓和这种不安全的一项设计[8]。

城市人以计日工资为生的事实与人寿保险被特别联系在一起。19世纪50年代的一本法律教科书预言:"随着依靠固定工资生活的阶层人数会成倍增加,人寿保险这一业务将会迅速发展。"[9] 英国人寿保险所获得的更大成功,经常就被当时的人归功于更多依靠工资生活的人口[10]。目前的研究表明,因为不受财富支配,农村地区的人们相较于城市地区而言,就较少购买人寿保险。比如,1956年的一项研究发现,投保的农场工人的比例要低于其他任何职业群体[11]。在许多州，城市化的加速与人寿保险的发展是同时发生的。1840年至1860年，生活在城市地区的人口比例翻番，其中纽约和费城增长最多，而这两个城市所处的两个州正是人寿保险发展的主要地区[12]。最早的一批人寿保险公司都是在人口众多的城市中诞生的，诸如纽约、费城、波士顿和巴尔的摩，这些城市都是经济发展和工业化最重要的中心。但这可能意味着城市化和人寿保险之间存在虚假关联，而经济增长才是主要的决定因素。然而，正如城市化会直接影响经济增长，城市化对人寿保险的发展似乎也有着独立的影响。

精算知识

对于戴维斯和诺斯而言，美国人寿保险的成功创新"一直在等待一张令人满意的生命表的构建"[13]。但其他人则声称早在18世纪末，人寿保险所需的科学技术基础就已经存在了[14]。对于人寿保险所需的足够的精算知识包括什么，是存在诸多争议的。托兰纳利认为尽管罗马人的精算知识非常有限，但他们发展了人寿保险。他指出，在16世纪、17世纪的某段时间，欧洲曾经有过人寿保险，但当时几乎还没有人懂概率论，而在这些国家当中，"并没有人比罗马人更了解精算知识"[15]。麦克莱恩也认为"一种先进类型的科学数据并不是签发人寿保险所绝对需要的"[16]。

第一张生命表是由格朗特（Graunt）于1662年在伦敦构建

的^①。1693 年，埃德蒙德·哈利（Edmund Halley）向英国皇家学会做了题为"人类死亡率程度的估计，取材于弗罗茨瓦夫市^②的出生和葬礼的严谨表格"^③的报告被认为是第一张科学的生命表。在英国，生命表的发展逐渐与人寿保险的增长联系在一起。起初，人寿保险依靠从一般人口统计中获取数据，即北安普顿和卡莱尔表^④。为了确定足够的保费费率，各个公司都开始保存其各自精确而可靠的死亡率记录。很快，人寿保险就成为更加精细的精算知识的新来源。1834 年，第一张以保险数据为基础的生命表由伦敦公平保险（the Equitable Assurance of London）制定完毕。

人寿保险行业的关切导致了 1793 年美国第一张生命表的创制。该表的作者是爱德华·威格尔斯沃斯（Edward Wigglesworth），他需要相关信息以组建公理教会牧师基金。通过美国艺术与科学院，他在马萨诸塞州和新罕布什尔州发放了

---

① 更早的一个生命表是阿尔匹安生命表（Ulpian's Table），存在于公元 364 年的罗马人当中。
② 弗罗茨瓦夫市（Breslau）位于波兰西南部的奥得河畔，为波兰第四大城市。（译者注）
③ 这些记录是由"布雷斯劳受俸者"（the Penbendary of Breslau）收集的，目的是为了消除人们有关年龄个位数是"7"和"9"时死亡的常见迷信。他收集了 5869 个死亡案例，把那些死亡的与其他年龄死亡的人口制成表格，从而证明了特定年龄与死亡并没有关系。参见 August Meitzin, *History, Theory and Techniques of Statistics*。第四章将会详细讨论有关死亡和临终的迷信信念的来源。
④ 北安普顿表由理查德·普莱斯（Richard Price）于 1793 年构建，以一种意想不到的方式促进了人寿保险公司的繁荣。这张表格极大地高估了死亡率，因而为公司产生了大量利润。另一方面，它却极大地损害了年金业务。

500 份有关人口统计的问卷，并且收集了 62 份包含了 4893 个死亡案例的清单[17]。此后，美国本土再也没有人编写出新的生命表，一直到 1814 年，宾夕法尼亚公司制作了两份期望寿命表①。

美国的人寿保险公司从英国的经验中汲取了益处。人们认为英国的生命表是安全的，尤其因为这些表格倾向于高估死亡率。长老会和圣公会基金都依靠苏格兰的死亡率数据②，而宾夕法尼亚公司和马萨诸塞医院人寿保险公司用的则是北安普顿表。从 19 世纪 30 年代到 19 世纪 60 年代，美国人寿保险公司的保费以卡莱尔表（the Carlisle table）为基础。直到 1868 年，谢泼德·霍曼斯（Sheppard Homans）才利用相互人寿保险公司的记录，创制出第一份有关美国死亡率的综合性表格——美国经验生命表（the American Experience Table）[18]。

精算知识的发展不能被认定为是决定美国人寿保险命运的主要角色。无论在收益稀少的时期，还是在成功的年代，美国的人寿保险行业都在使用相似的英国生命表。而精算知识的主要突破发生在 1868 年，此时人寿保险早已成为一个成功的行业。

---

① 这种对生命表毫无兴趣的态度是与当时对人寿保险的冷漠态度联系在一起的。参见 James H. Cassedy, *Demography in Early America*, p.256。

② 苏格兰的数据由苏格兰教会的寡妇基金（the Widow's Fund of the Church of Scotland）利用哈雷表（Halley's table）计算而得。长老会和圣公会的基金更为谨慎；牧师们被禁止在加入基金后增加他们的保险，这是为了防止年长的人这么做。全额的收益不能支付，除非 15 年的保费缴纳完毕。参见 Shepard B. Clough, *A Century of American Life Insurance*, p.23。

死亡率

19世纪的头几十年,"过高的死亡率阻碍了人寿保险的发展"的假设普遍流行,而对美国人不健康和死亡率的言过其实的描述更强化了这种当时在欧洲很流行的叙述①。当代的分析者虽然认同美国人的高死亡率,但对其所产生的后果存有争议。一些人认为人寿保险的失败与传染病有关,另一些人认为保费费率已经够高,能保障保险公司的利益,对于持保人居住、旅行以及职业上的限制也可以起到同样的作用。布利报告说,不断发生的流行病疫情,如黄热病、天花以及亚细亚霍乱等,并未影响早期美国人寿保险的精确计算。福勒也确认了宾夕法尼亚公司并未因为该州爆发霍乱而受到影响[19]。

直到最近,对19世纪的死亡率模式才有系统的分析,其中一些发现就表明内战前几十年的死亡率在上升。这就削弱了1840年至1860年间人寿保险的扩张得益于死亡率下降的观点。

---

① 参见 Gilbert Chinard, "18th-Century Theories on America as a Human Habitat," pp.27-57。相反的情况更有可能是真的。威格尔斯沃斯(Wigglesworth)对马萨诸塞的预期寿命和哈雷的布雷斯劳表(Halley's Breslau table)进行了对比,结果发现美国人活得更长。参见 Walter S. Nichols, *Insurance Blue Book, 1876-77*, p.15。早期对美国殖民地时期的死亡率被误解和夸大的解释,可参见 Maris A. Vinovskis, "Angels' Heads and Weeping Willows: Death in Early America," in Michael Gordon, ed. *The American Family in Social-Historical Perspective* (New York: St. Martin's Press, 1978), pp.546-63。

安场认为，19 世纪 20 年代更高的死亡率可能是快速城市化的结果[20]。贾菲和洛里 1830 年的生命表已经表明诸如纽约、费城和波士顿等一些更大的城市存在死亡率攀升[21]的状况。考虑到人寿保险在这些城市都获得了较好的发展，高死亡率和人寿保险的低销售额之间的联系再一次被打破。这一联系又进一步被布利和凯勒所推翻，通过聚焦于"最戏剧性的情况下生命的无常"，他们假定在内战期间，死亡率的升高有助于人寿保险的发展①。

总之，死亡率的证据仍然无法导出定论，其与人寿保险的发展的联系太不明朗，以至于不可能将死亡率作为一个决定性的解释变量。

尽管如此，另外一个人口发展因素可能对人寿保险产生影响，那就是整个 19 世纪日益扩大的男女之间的死亡率差异：女性的死亡率下降得更快。1850 年，马萨诸塞的男性在出生时的预期寿命是 38.8 岁，女性则为 40.5 岁。而到 1900 年，男性的预期寿命是 48.23 岁，而女性则达到了 51.08 岁。这减少了总体人口中的男性数量；比如，女性数目多于男性的州从 1790 年到 1900 年翻了一番[22]。女性预期寿命越长，她们在其丈夫死亡后所遇到的经济安全问题就越是严峻。

---

① 参见 Morton Keller, *The Life Insurance Enterprise, 1885-1910*, p.17。R. Carlyle Buley, *The Equitable Life Assurance Society of the United States*, p.82。欧唐内（O'Donnell）指出 19 世纪早期人寿保险在费城"吊诡式"的增长，正好是携带细菌的远洋轮船来到费城，导致这个城市的死亡率翻倍的时候。参见 Terence O'Donnell, *History of Life Insurance in Its Formative Years*, p.441。

政府和法学家的态度

就在公众长期抵制人寿保险的同时，美国的政府和法律结构却几乎立即对人寿保险给予了支持。以一种对比视角来看，这一支持的重要性与独特性会显得更为清楚。在许多欧洲国家，政府和立法机关严厉地反对人寿保险，有时甚至禁绝其发展。在听取各个委员会有关人寿保险的报告后，宾夕法尼亚众议院在1811年断定人寿保险"将会对全州许多类型的市民非常有用"[23]。而一份1852年纽约州的议会文件将人寿保险的客户描述为"我们最有先见之明和最谨慎的市民"[24]。金布尔指出威斯康辛议会在1838至1871年间非常乐意给予人寿保险公司组织以特别的许可[25]。

1815年，在最早的一单人寿保险中，人寿保险合同的合法性第一次遭受争议。法庭建设性的裁定对于人寿保险的历史而言具有重要意义。这份裁定宣布：

> 以生命为保险对象的保单是否是一份可以被本州法律强制执行的合同，这已经成为争论中的一个问题。事实上，我们自己的诉讼记录中还没有这种性质的保单先例。……但是，依据法律的一般原则，所有基于可评估的考虑而公平订立的、并未违反法律且不与法律的一般政策相矛盾的合同都是有效的。

在这份合同中,法官并未察觉到有任何"与道德或社群利益相抵触"的内容①。

政府的支持并不仅仅取决于道德因素。正如马萨诸塞医院人寿保险公司的案例一样,州政府很快意识到人寿保险是财政收入潜在的一项重要来源,无论通过税收的形式,还是为了慈善的目的。汉德林指出,州政府也对作为一种制度的人寿保险感兴趣,这能帮助政府减轻照料那些受养者的责任[26]。早在1811年,宾夕法尼亚众议院就指出了这一点,因为它看到人寿保险"也许是防止许多勤劳的商人和其他人的家庭成为公共慈善的受照顾者的一种途径"[27]。

营销技巧

19世纪40年代人寿保险"革命"发生的同时,新建立的相互制公司刚好组织了一支强有力的代理人队伍。二者同时发生就使得这样一种论述显得可靠:人寿保险成功的线索可以从其营销技巧的历史中寻找。斯塔尔森对此深信不疑,他批评其他历史学家将过多的注意力放在生命表和公司的形成时间上,而忽略了"销售方法对人寿保险发展的惊人影响"[28]。其著作《营

---

① 参见 Lord vs. Dall, *12 Mass. Reports 115*。被告威廉姆·多尔(William Dall)售出了一单5000美元的人寿保险,被保险人是杰贝兹·罗德(Jabez Lord),他从波士顿旅行到南美洲,他指定他的姐妹南希(Nancy)为受益人。提出索赔后,多尔以人寿保险的合同非法为由,争辩说南希对她的兄弟并没有充分的可保利益,而且罗德偏离了他的原定路线。

销人寿保险》(Marketing Life Insurance)致力于直接记录这些事实。一旦这个关键角色被确定为是营销技巧,人寿保险的发展就可以被巧妙地划分为前代理人(preagent)和后代理人(postagent)两个时期。人寿保险的失败要归咎于消极的销售方法;而其成功则要归功于代理人的努力。斯塔尔森和怀特坚持认为,倘若马萨诸塞医院人寿保险公司当初完全专注于销售,那么它本能轻易发展成为一家繁荣的人寿保险公司。为了证实人寿保险在1840年之后是"等着被销售",斯塔尔森将马萨诸塞医院人寿保险公司、宾夕法尼亚公司和纽约人寿保险公司做了比较。纽约人寿保险公司首先聘请代理人协助其客户处理一般的财务问题,但这些代理人也卷入了人寿保险的售卖①。这家公司比其他两家公司卖出更多的保险。由于三家公司几乎提供完全相同的费率和条件,因此只有"代理人"这个因素才能解释纽约人寿保险公司的成功。斯塔尔森和怀特还认为,正是相互制公司较好的营销实践才将早先的股份制公司逐出了这个商业领域。然而,他们忽略了他们自己的证据——在19世纪40年代早期,即使没有雇佣代理人的公司,其业务都很好。一些股份制公司之所以放弃人寿保险,是因为它们后来主要关注更能获利的领域,诸如信托、资本投资和新兴的商业银行业务[29]。

代理人也并非在所有环境下都如魔法般有效。出版于1857年的《纽约相互人寿保险公司简史》提到第一个托管人委员会决定不发行任何保单,直到委员会有250位最初的签署者为他

---

① 积极推销要到相互制公司出现时才开始。

们自己投保。"尽管雇佣了积极能干的代理人,但社群对此依然冷漠,他们对此几乎毫无兴趣……因此这张清单还是花了 10 个月时间才被填满。"代理人的有效性是无可争辩的,但除非我们找到其有效的原因,这不能成为一个令人信服的解释变量。我们必须探寻公众对人寿保险的接纳发生了怎样的变化,使得代理人能够成功,也要研究是什么因素对人寿保险不可或缺,而对海险或火险的销售却无足轻重①。

公司架构

随着 1842 年相互人寿保险公司的建立,相互制便取代股份制公司成为人寿保险公司组织架构的普遍形态。1843 年至 1847 年,七家主要的相互人寿保险公司成立;到 1860 年,34 家公司都在相互基础上成立②。股份制公司是由股东为他们自身的利润而创立的。他们筹集必要的资本,并且确保保单得到赔付。而相互制公司并没有初始的资本股份,资金来自于投保人所支付的保费。投保人分享所有的利润,并且参与公司的管理。当然,这两种公司之间的区别是相对的。本质上,二者都是相互制,

---

① 即便斯塔尔森也一度承认:"在四五十年代,我们加快了生活节奏,我丝毫不怀疑人寿保险本来会收到更多的公众注意力……即使在这一产业内部,我们还没有相互制和营销的发展。"参见 Stalson, *Marketing Life Insurance*, p.228。
② 股份制公司并未完全被相互制所取代。19 世纪 40 年代成立的一些公司就是股份制公司。1859 年至 1867 年间,75 家新成立的公司中只有 2 家是相互制。参见 Stalson, *Marketing Life Insurance*, p.286。

因为"所有参与者的付费能够帮助任何一位万一有需要的参与者"[30]。在实际操作中,许多股份制公司会提供红利,而许多相互制公司制定了固定保费。投保人所施加的真实影响的程度同样也是有限的。即使在较早期规模较小的公司中,也是受托人做了绝大多数决策。公司在广告中会强调其相互性。1846年,互益人寿保险公司的董事报告说:

> 这一前所未有的业务刚开展没多久,就显现出人寿保险所受到的与日俱增的关注,极大程度上显示了大众对纯相互制的偏爱[31]。

同时代的观察家也将19世纪40年代人寿保险的成功,归功于它们的新型组织模式。以经济学的观点来看,相互制意味着开设一家公司而不需要大量资本的可能性。当极少有投资者愿意将他们的钱投向前景不明的企业时,这就显得尤为重要。

共享利润也吸引了一部分投保人,他们第一次将人寿保险不仅仅视为保护,同时也是一种投资。以一种非经济的观点来看,相互制作为人寿保险的一种"恰当"形式出现,因为人寿保险责任具有神圣性质。一些人"为了道德"而支持相互制,因为相互制"避免了所有自私的原则"[32]。这亦表明在19世纪40年代,相互制被社会认为是合适的,那时有许多合作性质的企业,诸如新英格兰布鲁克农场和印第安纳罗伯特·欧文新和谐。

然而,对斯塔尔森来说,相互制对更为重要的销售程序而言只是一个"有用的工具":"如果只有相互制,不管其如何成功,也不可能为人寿保险赢得积极的营销安排所赢得的成就。"[33]

公司的经济安全

早期的公司感到它们发展壮大的一个主要障碍就是,将其视为财务上不稳定而且从事冒险的投机活动的机构这种观念。公司的出版物不断向公众保证它们的运行安全。美国的人寿保险公司的第一本小册子由宾夕法尼亚公司于1814年出版。那时其开场白就已开始强调这一点:"本公司建立在坚实可靠的基础之上,拥有足够的资本可以保证以后任何时间都能兑现自己的承诺。"[34] 在19世纪40年代,这个问题仍然受到关注。相互人寿保险公司重申"对所有保险的合同的终极安全都不必担心"[35]。伦敦公平的精算师亚瑟·德·摩根(Arthur De Morgan)的一段话广为流传:"在商业世界中,没有比运行良好和管理细致的保险公司更加安全的东西了。"[36] 保险公司在自身财务安全的基础上相互竞争。一些公司公布了一笔特别基金,除了人寿保险之外,"无论如何该基金都不对公司其他的欠款、合同、债务、契约负责"[37]。股份公司宣布其系统"保证了给付索赔的安全,而这是相互计划所欠缺的"[38]。

到1850年,人寿保险公司真实的财务稳定性本应该足以让那些怀疑者信服。1850年之前,美国并没有发生过人寿保险无法兑现的情况。尽管销售数量非常有限,但保险公司仍然具备偿付能力。比如,马萨诸塞医院人寿保险公司在其最初的五十年里，虽然几乎没有签发出去多少保单，但也并没有什么损失，反而获得了总计超过 5 万美元的利润。1790 年至 1842 年间，许多公司因为合并而中断了它们的人寿保险业务，但也没有拒绝履行义务[39]。

人寿保险财务的稳定性并未受到 1837 年至 1857 年经济危机的严重威胁。在 1837 年的费城，价值成千上万的数百份保单被售出。尽管 1857 年的恐慌肇始于俄亥俄人寿保险与信托公司，但在很久之前，这家公司已经放弃了人寿保险业务。这场经济危机并未使任何一家著名的人寿保险公司破产[40]。

由于人寿保险的失败要到 1850 年之后才出现，因此以公司的财务安全来解释 19 世纪上半叶人寿保险产品的低销售量是没有意义的。而公众的忧虑和其认为"人寿保险是一项冒险的商业活动"的观念，尽管没什么根据，可能阻碍了人寿保险的发展。

有关人寿保险原理的知识

保险史学家常常指出，人们之所以不购买保单，是因为他们不理解人寿保险的原理[①]。另一方面，斯塔尔森声称："1814 年，潜在客户对保险已经有足够的理解，这就为代理人的鼓吹奠定了基础。"[41]从人寿保险建立直到今天，这仍旧是个有争议的

---

① 参见 T. R. Jencks, "Life Insurance in the United States," p.9。更多的知识并不总是伴随着对一种新事物的更大接受。比如，人寿保险的科学和小册子在欧洲大陆更为成熟，但人寿保险业务在英格兰却更为繁荣。

问题。人寿保险被称作一种"埃及的神秘事物"[42],以及一种"谜中之谜"[43]。它也被称为"无法理解的逻辑"[44]和"几乎与爱情一样神秘莫测"[45]。一个记录者认为:"对美国公众而言,再也没有哪种财政形式,像人寿保险对美国公众如此重要,但人们对保险合同条款的无知,却也是那么广泛而深刻。"[46]亨德里克下结论说这是"交易心理学"的一部分[47]。这个行业指责公众的冷漠①。1874年,《纽约每日论坛报》写道:"如果他正在购买的是不动产而非保险,他就会仔细阅读和思考契约的每一个字所传达出来的意义,也许还会请一个律师进行检查。……但有多少人对人寿保险采取了类似的预防措施?"[48]这种抱怨多年来一直不绝于耳。1950年,有评论说几乎没有人会愿意承认他们并不理解汽车业务、铁路或银行。但对人寿保险,他们采取了"一种奇特的立场,认为不了解人寿保险是福"[49]。同年,一项民意测验显示超过90%的保险拥有者要么不阅读保单,要么不完全理解保单[50]。1973年,一项由人寿保险研究所所做的研究发现大多数人仍旧"对人寿保险相对无知"[51]。其他晚近的数据也确认了消费者对于各种保单、各种各样的选择、合同条款和价格变动的无知。调查数据进一步证明"大多数人对自发获取额外的信息并没有太大的兴趣。"②

---

① 一本著名的保险教科书认为一份人寿保险的保单"简单得不能再简单"。参见 Joseph MacLean, *Life Insurance*, p.178。

② 参见 *Life Insurance Consumers* (Hartford, Conn.: Life Insurance Agency Management Association, 1973), p.25。印第安纳大学的保险学教授约瑟夫·贝尔斯(Joseph M. Belth)反对目前简化保单语言的尝试。在其给参议院司法委员会反垄断和垄断分会(the Senate Subcommittee on Antitrust and(转下页)

消费者责怪人寿保险公司，抱怨它们的运作太深奥、它们的合同令人难以理解。消费者中一个主要的倡议者赫伯特·S.丹嫩伯格（Herbert S. Dennenberg），就指责人寿保险公司"用公众无法理解的保单混淆视听"[52]。1974年，一篇《纽约时报》的文章声称《圣经》的可读性得分为67，爱因斯坦的相对论得分为18，而保险合同只有10分甚至更低[53]。现代合同不必要的复杂性必定阻碍了仔细的阅读，从而促成了公众的冷漠。然而，同样的信息缺乏也存在于19世纪，当时保单更为简单，通常只有一页[54]。早至19世纪40年代，相互制公司已经受到关注；它们有关人寿保险原理的小册子上包含了广泛的内容。这些证据就使得我们很难论证说，人寿保险原理的模糊不清要对公众在19世纪40年代之前对待人寿保险的冷漠态度负主要责任。而且，产品知识的增加并不一定带来有关人寿保险的消费者行为的积极变化。在其有关知识在创新扩散过程中的作用的分析中，罗杰斯和舒梅克断定"知道一个新观念与应用这个新观念常常是两回事"[55]。从知识到付诸实践的过程，对创新的态度也常常起了很大的作用。因此，对人寿保险原理的无知似乎既是抵制对

（接上页）Monopoly of the Senate Judiciary Committee）的证词中，贝尔斯认为"无论如何都不会有人去读它"。参见 "New Policy Arises in Insurance Field: Language that is Readable," *New York Times*, August 11, 1976, p70。他的同事约翰·朗（John D. Long）教授则建议人寿保险公司不应再签发保单；签发的应该只是钱包大小的卡或收据。

生命投保的结果，亦是其原因①。

人寿保险政策

保险费率

过高的保险费率被认为是人寿保险早期发展的一个障碍。据说在 19 世纪 40 年代："新英格兰和马萨诸塞的许多人……就经常去到纽约、费城和巴尔的摩……为了以一个较低的保险费率购买人寿保险。"[56] 在新英格兰，马萨诸塞医院人寿保险公司没有竞争对手，因此没有压力去降低保险费率。根据有关其合并过

---

① 人们不阅读他们的保单的另一个原因是这些保单是"定式"合同（contracts of "adhesion"），是由卷入这个合同关系的一方单方面草拟的。被保险人不过是遵循合同，他几乎没有选择，就像遵循合同条款一样。有关定式合同，参见 Edwin W. Patterson, *Cases and Materials on the Law of Insurance*, p.646。标准化的合同代表的是工业经济中契约关系的理性化，以替代无助于商业扩张的个体化的合同。但一些标准化的合同早在 18 世纪就已存在。波蒂埃（Pothier）在其《保险合同票据》（*Traite du contrat d'assurance*）中就描绘了法国海上保险应用标准化的保单：
"代理人已经打印了（保单）……保单上投保人只需填写姓名、船只特征、商品、保费和订立合同各方的名字；此外，为了自身的利益，代理人插入所有能想到的条款。收到（保单）的被保险人只会询问保险的金额和保费的大小，却毫不注意这些他们理解不了的插入条款，然后他们就签字了……"转引自 M. Garcia-Amigo, *Condiciones Generales de los Contractos*, p.16。我自己将法文译为英文。
美国早期的人寿保险合同也早就标准化了。马萨诸塞医院人寿保险公司最早的一份保单（1823 年）的照片，可参见 Stalson, *Marketing Life Insurance*, pp.736-37。

程的法案，公司被赋予在人寿保险业务中的垄断地位，代价是该公司每年从人寿保险业务中取得的净利润的三分之一要支付给马萨诸塞医院①。相互制人寿保险公司的保险费率要低上数美元。股份公司对一份不参加分红（non-participating）的保单收取大约32.8美元的保费，而新的相互制则以27.5美元的保费提供参加分红的保单（被保险人是35岁的情况下，每1000美元的保险费率）[57]。相互制亦通过提供分红来削减保单的净成本。通过采取部分现金部分票据的保费支付方式，这些公司降低了新投保人必要的现金支出②。然而，相互制公司保险费率的降低和其他的经济吸引力并未夸张到靠自身的力量就能改变整个产业的发展节奏。古拉德人寿保险公司的案例说明分红并不是具有魔力的解决方式。尽管吉拉德是第一家向公众提供分红的人寿保险公司，但相比常规的股份公司，它并没有卖出更多的保单③。

---

① 在新英格兰，人寿保险的垄断特征阻碍了其自身的发展。未来的股东并不情愿将三分之一的净利润交给医院。之后公司决定，要向股东支付他们投资额的6%的利息后，医院才能分享纯利润。参见 Gerald T. White, *A History of the Massachusetts Hospital Life Insurance Company*, p.10; Buley, *The Equitable Life Assurance Society*, p.31; Jencks, "Life Insurance in the United States," 119。
② 票据系统后来遭受了严厉的批评，批评者认为这一系统破坏了公司的财务稳定，因为这些公司的资产是由个人票据而非现金组成的。
③ 不出所料，斯塔尔森认为保险费率和分红的吸引力（对人寿保险发展的作用）都不如销售技巧。诺斯同样断言，在19世纪，销售技巧要比保险费率重要得多。他将价格高昂的唐提式保单（tontine policies）相对于由可靠负责的保险公司所签发的便宜得多的常规保单的成功归功于那些销售唐提式保单的位居前列的公司的积极营销策略。参见 Douglass C. North, "Capital Accumulation in Life Insurance between the Civil War and the Investigation of 1905," p.52。

保单合同

直到 1860 年,人寿保险公司所提供的保单与 1813 年宾夕法尼亚公司的第一份保单仍几乎没有区别,除了一些参与分红的公司向自己的投保人分红①。19 世纪 40 年代,相互制公司继承了那些并不成功的"前辈"公司的合同,但却没有任何修改。它们唯一的保证,是在收到保单到期通知和被保险人的死亡证明 60 天之后向受益人给付赔偿。公司的小册子发誓要公正地处理失效的保单或其他不测的情况,但这些承诺并没有成为合同当中的正式条款。直到 1861 年,情况才有了改变,当时伊莱泽·赖特的努力促成了马萨诸塞第一个有关不丧失保单权益的法律出台②。结果,公司不能再挪用由退出保险的成员支付的保费,但公司为单一保费的定期人寿保险提供保单规定的保险期的服务。

依据法律,如果在定期保险期限内被保险人死亡,人寿保险公司须向受益人支付赔偿。1880 年,马萨诸塞一项更为严厉的法律确保了每一份保单在支付两年保费之后的现金转让价值。1864 年,保险合同中增加了一项"不可争议"条款

---

① 具有开创性意义的长老会的保单已经包含了大多数的条款。参见 Alexander Mackie, *Facile Princeps: The Story of the Beginning of Life Insurance in America*, pp.2, 6。
② 不丧失保单权益条款指的是保险人(保险公司)在约定的范围内,允许投保人自由处理其保险单现金价值的一种合同约定。(译者注)

（incontestability clause）[①]，而在 1898 年，宽限期也被法律确定下来。鉴于所有这些进步都发生在 1860 年之后，因此这些变化很难解释人寿保险行业发生于此前 20 年的转型。

在考察了有关人寿保险扩散的一系列解释之后，留给我们的是一幅不完整的图景和许多未回答的问题。一些因素，即经济发展和城市化的程度，被公认为人寿保险发展的前提条件，而其他因素则直接或间接地有助于这一产业的发展。但这个故事仍不完整。非经济变量如何影响人们接受人寿保险从来未被严肃地考虑过。在转向美国之前，第三章将考察非经济变量如何影响其他国家的民众接受人寿保险及其对其他类型保险的作用。

[①] 这一条款限制了公司驳斥投保人陈述的真实性的期限。而在这之前，人寿保险公司可以随意没收一份保单，仅仅因为被保险人信息不精确，即便这种不精确是微不足道的、也不是有意的。

3

一个比较的视角

在日常生活中，我们为我们的财产投保，以在一定期限内防范火灾和其他事故，（如果）没有灾难发生——我们付了钱，但由此满足和增强了我们的安全感，我们仍然会继续投保。为什么对人寿保险我们却不能这么做[1]？

我们知道在某些地方，健康的道德理念已经被邪恶的商业精神所玷污和扼杀，因为对人的生命进行投保已经获得了授权。但在法国，这种安排一直被禁止[2]。

美国人寿保险的扩散不仅仅是一个经济学问题，或是复杂的精算表格问题。这项业务挑战了一些已经高度制度化的价值观，涉及死亡，以及社会秩序中天意（Providence）的作用。它同样也挑战了有关风险和赌博的文化与宗教信念。文化变量和人寿保险之间的关系可以借助对不同类型保险的比较分析来进行检验。人们的价值观和思想观念，与沉没的船只或烧毁的财产的关联，相比其与死亡的关联，在程度上有所不同。文化抵制的缺失是否加速了火险和海险的被接纳，这有待确定。果真如此，"人寿保险缓慢且艰难的发展要归咎于文化因素的影响"的假设就得到了强化。这也提出了其他问题。在其他有着不同文化背景的国度中，文化的反应和人寿保险的发展是否也有显著的联系³？

美国火险和海险的发展要远易于人寿保险。火险和海险被引入美国的时间仅早于人寿保险几十年，但二者到 18 世纪晚期已经根深蒂固，全国共有 33 家公司在从事此类业务。1794 年至 1810 年，各州共颁发了 86 张保险执照①。1811 年，光费城一地就有 11 家海上保险公司。1841 年，波士顿的人寿保险未达到 500 万美元，但火险却有 5000 万美元，海险则有 3900 万美元⁴。

大多数早期的火灾保险公司和海上保险公司在财务上都是成功的。康涅狄格州第一家保险公司组建于 1795 年，这个公司的董事们早在 1814 年就已经在夸耀自己兴盛的业务⁵。马萨诸塞相互火灾保险公司建立于 1797 年，到 1855 年时已有超过 1400 万美元生效的保险⁶。

海上保险是第一种确立的保险类型，其以"无法想象的迅猛速度"发展，海险如此有利可图"以至于也许真的可以说奠定了我们国家许多财富的基础"。早在 1721 年，海险就被说成"对商贸人士大有裨益，也大大减轻了他们的忧虑"⁷。同年，约翰·科普森（John Copson）在费城开设了第一家海险办事处。此后需求不断增加，到 1750 年，波士顿、费城、纽约以及其他的商业中心都开设了办事处。海险也广泛地被私人核保人所售卖。1794 年，北美保险公司成为第一家海险股份有限公司②，到

---

① 其中一些公司亦被授权签发人寿保险保单，但它们实际上从未签发过保单。参见 Walter S. Nichols, *Insurance Blue Book, 1876-1877*, p.12。

② 北美保险公司之所以选择海险，是因为海险是一个"已经确立的商业链"，参见 Marquis James, *Biography of a Business*, p.18。到 18 世纪末，（转下页）

1789 年，仅费城一地累计的保费收入就将近 150 万美元[8]。

火险的发展稍晚于海险①。第一家火险公司是费城奉献房屋火灾损失保险公司，成立于 1752 年。运行仅一年后，这家公司就有 108360 美元的保险生效。其他成立于 18 世纪后期的火险公司也轻而易举地获得了成功。北美保险公司决定拓展其火险业务，第一年业绩平平，但成立仅两年后，其保费在 1796 年增加了 5 倍，达到 10600 美元，此时距离其成立仅仅过去了两年[9]。

对人寿保险的接纳与对其他险种的接纳，这之间的区别绝不仅仅是简单的一个时间表问题，而且也涉及他们的扩散形式这一更为重要的问题。火险和海险公司是因应大众对服务的需求而成立的。另一方面，人寿保险却将它们的产品强加给一群不情愿的顾客。这意味着当人寿保险首先被立法委员会推荐时，火险公司的形成却是靠"大量居民为他们的不动产投保以防止火灾带来的损失的诉求"[10]。绝大多数对火灾和海上风险的防范都

（接上页）海上保险覆盖了多种多样的风险：

"海难、战争中的人、火灾、敌人、海盗、流浪者、偷盗者、抛弃、破坏命令与报复命令、惊异、海上能被拿走的东西、所有的国王、王子、或者无论什么国家、什么情况或什么质量的人被扣留、阻止、拘留……所有其他的损失、危险或不幸，其由此所导致的或将会导致的上述船只或部分的伤害、危害或破坏。"参见 P. Henry Woodward, *Insurance in Connecticut*, p.131。

火险为利润提供了更少的机会，因为费城两家已经成立生意兴旺的公司垄断了这个市场。而人寿保险则是一个"新兴的、还未发展的事物，公众对它还有疑虑。"参见 James, *Biography*, p.18。

① 但火险公司有可能兼并了之前的海险公司。自从对特定航线的船只和货物进行投保后，对永久性的资本基金的需求就不再那么迫切了。参见 Edwin Merrick Dodd, *American Business Corporations until 1860*, p.218。

由公众自己寻求，但"在人们被说服对他们的生命进行投保之前却不得不做出大量努力"[11]。《美国人寿保险杂志》清晰地呈现了这种差异：

> 一般而言，在土地上或水上有财产需要投保的人几乎不需要游说，代理人无需诱导他们关注他们的个人利益——商人、制造商或店主，都不需要被搜寻、反复地拜访，或者恳切地纠缠。……但是人寿保险业务却不是如此。……在许多例证中，人寿保险的代理人都要通过经年累月无偿的辛苦工作，才能说服一个家庭中的父亲为其自己的生命投保[12]。

各种保险代理人的角色反映了公众反应的差异。代理人积极的游说被认为是导致人寿保险被接纳的关键因素之一，但火险代理人和海险经纪人却扮演了相对来讲小得多的角色。一本有关康涅狄格保险历史的书籍，记载了"那些想要投保（火灾）保险的人们如何恳求保险公司的主管，就像恳求一位特权人士"[13]。尽管18世纪和19世纪早期火险公司广泛地投放广告，它们的组织者还是感觉到"并没有需要去向未来的客户竭力推荐"①。真正的火灾要比能干的销售人员更具有说服力。已经有人指出，对火灾保险的需求首先是因17世纪晚期和18世纪早期发生在波士顿、费城和北卡罗来纳的主要城市中的火灾而产生

---

① 参见 Daniel Hawthorne, *The Hartford of Hartford*, p.28。火险公司在报纸上刊载的每个广告都有数百行，而当时一般的做法是六行。参见 Frank Presbrey, *The History and Development of Advertising*, p.417。

的。1835年,许多"几乎没有关注过火灾保险"的业主就被极具破坏性的纽约大火所"说服"[14]。而在海上保险中,代理人就更加少见。不同于人寿保险代理人,海险经纪人不会与特定的一家保险公司订立代理合同,他们同时为数个公司服务。虽然海险经纪人从核保人那里获得报酬,但从法律上讲,他是其所代表的商人或船东的代理人。而且,核保人和客户之间的合同经常通过个人会面或偶尔通过信件而直接订立[15]。

人寿保险公司不能依靠被动的营销技巧。不同于火险和海险,它们不得不克服针对其产品的强大的文化阻力(cultural resistance)。这就解释了代理人的首要角色,因为积极的销售人员队伍是不可或缺的,他们要突破客户的犹豫,以使他们不受情感影响,达成有关死亡的经济交易。

充分意识到他们的独特性后,人寿保险代理人甚至认为其他所有的代理人都是"订单的收取者,而并非销售人员"[16]。人寿保险独特的思想观念属性就是某些早期的人寿保险公司试图兼营人寿保险、火灾保险和海上保险却遭致失败的部分原因。这种"将不同事物不明智而轻率地结合起来的行为"[17],正如描述的那样,几乎没有获得公众的支持。

同时代的观察家对这样一群公众感到困惑,他们热切地购买火灾保险和海上保险,但却坚定地抗拒为他们的生命投保。观察家们问道:"为某次搭乘一百人的船只投保与为一个人的生命投保,二者在道德方面有何区别?"[18] "有所准备的人们为(诸如)他们的房子、他们的商店和他们的货品投保以预防火灾……为他们的船只投保以预防危险,他们承认(投保行为带来的)

力量",但他们却不会为自己的生命投保[19]。《保险杂志》讨论了"购买火灾保险与购买人寿保险之间的大量不同"[20],而保险小册子也抱怨这种奇怪的差异。在《父亲的生命之舟》(Fathers Life Boat①)这本出版于 1871 年的讨论人寿保险的流行论著中,作者评论道:"一些人为他们的财产投保以预防火灾造成的损失,但似乎反对人寿保险。对他的家庭而言,其房子或商店好像比他自己的生命还要值钱。"[21] 对火险和海险的偏爱常被归咎于人们的自私自利。而对人寿保险的拥护者来说,人寿保险就是"绝对无私的纯粹和成熟的结果",而"自私只能促使人们求助于火险和海险"[22]。某种毫无根据的争论认为火险和海险公司具有更大的财务稳定性和更好的科学基础,这使人们对人寿保险的偏见合理化。《商业杂志》表达了这种感觉:"火险和海险都建基于清楚稳定的原理之上,二者都有确定性,而这些都是人寿保险所没有、也不可能具备的。这种观点得到了公共舆论的偏爱。"[23] 尼科尔斯也评论了公众对于火险的"普遍的"信心,尤其是 19 世纪早期的那个阶段[24]。人寿保险是不科学的、靠不住的这种感觉更多的是被偏见而非事实所引导。实际上,火险和海险在知识和安全性方面都是落后的,但这种落后并未阻碍二者前进的脚步。

保险史学家赞同 19 世纪初期并不存在归纳总结火灾保险基础原理的尝试;因而这一业务依然是一个"纯粹的机会"问题[25]。结果,保费经常出现大的缺口,而一个公司签发单一的保单(single policies)的总额常常超过了其年收入。对海险的科学认识也同样有限。1839 年,海险的核保人对"用来核定海上

---

① 原书如此。(编者注)

风险的基础数据的缺乏和他们已经经历的损失"印象深刻,最终他们开始为自己的业务收集系统的信息[26]。

面对其不可靠性的惯常指责,人寿保险开始为自己辩护。《保险观察》解释说:"通过精算,人寿保险所基于的事实得以确认,并易于用数学方法进行测算,而火险和海险还达不到这种程度。"《保险杂志》声称一个人死亡的平均可能性"比起其财产被火灾毁灭的可能性是更为确定的,也是被了解得更多的"[27]。

的确,到19世纪早期,大范围的人寿保险业务的精算基础就已经得到了发展。至于人寿保险公司的经济可靠性,我们早已指出至1850年为止,并无失败发生。与此形成鲜明对比的是,19世纪早期火险的历史就充满了"兴衰、诡异和灾难"。火险公司在1831年至1850年间的损失如此惨重,以至于它们在美国的所有保费加上额外的数以百万计的资本,才够用来填补这些损失[28]。大火摧毁了这些公司。1835年的纽约火灾造成的损失,据估计有1500万美元,这场火灾也导致几乎所有的保险公司破产,纽约只剩下了3家保险公司。同样地,到1830年为止的海险历史"繁荣与萧条此起彼伏"。虽然海险业务的规模巨大,但与拿破仑战争相关的损失,以及美国船只所卷入的抓捕、滞留和诉讼,使得海险成了一项"高度冒险的"业务[29]。

"火险和海险更为可靠"只是想象,却不能被事实所证实,既然如此,那么我们必须寻找其他的方面以解释人们对人寿保险的偏见。事实是,人寿保险被许多人认为比其他类型的保险在道德上更为低劣。一些人对他们的道德偏好直言不讳。商业共同体中的主要领导者并不认为对财产投保是"不公平的"或者不负责任,但却认为人寿保险是这样的,因为"天意认为我

们应该照看好现在,这样才能照看好未来",而人寿保险却"使人放弃了努力"[30]。同样地,一篇《纽约时报》的社论说道:

> 一般而言,应用于火灾和海上风险的时候,(保险)是足够安全的,因为这些风险是意外,没有人会去追求这种意外,预防这种意外的保险一般也不会使人变得粗心。但目前对人寿保险的大量讨论认为人寿保险是针对所有可能的不幸的万能药,认为人寿保险是所有以工资或固定收入为生的人的主要依靠,人寿保险被认为鼓励人们依靠勤俭节约以外的东西生存,由此导致那些社会主要美德的动摇和腐朽[31]。

在大多数人心中,为防范屋子被烧或船只沉没而投保,相比为他们自己的生命而投保所产生的疑问更少①。虽然他们试图以更少的主观色彩来合理化他们对人寿保险的厌恶,但主要是人寿保险的理念与其他根深蒂固的价值观之间的矛盾导致了人

---

① 火险和海险偶尔也被攻击,认为二者是不虔诚的安排,但是这种反对不够重要,因而并未影响二者的发展。易卜生在他的剧本《鬼魂》(*Ghosts*, New York: Bantam Books, 1971, pp.81-82)中提供了一个挪威的宗教偏见抵制火险的版本。曼德斯(Manders)是剧本中的一个人物,他是这个教区中的一个牧师。他认为对一家孤儿院投保将会"使社区感到震惊",因为这象征着缺乏"对神的保护的适当依靠"。海险更早的形式,诸如中世纪航海贷款,同样被认为有罪,但却有着不同的原因。航海贷款早已被希腊人和罗马人所实践,其就是普通的贷款加上一份保险合同;而保费则由贷款的高利率来承担。这被认为违反了高利贷禁令,所以在中世纪遭到了基督教和犹太教的宗教领袖的谴责。但这种异议是反对高利贷,而非反对保险原理本身。犹太教的法律接受不包含贷款的保险射幸合同(aleatory contracts,即投机性合同——译者注)。的确,在16世纪,航海贷款被保费保险的独立合同所取代,犹太教的法律就不再反对保险。遵照社会习俗的保险的合法性质早在15世纪就得到了精通宗教法规的人(canon lawyers)和道德学家的支持。参见 Stephen M. Passamaneck, *Insurance in Rabbinic Law*。

们对其发展的抵制。

来自其他社会的比较数据进一步证明了价值观对人寿保险发展的有力作用。由于道德上的谴责以及很多情况下法律的禁止，人寿保险直到19世纪中后期才在大多数国家得以发展。在16世纪和17世纪，大多数欧洲国家认为人寿保险"既不合适也不正当"[32]。《荷兰法令》在1570年宣布人寿保险非法；接着，1598年的《阿姆斯特丹法令》、1600年的《米德尔堡法令》、1604年的《鹿特丹法令》、1666年的瑞典法律以及1681年法国的《海事法令》都同样宣布人寿保险非法[33]。直到今天，人寿保险在沙特阿拉伯依然得不到法律上的认可，因为伊斯兰法律禁止所有对人的生命的投机行为[34]。

直到19世纪60年代，人寿保险才真正拿下了欧洲。一直到19世纪中期，丹麦、挪威、瑞典、西班牙、意大利、奥地利、匈牙利和瑞士都还没有人寿保险公司[35]。尽管1824年比利时出现了一家公司，但要到1874年，人寿保险才在那里获得合法地位。德国后来成为保险的一个主要中心，但一直到1827年都没有人寿保险公司；1827年至1852年，9家公司成立，但都以令人失望的结局收场[36]。1860年，德国人仍然认为人寿保险是一种"令人生疑的新奇事物"[37]。同样，加拿大直到1847年才有人寿保险公司。而日本的第一家保险公司要到1881年才出现，但公众对此反应冷淡[38]。

同时，到18世纪末，火险和海险在这些国家都已经站稳了脚跟，其繁荣兴盛显得更为容易。比如，到1789年，丹麦、德国、挪威、西班牙和瑞典都有了火险和海险公司。1857年，在比利时的 31 家保险公司中只有两家销售人寿保险[39]。人寿保险并未在保险原理更为人熟知或统计学发展得更好的国家获得更多的接纳。人口统计学和精算知识在法国和瑞典的发展，并没有刺激人寿保险的发展。一些观察家对人寿保险发展缓慢的多数解释不甚满意，他们转向一些主观因素，比如提出国民性（national character）可能是人寿保险获得接纳的决定性因素。一个最近的跨国比较得出结论，认为"数个国家对人寿保险的利用并不能由这些国家各自的收入水平完全解释"，而部分地取决于"这些社会中的伦理道德"[40]。19 世纪 50 年代英国和美国不同的人寿保险购买水平，以及同时期德国和英国之间的不同，都被归因于国民性[41]。对法国人来说，英国人寿保险的成功是英国人爱赌博的结果，"这是英国人的性格使然"[42]。而对英国人来说，法国人能"理解彩票、唐提式养老金①和投机，却不能理解人寿保险"[43]。他们认为人寿保险在法国招致阻碍是由于法国人"没心没肺"（light hearted inconsideration）[44]和"严重缺乏公德"[45]。《保险观察》也利用国民性的概念作出了如下解释：

  一个尚武的人，例如法国人，以战场上的英雄主义为乐，

---

① 又称唐提式年金制度或联合养老制，由意大利人唐提（L. Tortine）创制。1689 年，法国实行这种通过募集公债的方法来运营的特殊年金制度。为使公债募集容易计算，规定公债本金每年的利息分配给该年的生存者。按照这种方法，政府支付每年同额的公债利息（年龄组越高给付越多），而公债持有人中，生存者收取的利息每年增加，到最后一人死亡时，利息停止支付，公债本金并不归还，归政府所有。18 世纪中期，许多国家为增加财政收入，纷纷采用这种制度。（译者注）

相比于更为平和地征服个体性（individuality），他们更偏好征服他们的鹰。这样的人不太可能为了子孙后代而支持一个建基于关爱生命之上的慈善系统[46]。

不幸的是，国民性这个概念太过宽泛、也太过模糊，以至于缺乏解释力。为了理解人寿保险的发展和抵制它的根源，我们追溯其在两个国家的发展历程，这两个国家代表了人寿保险发展的两个极端：在英国，人寿保险的有效性和合法性从来没被质疑过，而且很早就成为一个重要的制度设置；而在法国，人们对人寿保险的抵制达到了顶点。

英国

欧陆的观察家对英国人寿保险毫不费力的发展感到困惑[47]。英国的例证在美国被用来刺激不太热情的民众。公司的出版物问道："一个美国人不如一个英国人爱其家庭的证据在哪里？"[48] 在一个多数欧洲国家都禁止人寿保险的时代，伊丽莎白女王却在1574年授权理查德·钱德勒签发各种类型的保险保单。法律和政府继续支持人寿保险；1721年，英国法律称人寿保险是"有益且实用的"[49]，1852年，英国议会形容保单持有者是"社会当中最好的和最值得帮助的"[50]。友善社（The Amicable Society）始于1706年，是英国第一家人寿保险公司，到第二年，它已经拥有了2000位会员，虽然其保费昂贵、精算基础也不确切[51]。到

1800 年，英国有 6 家人寿保险办事处[52]。公平社（The Equitable）建立于 1762 年，到那时候就有 5129 份未偿付的人寿保险保单，总价为 390 万英镑[53]。到 19 世纪 20 年代，人寿保险与火险和海险公司一样，是"公认的伦敦商业景观的一部分"。人寿保险公司增长迅速：1803 年至 1808 年，8 家新公司组建而成；1815 年至 1830 年，又有 29 家新公司成立。1830 年至 1844 年，另外 56 家办事处也成功建立，因而到 19 世纪 50 年代早期，英国至少有 150 家人寿保险办事处[54]。当时，全欧洲只有不到 44 家人寿保险公司[55]。1859 年，英国人寿保险公司收到的年保费总收入据估计有 3000 万美元，而同期美国只有 700 万美元[56]。

考虑到英国人寿保险这种令人惊奇的成功，一些保险史学家仍然在问"为什么英国的人寿保险发展得这么慢"，这就不免使人困惑。他们争辩说英国的人寿保险一直要到 1800 年才有了显著的发展，而此时距离公平社创立已经 40 年，距离第一家人寿保险公司的组建已近一个世纪。对从开始到接纳之间的这段延迟的解释是有意义的：对人寿保险观念缺乏尊重被认为是一个主要的障碍[57]。苏普莱（Supple）也认为人寿保险发展相对缓慢的其中一个主要原因就是"保险的习惯在潜在的投保人中传播太慢"[58]。英国的案例表明即使在人寿保险最容易发展的地方，人们对人寿保险观念的抵制也干扰了它的发展。

法国

如果说人寿保险在英国不得不打的只是一场小规模的战斗,那么它在法国的斗争就最为激烈,很多人认为人寿保险"触动了法国人的敏感神经"[59]。迟至1861年,法国是"唯一一个尚未完全理解人寿保险的文明国度"[60],而在1869年,谢泼德·霍曼斯(Sheppard Homans)就讨论了人寿保险如何不服于法国水土[61]。法国第一家人寿保险公司是皇家公司(The Compagnie Royale),成立于1787年。"它的法规是明智的,它的招股说明书(prospectus)则展现了深厚的人寿保险知识",尽管该公司有着坚实的财务支持和专业的精算建议,但几年后它就失败了[62]。19世纪初期成立的其他人寿保险也遭遇了同样的命运。《爱丁堡评论》谈到了这些公司"非常积极、持久但并不成功的努力":

他们散发了大量的小册子、公司和产品简介以及报告;然而一切都是徒劳。由于他们基本上不成功,他们被迫从许多大城市撤回代理人。即使在巴黎,公众对他们的产品也是完全冷漠的[63]。

人寿保险仍然是一块"被弃置的土地"[64]。1850年,英国所拥有的人寿保险总价值达5.83亿美元,而法国却只有3300万美元。1854年所有法国公司的业务量只相当于伦敦公平社1800年的四分之一。1869 年，美国人寿保险所签发的人寿保险相当于法国公司在 1819 年至 1877 年这 58 年间的签发总和[65]。

法国人只反感人寿保险。火险和海险都被人们所接受，并且为法律所支持。1807 年，人寿保险早已被认定为非法，但法国国务委员会却宣布海上保险是"一种出色的合同，是人类天赋的一种高贵产物"[66]。火灾保险同样未被责难，其发展显得容易而迅速。一位作者问道，为什么法国人"理解对他的房屋和田地投保的需要……但却不能领会保护他自己以防范死亡带来的风险的需要"[67]。多项研究得出结论，认为普遍的偏见和敌意是人寿保险在法国发展最重要的障碍。比如，默龙（Meuron）写道：

> 这种不情愿来自何处？这一制度在其他国家已经产生了非常积极的效果，但为什么法国人对它的接受却如此缓慢？我们相信这主要是抵制人寿保险的偏见依然存在的结果[68]。

阻止更多的主观论述确实很难。正如一个作者评论的：

> 通过对人寿保险最细致的研究……我已经确信在它们的组织中并不存在什么根本的缺陷或重要的缺点，能够解释人寿保险在法国所遭遇的偏见[69]。

精算知识的不足也不是原因。1825 年，朱韦尼（Juvigny）写道：

如果有人认为数学作为保险的基础知识最为重要,以及概率论对保险来说是必需的,那么将令他倍感惊讶的是,这些数学和概率论知识不仅始于法国,而且其今天在法国的发展比自称是这些制度的发明者的英国还要好。

1806 年,迪维拉尔(Duvillard)已经制成了一张被认为"比其他任何国家已经出版的都要更为精确和完善的"生命表[70]。经济上的考虑也没有导致人们对购买人寿保险的抵制。保费并未过高:"在法国……尽管保费比英国的更合理,公司也有良好的信用,但他们推广人寿保险的艰苦努力却几乎没有获得公众的支持。"[71] 家庭的预算拮据也不是一个问题。法国人有钱,但他们却选择花费在其他方面。比如,唐提式养老保险就是一项流行的投资方式。相比于人寿保险,一个人不必"死后才能赢":取而代之的是,一群投保人当中最后的幸存者会获得收益。1819 年至 1821 年,只有一家人寿保险公司营业,但却有 9 家唐提式养老保险公司获得政府的授权(而营业)。1841 年至 1846 年,另外 20 家唐提式养老保险公司成立。而同一时间段,新开设的人寿保险公司只有 8 家,其中 4 家还很快崩溃并寻求授权而变更为唐提式养老保险团体。到 19 世纪中期,大约 18 家唐提式养老保险公司仍在营业,它们共有 395446 份"保单",其总价值近 8000 万美元[72]。

年金是另一项受法国人欢迎的投资方式。年金合同许诺在年金受益者还活着的时候定期向其支付一笔固定的款项。从投资于年金的款项中产生的回报要大于普通投资。人寿保险最严厉的批评者给予了年金合同以最全力的支持[73]。

对唐提式养老保险和年金的偏爱被认为是法国人自私的一个标志,也显示了他们"对被保险人还活着的时候就能获得回报有着明显的偏好"[74]。但法国人对人寿保险的偏见的根源要远比自私深得多。所有处理有关人死亡的经济后果的合同都被否定,这是法国民法不可分割的一部分。由拿破仑·波拿巴所委任的负责起草《法国民法典》的团体提出的主要建议之一便是第1130条款:"未来发生的事情可以作为合同的标的。但任何人均不得放弃尚未开始的继承,或就尚未开始的继承订立合同,即使取得被继承人的同意时亦然。"[75]这即是说,法国法律允许有关未来事项的合同,诸如水果的收获或将要出生的动物。然而,如果对未来的事项进行投机,且投机的胜负取决于一个人的死亡,那么这种继承合同就是为法律所禁止的。在赠与者去世前,放弃遗产的继承或者买卖继承权的合同,都是对道德的冒犯[76]。早在《罗马法》中,就有厌恶继承合同的内容。而法国的法学家收紧了这项规定。如果一个人将他自己的继承权作为合同的标的,那么《罗马法》是认可的,而法国法律却拒绝承认这种案例的合法性。信托在法国也是非法的。在一个信托关系中,一个人做出安排,安排其钱财在死后由私人或信托机构进行管理。反对继承合同和人寿保险的主要法律论据是宣誓(votum mortis)的危险。为取决于人死亡的事情订立合同,可能引起合同的某一方将致死付诸行动的欲望[77]。

法律史是理解人寿保险在法国的发展历程的资料来源中最能揭示问题的。早在1589年,一篇有关商业法律的解释《海事指导法》(Le Guidon de La Mer)，就把人寿保险定义为"良好的道德风尚的反面"而予以谴责。这一结论又为 1681 年的《海事法令》所强化。这一禁令得到 18 世纪的法国法学家的一致支持。在对 1681 年决定的评论中，瓦兰（Valin）谈到给人的生命定出一个金钱价格是不道德的。艾莫里格农（Emerignon）写道："人的生命不能作为商业标的，死亡如果作为商业投机的来源，那就是可耻的。"[78] 波蒂埃（Pothier）同样认为："一个自由人的生命是不能估价的，因而也就不能成为一份保险合同的对象：自由人的身体不允许估价"（liberum corpus aestimationem non recipit）。[79] 而黑人的保险却是被接受的：作为奴隶，他们的金钱价值可以在不违反伦理的前提下被估计。1793 年，法国革命政府判定所有人寿保险公司非法，其基础是"保险以金钱的服务取代了人性的服务，破坏了同情心，而这本应是社会的基础"[80]。19 世纪的法学家继续反对人寿保险。1804 年，《法国民法典》的作者并未提及人寿保险，除了波塔利斯（Portalis）所作的一条评论之外。他说："涉及一个人的死亡和生命的交易是有害的和危险的。"[81] 1807 年，《商法典》亦忽略了人寿保险。正如法学家布雷 - 帕蒂（Boulay-Patty）所表达的，普遍的感觉是人寿保险应当留给"我们的英国邻居"[82]。

直到 1850 年，人寿保险在法国才获得了法律上的认可，当时人寿保险被间接地包含在一个综合的保险税中。迟至 1861 年，一位法官在一起著名的审判中还谴责了人寿保险的不道德性和非法性，在这起案件中，一名男性被控杀死了一名女性以获取保险赔付。19 世纪末，人寿保险的地位显著提升，其销售量也大幅增加。1819 年至 1859 年，共有总价 3.54 亿法郎的 40258 份保单被核准，而 1889 年一年时间，就有将近 3.8 万份保单被签发，其总价高达 3.93 亿法郎。人寿保险的发展还反映在新一代法学家态度的变化上，对他们而言，人寿保险变成了一个合法且流行的论文主题[83]。就像人寿保险过去的敌人一样，人寿保险新的支持者也更多地聚焦于道德而非经济意义。他们试图"大声宣扬保险的道德属性"[84]。一位作者认为："人寿保险并不与道德相对。相反，保险的理念是一块出色的、能够甄别出有道德的人的试金石；它只能为道德精英所接纳。"[85]

社会学中比较分析的任务是在同一社会中的不同场景下或多个社会中检验有关变量间关系的假设。美国不同类型保险之间的显著差异已经凸显了人寿保险独特的思想观念特征。财产保险和人寿保险的不同并不在于保险公司的组织或经济框架，而在于公众的不同反应。美国人乐意为他们的家庭、商店和船只投保，因为他们投资的经济理性并未被文化考量所干扰。相反，对生命投保却遭到坚决的抵制，因为这对强有力的文化和宗教价值观形成了挑战。

跨文化和跨时间的比较确证了非经济因素的约束作用。早在 16 和 17 世纪，欧洲国家就在文化基础上谴责和禁止人寿保险。即使在英国，人寿保险与其他价值观的兼容性更大一些，但这一生意也为文化对立（cultural opposition）所检验。对人寿保险的思想观念敌意在一些非西方国家尚未衰退；沙特阿拉伯和利比亚直到今天都拒绝给予人寿保险法律上的认可。不同类型的保险之间的差异总是超越文化的；大多数抵制人寿保险的国家都很早出现了火险和海险公司，也并未出现对二者的明显反对。

4

价值观和思想观念对接纳社会创新的影响：人寿保险与死亡[①]

---

① 本章曾发表于《美国社会学杂志》("Human Values and the Market: The Case of Life Insurance and Death in 19th-Century America,"「November 1978」, *American Journal of Sociology* 84:591-610. University of Chicago Press. Copyright 1978 University of Chicago.)，但形式上稍有改动。

4 价值观和思想观念对接纳社会创新的影响：人寿保险与死亡

我们尤其反对将保险包含于枯燥无味的主题范畴之内。当然，我们立刻承认，一大堆保险的表格并不是要蓄意迷惑普通读者。……但在每一个办事处的场景背后，一幕幕小把戏每天都在上演。……就死亡的可能性而言，（人寿保险）必然与这一主题相连。的确，除了情感和宗教，保险比世界上其他任何媒介在安慰垂死之人这件事上做得更多[1]。

许多有关制度扩散的研究宣称经济因素足以解释接纳新事物的过程。戴维斯和诺斯主张，新制度安排的首要推动力主要来自于获得利润的可能性，而这些利润无法在既有的结构中获得[2]。但价值观和思想观念的作用不应该被低估。巴伯批评思想观念在解释社会变迁的过程中总是被当作因变量。他建议："在包含无论何种程度的综合性的体系中，从低端的相互分工的二人团体，到高端的自给自足的社会，思想观念系统既可以作为自变量，亦可以作为因变量。"[3] 一项对新事物扩散的较为综合的跨文化分析列举了五个最重要的决定新事物被接受或拒绝的特征，其中之一便是新事物的价值相容性①。而人们在接受不相容

---

① 其他四个因素分别是：一、新事物较先前体系的相对优势；二、新事物的复杂性；三、在一个有限的基础上，新事物的可实验性或试行的可能性；四、新事物结果的可观察性。参见 Rogers and Shoemaker, *Communication*,（转下页）

的新事物之前，常常需要先接受一套新的价值观。强调文化合法化的作用，并不意味着排除利益因素，而是兼收并蓄，将获利性和相容性融合在同一个多变量的解释模型中①。

不幸的是，大多数研究都聚焦于技术创新，于是产生了大量有关药物和肥料传播的数据，但几乎没有论及社会创新的扩散[4]。人寿保险恰好提供了一种独特的可能性，用以检验价值观与接纳社会创新之间的关系。接下来的两章主要关注一些卷入人寿保险合法化过程的具体的思想观念问题。我们有必要首先将分析转向死亡，因为其与人寿保险关系密切[5]。

我们将会触及有关死亡的文化价值观在人寿保险发展过程中的影响，然后考察这种新制度影响流行价值观的不同方式。用金钱对人的生命进行估价受到文化规约（the cultural prescription）的谴责，这导致了人们对人寿保险的反对。另一方面，由于另一套价值观将金钱与死亡之间的象征性联系合法化，因此人寿保险变得可以接受。涉及死亡和临死过程的魔力

（接上页）ch.4. 市场营销研究亦显示消费者的信念在决定购买方面经常比产品的客观质量要具有更大的作用。参见 "The Analysis of Consumer Actions," by Arthur Komhauser and Paul F. Lazarsfeld, in Paul F. Lazarsfeld and Morris Rosenberg, eds., *The Language of Social Research* (New York: Free Press, 1955), p.399。

① 伯纳德·巴伯提及了这种错误的偏见："那些提出价值观是一组具有决定作用的变量的理论，实际上意味着价值观就是具有决定作用的变量。"（巴伯的意思是，偏见认为这种解释模型过分重视价值观这一变量以至于将这一变量放在了决定性变量的地位。但事实并不如此，这种模型只是希望将价值观纳入考虑，将它与获利性融合在同一模型中，并没有厚此薄彼之意。——译者注）参见 Barber, "The Limits of Equality: Social Stratification in Complex Societies," p.7。

信念和迷信亦阻碍了人寿保险的发展，同时人寿保险与一种新出现的对死亡和疾病的"积极"倾向之间，在观念上具有亲和性，这构成了这种制度的文化支持的一种来源。

世俗的货币

18 世纪的美国主要为农业社会，当时，人们对通过制度化的体系来应对死亡经济后果的需要尚不如后来迫切。寡妇和孤儿能够留在土地之上，借此养活他们自己。只有志愿性团体是正式援助的来源。这些团体服务于特定的民族群体，如英格兰人、苏格兰人、爱尔兰人和德国人。虽然它们建立在不可靠的精算原理之上，并且向其成员提供的救济金也非常微薄，但它们的组织形式就是后来人寿保险公司的雏形[6]。19 世纪出现了一系列专注于对死亡进行经济管理的财务制度和机构，其中最重要的就是信托公司和人寿保险。志愿性团体是非营利的，除了经济救助之外也承担其他的功能[①]，但这种新制度的唯一业务就是为死亡提供经济支持。

与人寿保险公司一样，信托公司以专业的管理取代了不太正式的体系。怀特表明："历史上，信托由私人而非一个专业化

---

① 这些团体已经制度化了在死亡的时刻为家庭所提供的某些形式的情感支持。比如，所有的成员都被期望参加成员的葬礼，并安慰刚刚失去亲人的家属。而缺席者将被惩罚。有关志愿性团体的其他功能，请参见 Roy Lubove, *The Struggle for Social Security*, pp.1-2。

的财务机构所有。信托公司接受钱财或证券的信托服务,由此,这些公司已经转向了这一领域。"[7] 而传统的方式是,受托人是财产委托人的密友或亲属。

另一项成为生意的"家庭和邻里"事务是葬礼。专业葬礼操办的出现亦可以追溯至19世纪初期。此前,死者生前的身体护理和死后的尸体处理多数都由邻居和亲属完成,但在19世纪,这变成了一个能够获得金钱回报的专门职业[8]。这种正式化的过程扩展到了遗嘱的起草。多数人在死亡前不久,由一个人起草非正式的、格式化的条款;这种方式在19世纪就变成了一个高度结构性的个人财产规划系统[9]。

因此,人寿保险是死亡管理变得理性化和正式化这一普遍运动中的一部分。这种新制度首要关注的就是死亡这一主要的财务事件。它们的业务就是使人们有所计划,并且以金钱的概念来讨论他们的死亡。人寿保险将自身定义为:"将情感资本化。……我们料想,眼泪在保存一种新鲜的悲伤时,除了盐水什么都不是。保险是交易,它是真实可靠的、实实在在的预防措施。"[10] 其公开宣称的目标是要鼓励人们"使他们自己的死亡成为商业行为的基础"[11]。这不是一个简单的事业。把死亡放到市场上冒犯了一种价值体系,这种体系认定人的生命的神圣性及其与市场的不相容性。这就界定了一种强有力的规范模式:可以或不可以在市场上进行买卖的分野,或者说神圣的与世俗的分野。涂尔干写道:"心灵自然绝不允许将二者(神圣的和世俗的)混淆,甚至不让二者相互接触。"[12] 人们不会以一种算计的、功利的方式对待神圣的事物,由此神圣的事物与世俗的事物得以区别。人的生命极其神圣的本质（the sacrosanct nature）在西方文化中是根深蒂固的。齐美尔曾经追溯了从一种能包容对生命进行金钱估价的信念体系，到犹太—基督教中人的绝对价值概念的转变过程；后者设定生命是超越经济考量的。早期功利的标准反映在一些社会安排中，诸如奴隶、买卖婚姻，以及赎罪抚恤金（wergild）或血钱①（blood money）[13]。对齐美尔来说，个人主义的兴起是这种转变的决定性因素："金钱倾向于努力追求不断增长的冷漠和纯粹的数量意义，这与不断增长的人的分化同时发生……因此，金钱对个人的价值而言，变得越来越不足够。"[14] 从"金钱的本质"（sub specie pecuniae）来看，人的生命的独特性和尊严消失了。把生命和死亡当作商业项目遭到了文化上的抵制，这反映在保卫它们免于经济生活污染的法律尝试当中。罗马法早就确立了这一信条：不能对一个自由人的生命进行货币估值（Liberum corpus nullam recipit aestimationem）②。继承合同被认为是"可憎的条款"和"伤风败俗"，因为它们用金钱考量死亡[15]。罗马的传统在许多国家得以留存，尤其在法国，

---

① "赎罪抚恤金"指在盎格鲁—萨克逊和日耳曼的法律中，根据人的等级而核定的赔偿给被害人亲属或其主人的被害人的生命价值。"血钱"则有两种含义，其一为因结束某人生命而获取的报酬，其二为因受害人死亡，支付给其家属的赔偿金额。（译者注）

② 这就解释了为什么即使原则上禁止人寿保险的国家，也允许对奴隶投保。奴隶被假定缺乏人的价值，这就合理化了对奴隶的经济等价，而同时却未出现严重的道德困境。参见 Edmund Reboul, "Du Droit des Enfants Beneficiaires d'une Assurance sur la Vie Contractee par Leur Pere," p.23. 另一种被接受的人寿保险的早期形式是丈夫为他们怀孕的妻子投保。参见 Rene Goupil, "De La Consideration de la Mort des Personnes Dans Les Actes Juridiques," p.17.

《法国民法典》规定"只有属于商业的东西才能成为一项合同的标的"[16]。法国的法学家宣称一个人的生命"不能成为商业投机的对象",这使得任何有关人的生命的合同都变得非法,包括人寿保险、信托和继承合同。遗嘱充分地被宗教象征主义所围绕,因此还未被商业的欲望所污染,仍然是处置死后财产的唯一合法工具[17]。

在美国,功利地对待人的生命亦面临同样的问题。仅仅是清点人数就一度被认为是该受天谴的行为。18世纪那些敬畏上帝且经常去做礼拜的人反对人口普查,他们会想起降临到以色列人身上的灾难性瘟疫,当时大卫王忽略了古代的禁忌而下令开展一次人口普查。一些人认为人口普查之所以被抵制,是因为这是发现上帝秘密的非法尝试[①]。美国的法律保护人的生命不受商业侵袭,其宣布人的身体不是财产,因此不可以被"讨价还价、用作交换或出售给他人"[18]。许多社会安排,无论其经济效率如何,都被谴责为是对生命的神圣性质的冒犯。对献血商业化的攻击就建立在此基础上[19]。人的器官被用作市场销售也遇

---

① 参见 George A. Buttrick, ed, *The Interpreter's Bible*, p.1172。1726年,新泽西总督博内特(Burnett)被劝说停止开展一次人口普查,因为这将会"使得人们感到忧虑,他们是宗教的狂热信徒"。迟至1787年的制宪会议,宗教仍然被用来反对全国性的人口普查;参见 James H. Cassedy, *Demography in Early America*, pp.69-70。一些人进行统计(the enumeration of men)也有可能被认为是卑鄙的和丧失人格的。比如,对婚姻、犯罪、自杀的统计,在19世纪中期就被欧洲人所反对,他们认为这是"真正的物质主义;是将人贬低为一个机器而根本没有考虑其道德和知识能力的一种尝试"。参见 Adolphe Jacques Quetelet, "Sur la Statistique Morale," p.1。

4 价值观和思想观念对接纳社会创新的影响：人寿保险与死亡

到类似的道德困境，因而虽然器官捐赠已经极为常见，但器官的买卖依然非常罕见。一项最近的研究解释了原因："看到尸体被当作一个可以被买卖的商品来对待，这是与死者生前生活过、相爱过和分享过欢乐的亲朋好友所无法容忍的。"[20] 帕森斯、福克斯和利兹指出："不管交易发生的安排多么科学，也不管交易各方的信仰如何世俗化，深层次的宗教元素……至少会潜在地出现在器官移植的场景中。"[21] 同样，即使到禁止买卖尸体的法律被废除后，大多数医学院的解剖用尸体来源仍旧是个人捐赠和太平间无人认领的死者。由于"伦理的、宗教的或情感的原因"，人们拒绝出售身体。法律本身也仍然模糊不清。尽管（联邦政府）《统一遗体捐赠法》(the Uniform Anatomical Gift Act)① 允许一个人死后捐赠其身体或器官，但"有关解剖遗体的买卖的法律状况依然是不稳定的"[22]。

人们之所以感到人寿保险亵渎神圣，是因为其最终的功能就是给予寡妇和孤儿一张支票，以补偿失去一位父亲或一位丈夫的损失②。批评者反对人寿保险，他们认为人寿保险将人神圣

---

① 美国《统一遗体捐赠法》规定，有权捐赠遗体的近亲属的范围及顺位是：配偶、成年子女、父母、成年的兄弟姐妹、死亡时死者的监护人与有处置遗体权限或义务的其他人。该法同时规定，在有本人及同顺位或先顺位人的反对，且后顺位人已知时，后顺位人不能做出遗体器官捐赠的承诺意思表示（译者注）。

② 对生命的货币估价也呈现出法律上的意义。当一座房屋被烧毁，或当庄稼被暴风雨所破坏，对那些相关的损失做一些客观的测算是可以达到的。然而，当一个人死亡时，对其价值的精神测量是不可能的。因此，补偿的原理不能完全被应用于人寿保险，而一份生命合同要为风险指定一定的价值。（转下页）

的生命转化为一件"可销售的商品"[23]。他们问道:"一个人是否有权利将其生命的延续变成讨价还价的基础？难道这不是把一件庄严的事情变成了区区一项商业交易吗？"[24] 尼科尔斯回忆那时候"一项投资的利润高低取决于一个人的死亡,这被旁观者认为是一项投机而为上帝和人的法则所厌恶"[25]。所以,虽然人寿保险的收益可观,但却变成了"脏"钱。女性对这个问题尤其敏感:

> 一些女人说人寿保险对她们而言很像是从她们丈夫的死亡中获取收益。另一些人则感觉如果好人将死,一份人寿保险保单的收入将会支付给其受益人,这就像接受"血钱",还有一些人则说他们不会参与到对生命的未来预期的那种如此肮脏的算计之中[26]。

人寿保险的推动者伪装了他们生意中的物质主义意涵,他们向潜在的客户保证他们的业务与其他公司不同:"我们的运作触及了人的生存。在一个只关注商品的地方,一个人可能会一边开着玩笑,一边讨价还价,而把生命的运行带到了这一低境界,这是一种退化！"①

（接上页）参见 Alfred Mannes, "Principles and History of Insurance," p.96 和 Charles O. Hardy, *Risk and Risk Bearing*, p.249。

① 参见 *Our Mutual Friend*, (September 1867), p.3。法国人寿保险的一位主要发言人朱韦尼早前也有同样的抗议:"创新的最美成果,具有创造其神圣之手的印记,不能以普通的工具进行测量。"参见 J. B. Juvigny, *Coup d'Oeil sur les Assurances sur la Vie des Hommes*, p.60。

神圣的货币

吊诡的是，令人堕落的金钱也可以赎回人性。布朗批评传统社会学一直抱持一种世俗和理性的金钱的形象，却没有在金钱的象征和神圣的功能方面投以其应得的关注[27]。金钱与死亡之间存在着一种二元关系，这是真实的、也是象征性的。将人的生命等同于一笔数量精确的钱财代表了对神圣事物的世俗化，而对货币的象征性的、不受约束的使用则也许有助于死亡的神圣化。涂尔干曾简要地论述了货币的神圣性质："经济价值是一种功效（efficacy）力量，而我们知道力量观念的宗教起源。财富带来魔力，因此其有宗教起源。由此可见，经济价值的观念和宗教价值的观念是相互联系的。"[28]

死亡时花费大笔金钱，这种普遍的做法验证了金钱和死亡之间一种强有力并且合法的象征性联系①。迟至1942年的美国，葬礼和配饰上的花费，仍要比在所有医院和疗养院中的花费更

---

① 在不同时期和不同文化中，在死亡时不理性的花费一直都是一种广为接受的行为模式。莫利讲述了19世纪英国陆军或海军军官的遗孀为她们的亡夫举办葬礼的花费，就足以支付她们的孩子所有的教育费用，为此，她们不得不求助于慈善。参见 John Morley, *Death, Heaven, and the Victorians*, p.24。哈本斯坦（Habenstein）和拉默斯（Lamers）则提供了这种模式的跨文化证据，参见 Robert W. Habenstein and William M. Lamers, *Funeral Customs the World Overs*, (Milwaukee: Bulfin Printers, 1963), pp.30, 126。在俄罗斯，虽然国家提供足够的葬礼费用，但家庭仍然要安排自己的款项。参见 Vanderlyn R. Pine and Derek L. Phillips, "The Cost of Dying," p.138。

多²⁹。不管死者的财务状况如何，葬礼都举办得极为奢华。葬礼的承办者解释说，"死者的家庭对死者的爱和尊重依靠所花费的金钱得以向全世界展示"³⁰。人寿保险教科书也建议，对保单持有人而言："他的保险金额越大，他对他的家庭的爱就更多。"³¹ 人寿保险公司一份早期的推销术提到：

> 许多未投保的男人自称与其妻子感情很深、对他的孩子充满无限的爱，并且要求上天见证他为了他们如何牺牲了自己的一生。对于这些男人，……我们可以巧妙地向他提出这些问题：你爱她们有多深？在你去世后，是否足以用一个人的牺牲来保证她们得到支持并舒适地生活？³²

通常，谴责的手只会指向葬礼的承办者，指责这些过高的、不合理的花费。然而，历史证据表明，死亡时高花费的产生，要早于19世纪专业葬礼承办者的出现。哈本斯坦和拉默斯就描述了18世纪葬礼"荒唐的浪费"，当时的葬礼会分送手套、围巾和各种昂贵的礼物³³。

死亡时金钱重要性的另一个证据是人们对简陋葬礼的厌恶。比如，这就解释了19世纪晚期简易人寿保险①（industrial life insurance）为何被工人阶级所接纳。穷人愿意牺牲他们微薄的收入去购买保单，只不过是为了承担葬礼的花费。霍夫曼指出：

---

① 该险种主要针对所得收入不高的工人阶级。其主要特点是免体检、保险金额较低，但保费收取频率高，比如配合工人发放薪酬的时间，由专人每周或每两周上门收取一次保费，这是为了减少保费拖欠或中断的情况。（译者注）

"只有那些对工人阶级的生活和劳动熟悉的人，才会完全理解对将一位家庭成员草草安葬在贫民墓地的厌恶的更深层次意义。"[34] 禁止在死亡时讨价还价的规范也揭示了金钱和死亡之间象征性的联系。为葬礼价比三家是绝对的禁忌，尽管这能减少费用[35]。同样，在人寿保险的案例中："数钱就是诱使上帝毁灭我们。"[36] 当金钱被用于死亡的场合，它就超越了其交易价值而融合了象征性的意义。帕森斯和利兹就认为花费大笔的钱财也许是要企图影响"最终的安乐，甚至死者灵魂的得救"[37]。一项对葬礼花销的研究也指向了货币的仪式性使用：

> 如果花费被视为一种世俗的仪式，那么为葬礼所花的钱就满足了一项非常不同的需要，而非两个人之间一种单纯的现金往来……因为人们日益缺少仪式的和社会的机制……去帮助他们处理死亡，而钱财的花费已经承担了额外的重要性，即这是一种缅怀死者的手段[38]。

金钱和死亡的这种双重关系——既是真实的、又是象征性的——是理解人寿保险发展的必要条件。一方面，人寿保险把生命等同于金钱，因而被认为该受天谴；但另一方面，人寿保险变成了在死亡时象征性地利用货币的一种合法手段。

巫术、死亡和人寿保险

威廉·格雷厄姆·萨姆纳写道："人的生命中偶然性因素的事实、人们对这种事实的诠释以及人们处理这种事实的努力构成了文化史的一大部分。"[39] 马林诺斯基将注意力转向了"掌控有关机会和幸运的基本元素"的巫术使用[40]。特罗布里斯人常常将死亡和疾病归咎于巫术。一个人的死亡时间仍然是所有事情中最令人害怕的。华尔注意到"一种显著的悖论",即便是最坚定地信仰科学和科学方法的人,"也几乎会普遍地寻求巫术和非理性"以处理死亡[41]。虽然在欠发达文化中较容易找到巫术与死亡之间关系的例证[42],但人们对于当代巫术仪式却几乎一无所知。比如,很少有人会为他们自己的死亡做计划,这主要是出于对巫术的恐惧,认为这样做会加速死亡的来临。一项有关遗嘱的研究对"一个人即将死亡的时候才订立遗嘱"[43]这种流行的信念做了评论。事实上,大多数遗嘱都是在死亡前不久才订立的。有一批评论员指出:"在订立资产分配计划方面,一个人会将其一生的精力都用来经营一项生意或一个庄园(an estate),而在安排其死亡时遗产的分配方面根本不投入一丁点时间或只投入极少的时间。这是一个尽人皆知的问题。"[44]同样,人们也很少提前安排他们自己的葬礼,虽然证据显示这能大大减少花费①。

---

① 参见 Simmons, "Funeral Practices and Public Awareness," p.12; Mitford, *The American Way of Death*, p.73。文化上对提前安排死亡事宜的厌恶（转下页）

4 价值观和思想观念对接纳社会创新的影响：人寿保险与死亡

与死亡的亲密关系使得人寿保险在面对因巫术而生的阻碍时显得比较脆弱。一本公司刊物提到了这种许多顾客不愿承认的"神秘恐惧"："对生命投保和失去生命之间存在着神秘的联系。"[45]《保险观察》较早就反对这种偏见："在通往这种高尚制度的过程中却长时间存在着由迷信的盲从所导致的荒谬的偏见。这对人的心灵来说是相当羞耻的。"[46] 即使"拥有较高社会地位和有头有脸的"[47]个人都保留了这些不合理的观念。对死亡加速到来这种不理性的忧虑被列为反对人寿保险最常见的理由。保险公司的顾客表达了为他们自己的生命投保的担心，为了尽力回应这些对人寿保险的批评，公司搜集了一份清单，其中有顾客说道："我对此感到恐惧，而且有种迷信，迷信我也许死得更快。"[48] 或者以不同方式表达："承认这一点我几乎感到羞耻，但我有一种感觉、一种偏见，我也许会死得更快。"[49]对人寿保险所遭遇的这种流行的怀疑，即认为人寿保险会"加速它估计的事情（也就是死亡和不幸事件）的发生"，詹克斯（Jencks）作出回应并竭力推荐"为公众的这种荒谬心理解除迷惑"[50]的必要性。然而，迟至19世纪70年代，"通过办理一份保单，我们就不知怎地做出了与'恐惧之王'会面的挑战"[51]。

保险出版物被迫要回应这些由迷信引起的恐惧。它们向

（接上页）反映于一位法官在一次审案过程中的陈述。这个案例的被告是一位葬礼保险的推销员，但他也销售墓地和寿衣的折扣券。这位法官说道：

"只有一些罕见而古怪的人才会亲自或请人为其自身在死亡之前就购买棺材和寿衣。人的本性是，一个人还在其在世时就得到和拥有那些在他生命尽头才用到的可怕的具有象征性的东西，对此他会感到憎恶。"引自 Edwin W. Patterson, *Cases and Materials on the Law of Insurance*, p.23。

顾客保证"人寿保险不可能影响一个人于特定的时间死亡的事实"[52]。有时候它们就以牙还牙,对于这种巫术的恐惧,它们建议说,不投保就会"招致上帝的报复"[53]。偶尔它们也会带点讽刺:"您的房子有没有因为投了保而立即就烧掉了呢?您会不敢去参加一场葬礼,或者不敢看死者一眼,或者不敢拥有大片的墓地吗?"[54]此类材料多数都为妇女所阅读。人寿保险史上的一大悖论是,妇女本是这一新制度的主要受益者,但却成为了人寿保险最顽固的敌人。许多人感觉人寿保险是"早死的前兆"[55],"丈夫投保的事实让妻子陷入了深深的恐惧之中"[56]一份公平人寿保险公司的小册子引述了妻子们最流行的反对理由:"人寿保险的每一分钱对于我都像是你生命的价格……一想到在你死亡之际我将收到一笔钱,我就非常痛苦……对我来说,如果(你)买了一份保单,就像(你)将会在明天把死亡带回家。"[57]妻子们的反对是反对人寿保险的常见理由之一。杂志的文章和公司的小册子对这种抵制表示迷惑不解。一份流行的小册子评论道:"对人寿保险的普遍实践的阻碍之一显现于妻子和母亲当中。这几乎令人难以置信。"[58]在《给妻子的话》中,作者同样指出:"人寿保险带来的保佑落在社会当中任何一个阶层的身上都不如落在妇女身上美妙。然而(代理人们)赢得她们的信任购买人寿保险要比赢得她们的丈夫更加困难。"[59]《保险观察》提醒它的女性读者:

　　妇女是人寿保险的主要受益者。对妇女,我们要说,如果你热切期望人寿保险日益壮大,那就用你的言行支持它。我们

4 价值观和思想观念对接纳社会创新的影响：人寿保险与死亡

羞于承认，得利最多的妇女们到现在为止却什么都没做。什么都没做！[60]

一份19世纪的谚语合集花了整整一章来论述"妇女问题"。它的标题是"妇女喜欢人寿保险吗？寡妇们喜欢。"[①] 人寿保险公司出版一些寓言和小故事，把由她们的顽固所导致的灾难性的经济后果夸张化，借此吓唬妇女。它们问道：

你是否碰巧知道很多妇女正在贫病交加中过着一种"勉强糊口"的生活，就因为她抱有偏见，不允许或不鼓励她的丈夫去为他的生命投保？[61]

"两位妻子的寓言"就对保险打了这么一个比喻：

曾经有两位妻子，一位聪明，一位愚蠢。聪明的妻子甚至在结婚之前，就要求她的丈夫投保，这样（万一她的丈夫去世）她也许会孤独凄凉，但不会穷困潦倒。……但愚蠢的妻子嘲笑和辱骂保险代理人，因为代理人恳求她的丈夫，而且已经说服她的丈夫投保。……不久之后她的丈夫发热去世，这位愚蠢的妻子不得

---

① 参见 James T. Phelps, *Life Insurance Sayings*, p.24。早在1712年，在英国第一项人寿保险方案中，人寿保险对女性的好处就以一种幽默的方式被广而告之："来吧，你们这些慷慨的丈夫都随着妻子来为你那宝贵的生命投了保，这使你安心，当你死亡甚至腐烂的时候、当你被遗忘的时候，你的遗孀还会比较富有。" 参见 John Francis, *Annals, Anecdotes and Legends* (London: Longman, Brown, Green, and Longmans, 1853), p.64。

不卖掉了她的小饰品，以购买面包养活她自己和孩子[62]。

偶尔，宣传材料也表现出高人一等的姿态，略微带点讽刺意味：

一位妇女不会认为收下银行存款或投资回报是不对的。那么为什么她要歧视人寿保险呢？人寿保险和银行存款或投资回报的差别在哪儿呢？这要由这位妇女告诉我们！[63]

因为对妇女的疑虑失去了耐心，人寿保险的提倡者经常变得刻薄："许多妇女都为对人寿保险的荒唐偏见铺垫了道路，在这些对偏见的公开表示中，她们表达了许多可笑的多愁善感，而且被这些感伤所影响，她们本应对此感到极其羞耻。"[64]他们宣称，"若一个女人轻慢地延迟、阻碍或放弃保险,（那么代理人的）耐心就被耗尽了"[65]。

因此，由于牵涉死亡，人寿保险被迫努力解决由巫术和迷信造成的困境，而这些问题一般看来与其所代表的理性经济组织背道而驰。

人寿保险与对死亡的控制

宿命论和创新难以相容。罗格斯和舒梅克发现新事物的早期接受者相比后来的接受者具有较弱的宿命论倾向。他们提到，向相信其未来已经由命运所决定的顾客推介新事物是困难的[66]。19世纪对人寿保险的接纳就取决于一种有关死亡的非宿命论的兴起。罗森伯格指出，1832年至1866年，死亡和疾病越来越被认为是可推迟的事情，或者被认为是由不合格的卫生条件和其他技术缺陷所导致的、但是可以补救的后果，卫生条件和技术缺陷是能够为人所控制的[67]。帕森斯和利兹也提到了一种强调人控制生命的基础条件的观念系统，其取代了原来针对死亡的宿命论观念[68]。人寿保险出版物就成了这种新信念系统的发言人。《保险观察》告诉它的读者："很难……理解为什么人不该直面暴君，并借由其自由支配的手段竭尽全力消除恐惧对他的支配。"[69]一份人寿保险的保单就提供了控制死亡的经济后果的机会。对受养者的最终责任就从上帝那里传递到了人的手中。传统主义者反对说："借助不信仰上帝的人的精神，他们决定家庭不应该依靠上帝……当家庭的顶梁柱死亡的时候。"[70]

对控制死亡和疾病日益增长的兴趣在19世纪人们对长寿的着迷中得到了反映①。一份著名的商业期刊《奈尔每周文摘》在1823年宣布："通过考察在报纸上的讣闻，我们提议尝试每月收集一次百岁或百岁以上已故老人的信息。"[71]宗教、职业甚至政治和经济因素都被拿来检验是否是长寿的决定性因素。对一些人

---

① 长寿是由人类活动而导致的生命时间的显著延长；参见 Gerald J. Gruman, "A History of Ideas about the Prolongation of Life," p.6。长寿的其他原因包括：（1）对人口学的兴趣增加，（2）用来追求科学调查的制度和机构的创建，（3）欧美关于新世界（the New World）环境效果的持续争论，以及（4）对用于医疗和人寿保险目的的精确死亡率数据的需求。参见 Maris Vinovskis, "The 1789 Table of Edward Wigglesworth," pp.572-573。

来说，长寿是"快乐、不惑和仁慈"的自然结果[72]。人寿保险变成了长寿的天然盟友。一些人拒绝购买保单，因为他们害怕他们会更快死亡，但另一些人则购买了保单，他们将此视为一种"收买死亡"的方法①。严肃的人寿保险文章否认这些映射，他们声称一份保单既不是巫术咒语，也不是对抗死亡的保证：它"并不试图挡住或避开死亡"[73]。不过他们不愿意放弃所有的赞扬，承认为家庭做充足的准备能得到心灵的平静，认为这真的能够有助于长寿：

> 我们并不设法抢占医疗人员的地盘；但我们正好观察到这个"生命的问题"可以归功于心灵的无忧无虑以及随之而来的身体健康，而这些都来自于焦虑的缺席。……有多少人由于面对痛苦的现实而染上了悲伤无法自拔，从而过早地进入了坟墓——他的健康垮了，他也未给他的家庭做准备！而正好相反的情况是，一个人履行了他的职责（购买了人寿保险）[74]。

保单的治疗效力也被一则流行的寓言《霍乱菌》(*The Cholera Microbe*)通过某种幽默的方式得以传达：

---

① 威尔伯特·E.摩尔（Wilbert E. Moore）已经指出，即使在今天，人寿保险都象征了一定程度上独立于其经济功能的命运的掌控。参见 Moore, "Time – The Ultimate Scarcity," p.60。一项 1950 年的调查发现对命运的控制感是人寿保险购买者的主要动机之一，参见 Leonard L. Berekson, "Birth Order, Anxiety, Affiliation, and the Purchase of Life Insurance," p.95。

一个霍乱菌偶然遇到了一个伤寒菌……他就问伤寒菌业务进展如何。伤寒菌打了一个哈欠答道，这个秋天他不同寻常地活跃，但却并未如同往常一样得到快乐，因为非常多被他感染的人都购买了人寿保险，这让他们的心灵如此平静，以至于四分之三的人都已经康复了。当他和霍乱菌告别时，他悲伤地补充道：如果我们有机会感染任何一个人寿保险代理人的话，那我们必须得合伙把他拿下。

在另一个故事中，一个医生被迫承认是"人寿保险而不是医药"拯救了他一位临终的病患[75]。

人寿保险对长寿的影响并未长时间地被限定于心灵的平和或其巫术的属性之内。20世纪初期，人寿保险公司观察到其顾客寿命的延长会显著地减少他们的业务成本。长寿作为"一块可以省钱的、但尚未被开发的肥沃土地"被重新发现，人寿保险公司就成为为保护人类生命而制定计划的第一批组织之一[76]。

我们可以清楚地看到，人寿保险的合法化得到了一种非宿命论的思想观念的支持，这种思想观念鼓励人们去控制有关死亡的方方面面。

人寿保险对涉及死亡的价值观的影响

作为一种重要的创新，人寿保险对价值观施加着自身的影响。我们将考察人寿保险渗透涉及死亡的价值观的四种不同方式：一、作为一种世俗的仪式；二、作为一种"善终"（good death）的附加条件；三、作为一种不朽的形式；以及对生命价值的重新界定。

人寿保险作为仪式

有人主张人寿保险已经将死亡去仪式化和世俗化了，这就是对待死亡的理性—功利取向的典型。比如，弗农就声称：

> 在美国社会，为丧失亲人的人所提供的正式的情感帮助几乎是不存在的。……就实际性帮助而言，这个系统的非人性特征表现在那些有用的、但不那么满足感情需要的救助方面，比如人寿保险和继承法[77]。

更为敏锐的观察者则否定了去仪式化（de-ritualization）的假设，而是将其视为宗教仪式的世俗化[78]。这种"神圣事物的变形"——用诺曼·布朗贴切的术语来说——并没有免除仪式，却改变了仪式的本质。死者能够以非常不同的方式被悼念。帕森斯和利兹指出，在当代美国社会，哀悼者的义务是迅捷而有效率地完成他的"悲伤工作"（grief work），然后尽早重新开始一种正常的生活[79]。戈林同意这种看法，他说，我们的"葬礼游戏"是"满满的日程安排和不间断的日常事务"[80]。葬礼花费已经被定义为一种世俗仪式[81]。而我们的证据表明人寿保险也变成了一种仪式。令人奇怪的是，正是人寿保险的批评者对其暗含的仪式性含义特别敏感。威尔士称，不仅在财务方面，而且在情感和宗教方面，人寿保险都是与死亡产生共鸣的一种方式。他说，"一个人的死亡也许对某些人在某些方面意味着一些东西，即使仅仅是在金钱方面，这种祈祷"就是人寿保险吸引力的基础[82]。

将人寿保险视为仪式的观点可以用更坚实的证据来证明。从19世纪30年代到19世纪70年代，人寿保险公司明确地证明了其事业的正当性，而且将其销售的吸引力建筑于其产品准宗教性质的基础之上。人寿保险并不只是一项投资，它也是一个对抗死亡的"保护盾"，是"仅次于宗教慰藉"的慰藉[83]。一本流行的小册子《生而为死做准备》（*In Life Prepare for Death*）略过了人寿保险的经济功能，而聚焦于其缓解"与疾病的斗争和与恐惧之王的冲突"的能力。保单的非经济功能是广泛的："它能够减轻丧失亲人之人的痛苦，使寡妇的心灵得到安慰，使孤儿不再哭泣。是的，人寿保险将荣耀的光辉散发到对已经去往圣父和圣灵的关怀之下的人的回忆之中。"[84] 人寿保险缓解了人们面对死亡时的不安："死神站在每个人的门口，用一张通行证召唤那些将死之人，而其召唤是必须要服从的……（但是）人寿保险像一位上帝的天使来到你身边，安慰病床上的病人，并使得死亡的过程不再那么痛苦。"[85] 人寿保险甚至更有可能使人获得拯救：

> 临死的基督徒，由于已经竭力为他身后的人做了准备，因此相比那些忽视这些重要职责的人……更有指望进天堂。他已经使用了这些方法，因而他能够理性地、并有充分的信心祈祷神保佑这些方法起作用。[86]

人寿保险与"善终"

大多数社会都有关于什么构成了一种恰当的死亡的概念,无论这意味着死在战场还是伏案工作时去世。比如在中世纪,临死的人躺在他的卧室中,牧师、医生、家人和邻居都围绕在他身边。他对自己的一辈子加以总结,原谅他的敌人,祝福他还在世的亲友,忏悔他的罪过,并从牧师那里收到最终的宽恕①。在美国内战前,"成功"的死亡意味着一种神圣的死亡;它包含精神的放逐和信念的"胜利"[87]。然而,宗教虔诚和道德宽容本身很快在一个变化的社会情境中失去了作用。在18世纪和19世纪早期,寡妇和孤儿一般都继承了足够的土地以维持生计。但城市化改变了这一切,使得家庭几乎得完全依靠父亲的工作过活。如果他不承担对其妻子和孩子在他死后的经济福利职责,社会就必须支持她们。而在美国法律中,遗嘱的自由原则免除了男性在死后对其孩子的任何法律义务。因此,道德劝说不得不取代法律的强制。男人应该担负起他对家庭的经济职责,而且这种职责并不随着他的死亡而停止。向男人们灌输这种规范非常关键。善终越来越意味着对受养者明智慷慨的经济

---

① 参见 Phillipe Aries, *Western Attitudes Toward Death*, pp.9-12, p.34。勒布伦(Lebrun)展示了在18世纪的法国安茹(Anjou),社会阶层是如何影响对死亡和死者的态度的。贵族希望在年轻时就赴死,"剑在手,效忠国王"。资产阶级并不支持这种取代长寿的过早的、暴力的死亡荣耀。下层阶级则是宿命论的,他们大多对死亡采取默然的态度。勒布伦指出,对下层阶级来说,"他们的奶牛比他们的妻子更重要"。失去一头奶牛可能会使一个农夫破产,而找到一个新的妻子却很容易。参见 Francois Lebrun, *Les Hommes et La Mort en Anjou Aux 17e Et 18e Siecles*, pp.426-29。

4 价值观和思想观念对接纳社会创新的影响：人寿保险与死亡

准备。一个人身后不但被他的精神品质所评定，同样重要的，也为他的财务预见性所评定。只有粗心大意的父亲，"除了对他生前真诚热心的工作的回忆和绝望，他的身后不留分文，以至于他所爱的人……也许要想办法找到他们所需的对抗贫困的处所……"。[88] 戴蒙德和古迪指出了对死亡和死者的态度是如何在控制活着的人的行为方面发挥有效作用的。比如，报纸上的讣闻或牧师的颂词提醒活着的人何种行为能被一个特定的社会系统所认可①。在一个人死后，社会规范在公众当中的重新阐述再次确认了其对于还活着的人的价值。人寿保险的著述提到了美国新的死亡标准：

> 每位一家之长都有必要做一些恰当的准备，以备其亲人在他死后的生存所需。这种必要性得到了主动的承认，现在不存在偶然性，使得一个人可以不为自己的家人做这些准备。[89]

作为一种确保为受养者提供经济准备的有效机制，购买人寿保险逐渐被看作是一个好的、负责任的父亲的职责。一个投了保的死者，"他的灵魂被契约神圣化了，他飞向了公正的领域，他正去往那些好丈夫和好父亲都去了的地方"[90]。《美国保险公报》评论道："社会正快速趋向于认为，当一份人寿保险保单能够以

---

① 比如在19世纪，赞扬已故商业领袖的工作的讣闻和颂词不仅是"对已经离开的企业家的首赞美诗，而且是给还在行进中的企业的哈利路亚"。参见 Sigmund Diamond, *The Reputation of the American Businessman*, p.78。也可参见 Jack Goody, *Death, Property, and the Ancestors*, pp.29-30。

如此便宜的价格被买到时,由于疏忽而将他的家庭置于穷困境地的男人是愚蠢而有罪的……"[91]1869年,纽约人寿保险公司的年鉴预测:"一二十年后,忽视(人寿保险)的男人健在时不会被公众舆论认为入情入理,并且在死后他将会受到责备。"[92]13年后,《保险杂志》坚持认为,一个未投保的男人并没有权利给其穷困的家人留下"后悔的回忆"或流下"抱歉的眼泪"[93]。斯坦登在《理想的保护》中写道:

> 所谓"我们应该说死者的好话"是一种非常古老的说法,但如果他们在健在时如此强调他们强烈的自我中心,导致身后留下无助的遗孀和穷苦的孩子,让其独自面对饥饿的痛苦,那么这条禁令是很难遵从的。

他警告读者说:

> 不要给人们任何机会在你死后去贬低对你的印象,去说一些有关你的卑行劣迹;如果你把自己塑造为一个模范丈夫和父亲,却让你的妻子和孩子在你死后沦为乞丐,那么他们当然会诋毁你。[94]

经济标准也为宗教领袖所支持。比如亨利·沃德·比彻牧师①就指出:"以前的问题是:一个身为基督徒的男人有权利寻

---

① 比彻牧师(1813—1887)出生于美国的康涅狄格州,是19世纪美国(转下页)

求人寿保险吗？那种日子已经过去了。现在的问题是：一个身为基督徒的男人有理由忽视这样一种责任吗？"[95] 我们摘录的19世纪80年代的布道词中就呈现出"善终"的新标准：

> 我请你们注意保罗的比较。一个男人由于疏忽而无法在他健在或死后给家人提供支持。而另一个男人则厌恶《圣经》、拒绝上帝。……保罗说一个忽视照顾家庭的男人比一个拒绝《圣经》的男人更令人憎恶。……他们想到死亡时容易只想到自身精神幸福（spirituel welfare）。……你如此全神贯注于进入天堂，你的这种自私是卑贱的……以至于你忘记了死后你的妻子和孩子会怎么样。……你进入了天堂而他们却走进了济贫院，这对你来说是一件自私可鄙的事情。[96]

《天主教世界》中的一篇文章以一种更为哲学的方式传达了类似的信息，它把人寿保险确立为一位好爸爸的伦理责任，并且是"履行应尽职责的现代方法"[97]。

人寿保险与经济不朽

利夫顿和奥尔森归纳了获得不朽的四种主要方式：一、神学上的不朽，或有关一个人来世的信念；二、创造的不朽，或通过一个人的专业成就达到生命的延续；三、通过自然延续的

（接上页）著名的公理会牧师，也是当时著名的演说家和社会改革家。他强烈反对奴隶制。在南北战争期间，他在英国做了一系列演讲，呼吁支持北方。（译者注）

不朽；以及生物学上的不朽，即一个人通过其孩子继续活着[98]。在 19 世纪，日益增长的对后裔和不朽的社会形式的关注超过了神学上对人的不朽的关注。卡尔·贝克尔指出早在 18 世纪的欧洲，哲学思潮（*philosophies*）就以好人将会活在后代记忆中的信念取代了基督教对来世不朽的承诺[99]。遗嘱性质的变化就反映了这种转变。先前的遗嘱主要关心的是临死之人的灵魂得救。订立遗嘱的人规定了其葬礼的所有细节；他向穷人捐赠，因此穷人就会为他的灵魂祷告，同时他还赞助成百上千的人和宗教服务以纪念他自己，这种赞助通常还是永久性的，通过这两种方式，他确保自己得救的机会。18 世纪中期以后，遗嘱不再与个人救赎的问题有关；而成了在后辈当中分配财产的世俗工具。伏维尔将遗嘱的变化归因于 18 世纪中期对死亡态度的"去基督教化"（de-Christianization）和去仪式化[100]。然而，可能的情况是，遗嘱的新形式与其说反映了宗教信仰的丧失，不如说象征了有关不朽的一套新观念和新信仰①。费弗尔描绘了美国的这种转变："当我们放弃个人死后不朽的旧观念时，我们就创造了社会化不朽的观念。这意味着我不可能一直活下去，但我会在子女身上延续我的生命。"[101] 对后代的新强调把清教徒对个人救赎的关注推到了一边。人们对灵魂的关心在减少，而对为他们的

---

① 阿利埃斯对伏维尔资料的解释与这个假设也许有些关系。阿利埃斯利用 18 世纪中期以感觉和感情为基础的家庭和新的家庭关系的兴起来解释遗嘱的变化。临死之人不再使用法律手段去规定其葬礼的仪式，因为他现在相信家人会自发地记住他。参见 Aries, *Western Attitudes Toward Death*, pp.64-65。家庭纽带不断增加的重要性可能鼓励后代有宗教信仰，以及不朽的社会形式。

继承人留下一笔财产的关心却在增加："当我们向外看到世界上的忙碌活动……注意人类的斗争……我们看到他们想要努力获得的几乎唯一的目标就是财富，他们会将这些财富连同他们的名字传给后代。"[102] 对社会不朽的关注还与新的经济状况和城市化的过程所产生的结构性压力相互作用。除了工资以外别无其他资本之人的增加，使得其孩子未来的经济状况处于强烈的不稳定之中。养家糊口之人的过早死亡意味着他的遗孀和孩子的经济灾难。专门应对死亡的经济后果的一些新制度，诸如人寿保险和信托，通过服务于受养者的实际需要来回应经济困难。然而，这些新制度超越了单纯的功能性，因为其又是经济不朽的象征①。

保险公司很早就意识到作为一条通向不朽之路的人寿保险的吸引力，它们也明确地借此来吸引顾客[103]。人寿保险被描述成是"未雨绸缪的父亲从坟墓中伸出的看不见的手，仍然养育着他的后代，并且使他们团结一致"[104]。"当一个妇女收到她丈夫保单的赔付时"，一位核保人解释说，"他真实而忠贞的爱就已经越过了坟墓"[105]。一份保单使得"死者仍然活着且仍在发挥良好的作用"[106]。另一方面，未投保的人导致"其后代蒙羞"[107]。

---

① 在发现没有令人信服的因素能够解释家族信托（dynastic trusts）——一种持续很长时间的信托形式——后，弗里德曼将此安排归因于一种"家族的冲动（dynastic impulse）"或对不朽的渴望。参见 Lawrence M. Friedman, "The Dynastic Trust," pp.548-49. 很多经济形式的支持都要比支持的提供者本人延续更长的时间，关于这种支持形式中不朽的讨论，参见 Thomas L. Schaffer, *Death, Property, and Lawyers*, p.82。

死后回报和惩罚的观念也使父亲对其遗孀和孤儿的责任得到强化。古迪指出，对来世报应的信仰，就像其他超自然信仰一样，通过超越人类质疑，加强了社会对生命的控制。¹⁰⁸。未投保的人能预见到一种令人心神不安的来世：

> 也许你会嘲笑我，当我解释……我的妈妈习惯于从神圣的文本中引用"多如云彩般的见证者①"，在我死后我不在乎成为家庭与严酷的贫穷做斗争的一个"见证者"……现在，如果我的观点是对的，很多离去的灵魂一定会后悔最终给了人寿保险推销员一个否定的回答。¹⁰⁹

死者也比过去承担了更为积极的角色；这里有一个从"服务（service）到服侍（serving）"的转变②。他们不再是他们幸存亲友的祷告的消极接收者；"渴望在积极的善行方面延续更久的生命是（人寿保险）诉诸的常见动机"，这一点不久就被确认¹¹⁰。一个人寿保险代理人回忆他作为不朽的销售员的日子：

---

① 语出自《圣经·新约·希伯来书》第 12 章第 1 段："我们既有这许多的见证人，如同云彩围着我们……"（译者注）
② 伏维尔发现在 19 世纪的普罗旺斯，炼狱中的灵魂不再简单被描述为活着的人的祷告的接收者，而且也起着沟通上帝与活着的人的作用。参见 "La Mort et l'au-de-la d'apres les autels des ames du Purgatoire (XVXX siècle)," Annales E.S.C. (1969), 24:1625；转引自 Goody, "Death and the Interpretation of Culture: A Bibliographic Overview," in Stannard, *Death in America*, p.4。

4 价值观和思想观念对接纳社会创新的影响：人寿保险与死亡

> 现在假设——只是假设我们自己有一种方式能够复活。……假设你能走进小查理的房间，站在他的床边……假设你的魂灵可以把手伸进口袋，并拿出可以买到一双新鞋子的钱。……你说："为什么嘲弄我？人是回不去的。"……啊！但是小查理会拥有这双鞋子。……而我则拥有一些用于销售的不朽。你会买吗？[111]

这种恳求保留了下来，直到今天仍然是人寿保险核保人针对潜在顾客一些最有效的故事基础。我们举个例子：

> 在一位尊贵的顾客去世几年后，核保人在街上碰到了这位顾客的儿子。在他们的谈话过程中，儿子说："我希望更好地了解我的爸爸。你知道，已经 11 年了，他还在给我寄钱？"[112]

许多销售过程中的谈话是以提问开场的，"你想付 100 美元而得到永生吗？"

经济形式的不朽的吸引力，除了因为利他主义和情感上的满足，还由于这种不朽所带来的机会，这使得一个人即使在死后都能在一定程度上对活着的人运用权力和社会控制。用社会学的话来说，不朽就是其角色延续的一种机制。布劳纳指出："在意识到他们自己最终的命运后，完全被社会世界所排斥的前景将会使活着的人太过苦恼和焦虑……（以至于他们）建构出仪式用以庆祝和确保向崭新社会地位的转变。"[113] 幽默作家们捕捉到了这一点：

一个男人与其配偶吵了架，他没有投保，因为这将有利于他的妻子，但是他告诉她，随他高兴，他会遗留一笔确定数额的财产。"出于信任，我会这么做，然后"，他说，"只要我还活着，我只希望激怒她；但是……在我死后，失去钱财将会激怒她。"[114]

除了讽刺，在美国，如同在其他普通法国家里，法律确保了"死亡之手"在支配未来方面具有重要的决定权。在遗嘱自由的原则下，一个人在为他妻子做了一些准备后，就能自由处置其财产。他对他的孩子并没有法律上的义务，他可以完全自由地剥夺孩子的继承权。同样，通过利用信托和未来的利益，一个人能够把他处理财产的最后期限推迟 80 年，而在这段时间里，他能尝试着去控制后代的个人生活[115]。这是死者作为代理人对活着的人实施社会控制的又一例证；这个案例是通过对财产的控制而实现的。古迪表明即使在尚无文字的人们那里，财产传递也几乎没有完整的过程；比如在西非的罗德佳地区（LoDagaa），祖先的灵魂对其后代群体在世间的财产保有永久的权利，也被赋予了属于后代的财富共享权。通过对财产控制的延续，祖先仍然是权威的角色。他们被期望惩罚那些不遵从群体中早已订立的社会规范的后代。在很长一段时间内，已死之人也控制着其遗孀的性生活，在那之后，他仍旧是他们任何一个孩子的社会父亲（social father）[116]。对健在的寡妇的这种权力也吸引了 19 世纪的男人。《炉边同伴》（*Fireside Companion*）中的一篇文章就建议其读者：

4 价值观和思想观念对接纳社会创新的影响：人寿保险与死亡

有着良好经济来源的寡妇还没准备好入睡。……丈夫们注视着他们的妻子，在心里牢记，并且为她们做好慷慨的准备，如此就能消除填补他们空缺的诱惑。每一个丈夫都能通过为他自己投保而做到这一点。……当一个男人没有给他的妻子留下除了旧衣服和家具之外的任何东西时，她能做什么？她就会在寄人篱下和结婚之间做出选择。[117]

人寿保险与人的货币价值

人寿保险成为了第一个将其整个组织建筑在精确估计死亡价格的基础之上的大规模产业[118]。为了确定足够的保单收益和保费，就有必要知道死亡的成本。对人的生命做经济估价是一个微妙的问题，因而遭遇到了顽强的抵制。直到19世纪晚期，人寿保险才避开经济术语，而用宗教的象征手法，以及向人们更多地广告其道德价值而非货币收益来包装自己。人寿保险的营销形象是一种利他的、献身的（self-denying）礼物，而非一种利润可观的投资。人之货币价值的问题只是在一些特殊情况下才会被提起。1851年，一位演讲者指出，人寿保险"通过达成一项合适且有利的关于死亡的商业交易"而减轻了对死亡的恐惧[119]。一篇1856年的文章"一个人的货币或商业价值"也讨论了其"商业意义上的重要性"[120]。然而，这一时期大多数人寿保险核保人都否认了他们所从事之事业的经济意义：

人寿保险这个术语是一个错用的名称……它暗示了个人生

命的一种价值。但是这不是我们的活动范围。我们认为生命本质上是神圣的和无价的，从社会的、道德的和宗教的意义上来说，生命都高于所有可能的估价。[121]

到19世纪晚些时候，人寿保险的经济价值终于成了保险圈子里一个不那么尴尬的主题。《美国保险公报》才能提出这样的观点："每一个人的生命都有一个价值；这不仅仅是在社会情感和家庭纽带范围内来衡量的道德价值，而且也是能以货币来测度的价值。"[122] 比彻牧师就鼓励人们使他们的死亡成为"商业行动的基础"[123]。人寿保险的广告反映了更为直接的倾向："你良好的健康状态蕴含着一种货币价值，如果你觉得合适，你就能利用这种价值。……难道用人寿保险来计算这种资本就不明智了吗？"① 1915年，在旧金山举行的第一次"世界保险大会"上，

---

① 参见1873年公平人寿保险公司出版的小册子。然而，对人之生命的经济价值的更大接受并未将妇女涵盖在内。其中《保险观察》就直言不讳，反对为了丈夫的利益而对妻子投保：

"针对失去各种财产的保险，诸如房子、债务、马匹，都是合法的，因为对每一样财产都可以确定一个货币价值。作为丈夫，男人有能力，而所有保险中最高和最好的，就是针对这种男人的保险……因为男人具有挣钱的能力，而女人只是依靠男人的受养者。……故意为他妻子设定一个货币价值的丈夫，不但对他妻子缺少感情，也对他自己缺乏尊重，他是如此的贪婪，也不具备男子气概。……对他来说，她只是一项动产……如此她就被投以保险。"参见 "The Insurable Value of a Wife," *Insurance Monitor* (September 1870), 18:712d.

对妇女的保险虽然并不常见，但却是大家都知道的。参见 Owen J. Stalson, *Marketing Life Insurance*, p.77, 153, 192; Mildred F. Stone, *Since 1845*, pp.20-23。对孩子的保险同样被许多个人和组织所反对，他们反对对孩子（转下页）

所有委婉的说法都最终被晾到了一边。大会的一位发言者公然宣布:"在这个商业主义的时代,把所有的一切,包括人的生命化约为等价的货币是合适的。"[124]1924年,当生命的经济价值概念正式出现在人寿保险核保人的年会中时,将此概念引入人寿保险的过程也就达到了高潮:

> 对人的生命之经济价值的承认将会是经济思想中最重要的新发展。……我坚信,在不久的将来……我们就将把我们现在使用的与财产有关的价值概念应用到对生命价值的经济组织、管理和保护当中。[125]

对人做经济估价的合法化有两个主要的后果,那就是对生命价值的一种新的、坦诚的功利取向和对死亡的一种新定义。生命价值和财产价值的类似性被详细研究并向公众宣传。比如,与财产的折旧一样,生命价值也受到相同原则的支配。将生命越来越当作另一种经济资产也意味着生命遗嘱(life wills)的可能性。财产遗嘱被限定于物质所有物的分配,而生命遗嘱则添加了一类新的遗产:"我们本身所蕴含的经济力量的货币价值。"新的经济术语对死亡做了重新界定:

(接上页)的生命做经济估价。在19世纪70年代,工作保险公司开始为穷人投保。在一个常规基础上,10岁以下的孩子第一次变得可保。各州至少有70次立法尝试想要禁止孩子保险,因为他们认为这与公共政策和公共利益相对。《波士顿晚报》(*Boston Evening Transcript*)表达了他们这种流行的感觉:"真正的男人和女人都不应该说他们的婴儿具有金钱价值。"(March 14, 1895)

在人类的生命价值这个概念中,关键不是在律师、医生或牧师的习惯表达意义上做出诠释,重申这一点是极为重要的。这一概念是以经济学来处理的,所以我们必须要以经济学的立场来看待死亡。[126]

因此,死亡意味着"所有终结人的挣钱能力的事件"。死亡被巧妙地分为过早死亡(premature death)、寿终正寝(casket death)、虽生犹死(living death, disability)和经济死亡(economic death, retirement)[127]。从这个视角看,疾病是"生命价值的折损",而过早死亡就是不必要的钱财浪费。在经济效率的基础上,每年的体检是被鼓励的:"为什么人类不愿意定期做一次专门检查、给自己一份健康清单,就如同他为他的物质财产所做的一样,这令人费解。"[128]1930年,杜柏林和洛特卡第一次根据每个年龄对应的功能,对男性的资产价值做了估算。通过为了生命确立差别化的财务价值,他们也确立了对人们进行分层的新标准。出色的生命就是那些做出最大贡献的生命,而低等级标准的生命就因为财务损失而加重了其所在社区的负担。甚至残障人士都被做了类似的估价:

残疾人的金钱价值,从一个代表无法自立的人的生活费的负数,到康复到最好状态的可靠数字,不一而是。

人的生命价值概念的推动者意识到他们的基础非常薄弱。

一些人在生命的情感和精神价值与其作为一种生产性资产的价值之间划出明确的界限,并且承认前者"摆脱了我们以数字来估价的能力",他们试图借此处理这一概念与原有文化的冲突[129]。另一些人则更为现实,他们承认"一种全新的价值哲学"[130]的需要,以此使公众理解对生命和死亡的经济取向。

价值观与创新扩散的一般关系已经以不同方式予以阐明。在这些方式中,涉及死亡的价值观和思想观念与人寿保险的制度设置相互作用。人寿保险遭受了一种价值系统的对抗,这一价值系统对死亡作物质主义的估价予以谴责;人寿保险同样也受到巫术信仰和迷信力量的影响,二者对任何取决于死亡的契约都投以恐惧的目光。然而,用钱来处理死亡,并不一直是不恰当的,死亡与货币的象征性联系使得大笔花销变成了一种神圣化的形式,这就支持了人寿保险。思想观念的和谐也存在于人寿保险和另一套价值观之间,19 世纪初期的这套价值观强调死亡和疾病的可控性。人寿保险使控制一个人死亡的经济后果成为可能。通过其所宣称的恢复健康的巫术力量,这甚至授予了人寿保险延长其顾客生命的能力。

人寿保险所做的要多于单纯回应和调适有关死亡的流行价值观。通过将经济含义引入许多传统的概念,人寿保险影响了那些价值观。比如,人寿保险承担了一种世俗仪式的角色,并推介了强调货币回忆的不朽概念。"善终"不再仅仅从道德的基础上进行界定;一份人寿保险的保单包容性使得财务远见变成了另一种必要条件。最后,人寿保险对死亡做了重新定义,死亡是一个经济事件,而生命也是一种经济资产。

5

生命、偶然与命运

赌博诱使人们脱离勤勉、节俭和积累，而给他们通过比这几种方式更快、更自私的过程得以致富的希望。结果，人寿保险变成了和赌博一样的存在。"今朝有酒今朝醉"，而一份人寿保险能够为我们的家庭提供的就是人寿保险的趋势。[1]

对冒风险和赌博的态度转变对于人寿保险的合法化过程有重要的影响。在19世纪的前半段，传统的经济道德和强大的宗教精神使得赌博在社会和神学方面都受到了质疑。公众舆论也受到近代投机造成的不幸经历的负面影响。彩票在18世纪后期大获流行并被广泛接受，但在1840年之前，26个州中的12个州曾把彩票纳入非法行列，而剩余州中的大部分则在等待着现行合同的终止[2]。19世纪30年代失控的土地投机带来的灾难性后果让投机的社会不稳定性给美国公众留下了深刻印象。这些投机行为衍生出欺诈和腐败，并且造成许多人的经济灾难[3]。在20世纪的开端，唐提式养老金也一样"臭名昭著"[4]。在欧洲非常流行的唐提式养老金其实是人寿保险的公开投机形式[5]。每个投保人都会贡献出一定数量的金钱，这些金钱被用于为了所有人利益的投资。直到这个人死亡，每个参与者每年都收到一份收入，随后这些收入会传递给幸存者。最后一个死去的就是"赢家"。

美国内战之后，随着风险成为更为复杂的经济系统的突出特点，某些冒风险的形式承担着重要的社会经济功能，改变着人们对风险和赌博的传统认知。对冒风险和赌博的态度转变的影响将在之后进行分析。传统观点认为人寿保险投机是对宗教和社会的威胁，而一个不那么宗教决定论的观点和企业家的经济精神，却将人寿保险从一个"贱民"（pariah）变成了一种主要的经济制度①。首先，我们必须对人寿保险被指控为一种赌博的形式做出解释。一个被设计来减少风险和提供安全保障的制度怎么会和赌博混为一谈呢？

人寿保险与赌博的污名

《关于人寿保险的流行谬论》（*Popular Fallacies about Life Insurance*）一书中的每一份清单都包含着将人寿保险作为对其一种赌博形式的定义。"我认为这是赌博"是许多拒绝签保单之人的回答[6]。一份关于人寿保险的早期论述写道："对于许多人而言……正是为一个人的生命投保的建议看起来……令人不快……基于道德立场，这个（建议）看起来就像打赌、下注或

---

① 尽管在 19 世纪早期传统态度占据主导地位，而在 19 世纪后期自由态度取而代之，但二者的分界线并不绝对。正如我们发现的那样，甚至在 19 世纪 40 年代之前出现过人寿保险的推广者，而迟至 19 世纪 90 年代依然有传统主义者的抨击。然而，后者批评的效力随着人寿保险的成功而逐渐消失了。

是求助于机会论,它带有赌博的性质。"⁷ 伊莱泽·赖特①在人寿保险史上声名显赫,他甚至为穷人的人寿保险辩护,认为其是"有用的赌博"。但是对富人来说,它"和其他形式的赌博一样缺乏正当性"⁸。斯坦登回忆道:"几年前流传的一句反对人寿保险的论点是,一个人必须死亡才能获胜。"他对于这样"愚蠢争论"的回应是明确的:"一个死去的人什么也得不到……没有人说人寿保险能让一个人的家庭因为死亡赢得什么。让一个家庭成为'赢家'并不是其目的和意图。"⁹ 在许多人的观念里,人寿保险不过是一种新兴的投机式筹资手段,来替代处于困境的彩票和不成功的唐提式养老金制度。人们口中人寿保险具有的彩票精神成为偏见的主要来源,这迫使人寿保险的拥护者强调它与其他两者的区别。《保险公报》解释道:"人寿保险与彩票的本质没有丝毫联系,也并非某些错误的宣称所说的运气游戏,亦和赌博合同无关。"¹⁰ 这种偏见继续存在,迟至1895年我们还能在一个指控人寿保险不过是"金钱投机"的路德宗牧师愤怒的言论中听到:"一个人寻求用很少的钱来获得一大笔钱,就像在玩牌和其他游戏。它是一种低级的彩票游戏,是的,事实上比那些把自己的生命置于危险境地的人更糟糕。"¹¹ 降临在彩票头上惨淡的命运被预言同样会降临在人寿保险头上:

在以前……彩票计划(schemes)是为慈善目的和修建教堂

---

① 赖特(1804—1885)是19世纪美国著名的数学家和废奴主义者。他也被认为是美国"人寿保险之父"和"保险监管之父",因为他主张人寿保险公司须维持保险储备金。(译者注)

筹措资金。……在我们的时代,没有哪个主张虔诚的人会提倡这样的方式。人寿保险……因此会在四分之一个世纪后,和现在的彩票一样不受欢迎。[12]

人寿保险的历史增强了这些控告的可信度。早期的人寿保险形式完全以人的生命做赌注。赫伊津哈将这些打赌形式的存在追溯至中世纪末期的热那亚和安特卫普,当时人们会对人的生死与出生婴儿的性别下注[13]。17世纪的客商以生命赌博,将其安全返航作为赌注。另一种常见的投机行为出现在统治者的死亡与教宗的选举中。在18世纪的英格兰,保险与赌博结伴而行,据说没有哪种赌博形式像保险那样"如此多样、如此普遍、如此浪费或令人丧失斗志"。[14] 一场保险狂热导致了几乎能给所有事物提供保险的公司的建立。和生命相关的投机行为最为流行:

> 保单被公开地投之于所有公众人物的生命之上。当乔治二世在德廷根征战的时候,有25%的人认为他不会平安归来。在1745年,当王位觊觎者被击溃的时候,有关他是否被俘虏、死亡、甚至他的下落,都被投注了成千上万的英镑。当尼斯代尔伯爵从塔中逃走的时候……那些把钱砸在他生命上和本可以从即将到来的处刑中获利的倒霉蛋则抱怨个不停。[15]

死亡变成了保险赌博中一个极为寻常的话题,以至于有一次伦敦的《公共广告人》不得不宣布:

> 我们很郑重地向公众保证……反复出现的关于威尔士公主身患重病生命垂危的叙述完全是无稽之谈，这些报道只是被用来蓄意鼓吹以生命做赌注的可耻的赌博精神。[16]

当时甚至出现了对生命的大规模投机行为。当800个德国移民被一个投机者带入英格兰却没有衣食庇护的时候，关于一星期以内会有多少人死去的赌博便立马开始了[17]。

人寿保险投机行为一直持续到19世纪。迟至1844年，仍有每周一次的保险"拍卖"在伦敦的皇家交易所举行，在那里，无力支付保费的老人把他们的保单卖给出价最高者。继续支付保费的购买人将宝押在被保人会不会很快死亡①。另外一种用生命赌博的形式被称为"墓地保险"，曾在19世纪80年代早期的美国有过短暂繁荣，投机者给老人投保，尤其是那些很可能即将死亡的贫民②。

---

① 这种做法的出现是由于保险公司拒绝买回他们已售出的保单。投保人公开抛售保单的情况也出现在美国。参见 J. A. Fowler, *History of Insurance in Philadelphia*, p.796。一项不丧失保险单权益法最终在1880年的时候获得通过，同意给每一个支付了两年保费的保单发放退保金。

② 一位约翰叔叔写给他的侄子理查德的一封信被发表在《投机的保险》（*Speculative Insurance*）上，这是一本由纽约公共图书馆发行于1880年的小册子，这封信描述了这种"肮脏的"交易：

"一个保单持有人的常见经历是这样的，把他的合同签给某个快要死亡的老人，然后他与主管或代理人员取得联系，他反复听到'死亡'这个词，直到他确信这个老家伙一定是病入膏肓，目前看来他应该再在这个老人身上投一份大保单，并寻求下一个对象。……不久以后他收到一封信，发现是一份评估文件。……'您文件中的某人与某人已经确认死亡，全部付清。'几天后他收到另一封。……他发现如果老人是最后一个死亡的，那么就没（转下页）

赌博与保险之间的密切联系，既是历史事实，也得到了在射幸合同一般规则下的法律批准："有关财富至上的行为"（Actus quo fortuna praedominatur）[18]。在所有射幸合同中，"其涉及对象的表现取决于一个不确定事件"[19]。参与赌博的群体"自愿在他们的群体中进行金钱或是其他有价值物品的交易，视某个未来不确定事件的结果而定"[20]。

类似的原则也出现在一份人寿保险合同中："在指定的偶发事件出现的情况下，一般是被保人的死亡，一方同意支付另一方一定数量的金钱。"[21] 因此，偶发事件的风险是这两种类型合同的核心。① 赌博和保险在技术上的相似性仍然使研究保险的专家们感到苦恼。迟至1964年，这个议题才被《风险与保险杂志》中的一篇文章提出来，文中问道："保险和赌博是一回事吗？……他们是否正位于或接近道德准则的极端呢？"[22] 许多人坦承，要将二者区分开使得他们"焦头烂额"[23]。困难之处主要在于保险区别于赌博的无形特质，比如目的和道德性。正如哈

（接上页）有任何一个人会为他付钱，悄悄地，减去他的钱，他就从这场交易中退出了。其他人……用上了他们所有的钱和所有能够借到的，甚至抵押掉农场。(p.2)

英国的《观察家》(Spectator)杂志于1891年报道了相似的安排；投机者为"吸入毒气的生命"投保，这是指因为从事危害健康的职业而注定早死的人，参见 Spectator (November 14, 1891), 67: 673。

① 德弗罗（Devereux）指出赌博是如何从人们用来处理不确定性带来的问题的魔法和宗教做法中发展出来的。参见 Edward C. Devereux, Jr., "Gambling," p. 53。在法律上，偶发事件的定义："随机出现的事件。它可能不受任何人为力量的影响，也可能受到第三方的控制，只要它不是立约人期望发生的那样。"参见 Samuel Williston, *A Treatise on the Law of Contracts*, p.572。

迪指出的:"尽管形式相同,这些问题在道德方面……却恰恰相反。"²⁴ 通常让人感到与其他合同不相关的是,合同的目的以及签订合同的团体的动机,成为射幸合同合法性的线索。赌博的目的是创造人为的风险,而保险的目的是通过将风险转移给专家来减少风险。

"可保利益"(insurable interest)概念的发展保证了人寿保险合法的合同动机。1774年,这个概念首先在英国提出,作为法律武器对抗泛滥的以生命赌博的现象。这个法律禁止所有以生命为对象的保险,"除非在投保人与被保人的生命有利益关系的情况下"²⁵。然而,要对可保利益下定义,却不是容易的事。美国的法律专家抱怨把人寿保险的合同"从赌博性保单的类别中区分出来"的困难²⁶。大部分关于这个话题的法律决策都不清楚,以至于只具有"可疑的合法性"的合同常常被接受²⁷。法律上的困难源于被保险对象的性质。火险和海险保单的可保利益可以容易地通过经济手段来估计,但仅有金钱的考虑对于在人类生命中建立起可保利益是不足够的。金钱利益成为了一个标准,但是爱与感情的程度也同样被慎重考虑。一位法官的意见是:"在这种情况下,亲情被认为比任何其他考量更有力地——运作更有效地——去保护被保人的生命。"① 这样不确定的法律

---

① 参见 Warnock v. Davis, 104 U.S. 779。是什么构成了可保利益,在各个国家有不同的定义。英国,极少例外地,要求金钱的利益,而美国法院在接受情感因素方面却尤为宽容。参见 John F. Onion, "Insurable Interest in Life," *Minutes of the Proceedings of the Legal Section of the American Life Convention* (Chicago, September 16, 1918), p. 14。英国的法律不允许家长为他们的小孩(转下页)

基础增加了把人寿保险和赌博保单区分开来的困难。而由于可转让性的正式声明，问题变得更加复杂了，该声明认为仅在保单生成时需要可保利益，这意味着随后的利益缺失不会使合同无效。这允许投保人可以指定一位与他没有可保利益的受益人，从而重新开启了投机的可能性。伊莱泽·赖特观察到一个保单"在初始阶段……完全合法，这种合法状态可能会一直持续，直到它堕落成为一种纯粹的赌注"[28]。

因此，历史和法律因素结合起来创造了人寿保险与赌博之间的联结。人寿保险作为对生命下注的投机源头，给即使是最

（接上页）保险，因为此举缺乏金钱利益，但一项美国的裁决却支持了父母为儿童投保的权利：

"投保人并不必要和被保险人的生命有金钱利益关系。……如果看起来被投保人和受益人之间有血缘或亲缘关系……这样的利益也可支持该保单。"参见 Warnock v. Davis, 104 U.S. 775。

这个决定也有例外，在某些管辖范围内，一个家长为了孩子的利益去投保，必须要证明其金钱利益。参见 24 Couch 239 (2d ed., 1960)。

在美国，道德义务和感情的力量通常可以克服法律约束的缺失。一个女人对一个男人的生命有可保权益，她作为妻子与他生活在一起，即使他们没有举行结婚典礼（24 Couch 237）。类似地，一个女人把一个小女孩从孤儿院带回她自己的家，而没有被正式指定为她的监护人，也被认为是对这个女孩的生命有可保利益，这仅仅是出于后者的道德义务（24 Couch 240）。然而，决定何种程度的感情足以排除潜藏的唯利是图的动机的困难，让一些人推崇严格按照金钱条款来定义可保利益：

"如果人们可以仅仅根据友情或是失去时体会到的悲痛来给他们的亲朋好友投保的话，就会导致赌博保单的所有罪恶，并且更加危险，因为由那些关系联结起来的人们会自然地放下防备，对那些想要占他们便宜的人的欺诈企图，他们更加没有保护。"参见 *Hunt's Merchants' Magazine* (October 1855), 33:502。

好的人寿保险风险企业也蒙上了一层不合法的阴影。《商人杂志》抱怨道，人寿保险"经常引起……本来应该对赌博保单才有的憎恨，就像寄生的植物，依靠母干生长又深深地影响其发展"。²⁹此外，没有强有力的法律标准来根除人寿保险合同中的所有赌博特征。可保利益的原则，作为保险合同合法性的支撑，提供的只是区分两者的不确定指南。

宗教的威胁

宗教尤其在 19 世纪的上半叶^① 为阻碍人寿保险的发展提供了强大的文化资源，尽管它不是唯一的来源³⁰。斯坦登回忆道："成千上万受宗教影响的人都对人寿保险不予理睬，认为其是一种不敬的制度，他们不敢表示支持，唯恐犯下不可饶恕的罪恶。"投机在死亡这样的庄严事件上对许多人来说是一种有失体面并且亵渎神圣的赌博，上帝对此会"感到气愤并作为犯罪进行处罚"。通过为自己的生命投保，一个人不仅"以上帝之不存在来下注"，更糟糕的是，他还篡夺了上帝行使庇护的神圣职能。人寿保险把人们引入歧途，让他们把"未来的后果或结果

---

① 根据麦克林（G. A. MacClean）的看法，宗教对于人寿保险的敌意早在中世纪就已经存在，并且为了防止基督教会的报复，人寿保险的记录也被销毁。参见 *Insurance Up Through the Ages*, p.35。在其他时期，人寿保险被视为基金的非法交易，会违犯经典中对其用途的禁令。参见 Terence O'Donnell, *History of Life Insurance in Its Formative Years*, p. 91 以 及 P. J. Richard, *Histoire des Institutions d'Assurance en France*, p.12。

握在自己手中，而这本来是上帝的特权"。撒旦也找不到更好的盟友："我们相信撒旦也从未像人寿保险那样，如此热衷于用尖锐的器具刺入一个圣者的灵魂，并引诱他放弃天父。"³¹ 人寿保险本身的概念并不新颖。正如萨姆纳（Sumner）指出的：

> 保险是一种宏大的设计，同时现在也是一套高度技术化的流程。但是其根源可以追溯到比人们认为的更早的时期。……在世上，人们总是对厄运提防有加，各个时代都会有以某种方式为自己保险的"保单"，他会以某种克己或牺牲的方式来支付定期保费。³²

萨姆纳提出宗教的发展主要是为了应付人类生命中的射幸因素①。从传统的决定论观点来看，对上帝的智慧与善意的信任足以平衡死亡的不确定性。寡妇被劝告要"相信上帝的力量"，因为上帝会尤为关照他们的福利：

---

① 参见 William Graham Sumner, *Folkways*, p.21. 魔法是另一种处理不确定性的传统机制；参见 Bronislaw Malinowski, *Magic, Science, and Religion*, p.8. 除了一些例外的情况，对于偶然在社会事务中的角色的系统性研究非常少。维欧汉姆·奥伯特（Vilham Aubert）在《社会事务中的偶然》（Chance in Social Affairs）一文中分析了偶然的角色；托马斯·马蒂森（Thomas Mathiesen）在《未预期之事与惊讶》（The Unanticipated Event and Astonishment）一文中研究了对意料之外事件的社会反应，参见 *Inquiry*（1960), 3: 1-17；罗伯特·默顿在《有意图的社会行动的非预期结果》（The Unanticipated Consequences of Purposive Social Action）一文中解释了非预期的社会事件的来源，参见 *Amerocan Sociological Review*（Dec., 1936), pp.894-904. 我的研究是分析人寿保险作为一个社会机制如何处理个人死亡的不确定性。

这逐渐成为了一句流行的谚语:"谁都可能被天意忽视,但上帝会特别照顾那些寡妇和孤儿"。随便谁都可以说出几个在穷困和无助绝望的寡居时期却格外受照顾的人的名字。

上帝代替了逝去的丈夫:"你的造物主就是你的丈夫……自愿断臂以支持妻子的他,也用精神的力量支撑着这位寡妇。"[33]宗教的原教旨主义者反对人寿保险对神圣庇护的理性化倾向。这个世俗的侵入者破坏了由神控制的宗教秩序的可信性,在原来的秩序中,一个男人过早死亡带给其妻儿的经济后果是由上帝承担的。人寿保险是上帝的敌人:"它与上帝向其子民发出的、把他们自己和家庭的世俗利益放心交到救世主手上的诚挚邀请相冲突。"[34]保险公司驳斥了这些"荒谬的观念",有力地否定了人寿保险是一种"防止或控制上帝意愿的不敬尝试"的观点[35]。

吊诡的是,其他类型的保险却并没有同样冒犯到宗教的敏感性,在人寿保险的反对者中,购买火险和海险是较为常见的。一个尤其尖刻的人寿保险宗教审查者发现人们对财产保险只有赞扬的话语,说它们"是起源于福音书的一项原则,在上帝的护佑下整合成为一种制度……"① 人寿保险发言人努力给公众留

---

① 参见 George Albree, *The Evils of Life Insurance*, p.17。人类生命的神圣性仍然是区别不同类型保险的核心。奥尔布里(Albree)问道:"人类不比绵羊好吗?……人类是根据上帝的形象创造出来的。基于这些理由,我们不希望人……赋有良知的人,被当作一件商品"(*Ibid.*, p.18).《保险观察》揭露了奥尔布里自相矛盾的说辞,声明说"如果奥尔布里先生的说法完全一致的话,那么对于抱着让他的家庭在万一他死亡时还能生活独立而舒适的(转下页)

下这种双重标准的不公平印象。正如《人寿保险的道德性》中的一篇文章指出：

> 许多人质疑为他们的生命购买保险的恰当性，因为他们有一种错误的观念，即认为人寿保险是对上帝或是其庇护的不信任。但是没有人质疑将资金投资于安全的证券的恰当性，投资者的继承人可能从这些投资中获得收益。但是关涉政府和我们的神圣的赞助人（benefactor）的天意安排的人寿保险与基金投资，究竟有何区别呢？[36]

其他人指出，当一个人购买了一件大衣用于抵御寒冷或是用避雷针保护其房屋的时候，他并没有冒犯神的旨意。一个广为人知的传说《改变执事》（Converting a Deacon）讲了一个牧师因为给自己的生命投保而激怒其执事的故事。执事言辞激烈地谴责牧师试探天意几天之后，这位牧师发现执事正在平静地给自己的房屋安装避雷针。他向执事表明了那种类型的保护也如何有可能表达对上帝的不信任。执事吸取了教训，购买了一份保险[37]。

新教的神职人员在塑造公众对人寿保险的态度中扮演了积极的角色。尽管许多人成为人寿保险强烈的反对者，另外一个

（接上页）意图而购买其家宅的人、或是'储备'食物、燃料或衣服以对抗寒冬的人，他必然会予以谴责。参见 *Insurance Monitor* (March 1871), 19:206。

团体却变成了这种新制度的拥护者①。神学上，矛盾主要在两方之间产生，一方是支持一个人过世后上帝对其家庭有责任的决定论的原教旨主义者；另一方是发展出意志论的宗教观即"上帝助人自助"的代言人。宗教经典——有时是一模一样的章节——都被双方引用来证明他们的反对意见[38]。他们对《旧约圣经·耶利米书》第 49 章第 11 节的释义争论不休，其写道："你撇下孤儿，我必保全他们的命；你的寡妇可以倚靠我。"

对圣经文本的重新解读是试图使传统宗教教条适应科学、经济或社会的发展的神学家们惯用的有力工具。在这种情况下，圣经的诠释被自由派神学家纳入神的旨意之中。围绕人寿保险的争论只是一场持久争论的一个表现，这一争论关注上帝在公共事务中的角色，以及雅各布·维纳所追溯的基督教和非基督教神学早期阶段的历史源头。上帝的教旨最初和上帝与宇宙物理秩序的关系相连。16 世纪和 17 世纪的科学进步，包括哥白尼在天文学领域进行的革命和地理大发现，首次对正统的神学和《圣经》中关于物理宇宙运行模式的内容提出了挑战。上帝的教

---

① 亨利·E. 梅（Henry E. May）指出在 1828 年至 1861 年这段时间里，尽管在政治控制下教堂失去了大量的话语权，但他们仍然密切监视着这个国家的道德状况。参见 May, *Protestant Churches and Industrial American,* p.3。富有同情心的教职人员贡献的不仅仅是神学的支持。美国最早的两个人寿保险组织是为长老会和圣公会的牧师建立的。神职人员也在非宗教的公司中寻求保险。1846 年，互益人寿保险公司前三季度的运营报告显示神职人员是第二大投保团体，仅次于"商人"。参见 Mildred F. Stone, *A History of the Mutual Benefit Life Insurance Company* (New Brunswick, N.J.: Rutgers University Press, 1957), p.19。

旨扩展到了经济秩序中；比如，从 17 世纪到 18 世纪，人们的普遍观念认为，国与国之间的贸易是由作为人类联合者的天意设计出来的。上帝也决定了社会秩序。不公平的社会分层体系也因作为上帝智慧的另一种体现而被接受，它是有意地被设计出来，以维护人类社会的秩序和国内和平[39]。社会不平等是由仁慈的上帝决定的，这一观点在 18 世纪的美国流行开来，并被用来合理化当时的社会现状。穷人的苦难被定义为神圣计划中自然又公正的一部分。乐观的正统神学支持贫困在道德上令人振作的观点。穷人也比富人更有可能开心健康。失去亲人的寡妇和孤儿的痛苦甚至是有所得的："在上帝的治理下，失去一家之主对许多家庭成员来说也许是有福的，也许能迫使他们养成勤俭节约的习惯，引导他们放弃那些有害于精神、灵魂和身体的做法[40]。"

在 19 世纪，贫困的德性和必要性受到了质疑，人们寻求有效的行动来改变社会秩序："上帝的意志看起来不再是对有差异的社会状况令人满意的解释了。"[41] 对社会秩序的干预引起了许多人的恐慌。人寿保险被视为一种实现那些不受欢迎的改变的工具，以及对那种认为现存的社会秩序是由上帝控制的根深蒂固信念的挑战①。对其敌人来说，人寿保险是一个"反宗教的阴谋"[42]，一处"引诱基督徒信任肉臂（an arm of flesh）而非主的力

---

① 1835 年，道德统计学在欧洲的引进也触发了决定论和意志论的思想观念之间的冲突。道德统计提供了通过不可变的社会法则以预测婚姻、犯罪和自杀的比率的基础，其被责难为宗教决定论的一种形式。参见 Adolphe Jacques Quételet, "Sur la Statistique Morale," pp.1-111; J. Lottin, "La Statistique Morale et le Determinisme," pp. 21-24; Aristide Gabelli, *Gli Scettici della Statisctica*; August Meitzen, History, *Theory and Techniques of Statistics*, pp. 73-87。

量与诺言"的社会"溃疡"[43]。19世纪40年代著名的信仰复兴运动者埃尔德·斯旺用他的布道来"粉碎有害的新奇事物":

> 假设耶稣在他去约旦的路上,在山麓遇见约翰并且问他,"你这是去哪里?"约翰回答道:"看呢,这么多年我都信仰以色列真神,受到许多苦难的严重折磨。你不知道我是去耶路撒冷给我的生命保险吗?"听众们,如果如此肮脏的背叛都能被接受,那么这教会还能走过最初最艰难的时日吗?如果那时信仰缺失是一种罪,那么现在也是。要避开乖张的一代设下的陷阱,对引诱你的人说:"退到我身后去吧,撒旦。"[44]

一个来自康涅狄格州哈特福德市的德国路德宗牧师警告他的会众:"只要我还是这座教堂的牧师,我教区的居民就别想买人寿保险。"[45]一位圣公会牧师的话被引用:"我相信所有形式的几率(chance)利益分配制度,上至名流社会的'艺术学会',下至保险的保单,都充斥着对共同体的危害,我认为我的职责便是一律禁绝这些[46]。"门诺派教徒采用了把投保成员革出教会的极端手段[47]。尽管受到了人寿保险所获成功的削弱,传统主义者的言论还是继续存在着。迟至1899年,路德宗牧师们的一次会议仍谴责人寿保险"与《圣经》的教诲相对立"[48]。

相较于原教旨主义者的反对,自由派神学对人寿保险的支持同样有力。① 它的发言人是代表了新兴宗教观点的神职人员，这种观点允许人在死亡管理中的积极参与。他们支持人寿保险作为一种"基督徒的义务"[49]，并且摒弃了"试探天意"的说法，将其视为过时的迷信。完全信赖上帝不再是值得赞美的虔诚，而是自私的疏忽：

让他不要有愚蠢的想法或是伪善的表述，像忽视这种预防措

---

① 尽管我没有找到犹太裔美国人对于人寿保险的态度的资料来源，一项对传统犹太人的观点的研究显示了他们满满的热情与神学的支持。在过去70年间，几乎没有例外的，犹太教哈拉卡的决定均赞同给生命投保。在宗教的层面上，拉比坚决反对人寿保险象征着对上帝的天命的不信任或是信仰缺失的观念，反而提出人必须为自己的死亡做准备是上帝的意愿。为了回应流行的迷信观念与成见，拉比也否认了所有有关巫术的反对意见，也就是对投保是"向撒旦张开嘴"的担忧。根据《塔木德》，在天堂，一个人不应该通过暗示一个人死亡的可能性来引发对自身的负面评价。在1925年，一位匈牙利的犹太教拉比援引更早的哈拉卡条文回应道，根据犹太律法，一个健康的人可以提前准备他的墓地和裹尸布。类似地，遗嘱的起草是被容许的，尽管这些做法没有哪一个被认为会招来魔鬼。拉比认为，既然死亡无可避免，为其早做准备能使人们认真对待生命，也许还会激起忏悔的心情，而远不会吸引邪恶的裁定（evil decree）或成为一种罪。在此基础上，人寿保险不仅会被认为是可接受的，而且在神学上是值得赞扬的。为了以更为实际的理由反驳巫术的恐惧，有人也主张如果人寿保险的确会引来邪恶的裁定，那么所有的公司都会因为他们的顾客不合时宜的死亡而破产倒闭。最后，除了宗教的合法性以外，拉比还发现了为生命投保的团体性的正当理由（group justification），尤其是如果一份保单是从犹太学者那里购买的话。这对犹太人是一个贡献，通过这种方式学者们得到了资助。这些信息来自 M. Slae, "The Relationship of Halacha to Insurance." *Noam* (Jerusalem 1978), vol. 20; 亦可参见 M. Slae, "Insurance in the Literature of Halacha," in *Rabbi David Cohen Memorial Book, Nazir Ehav* (Jerusalem: Nezer David Assoc., 1977), 3:292-327. 两篇文章都是用希伯来语写作的。

施（人寿保险）的人有时候说过的那样，他们信任上帝。谁有那个权利去相信上帝会直接地或是通过其他人作为中介，来为他做上帝使其有能力自己处理的事情呢？……上帝的智慧与美德体现在给予他力量并置其于他能够施展这种力量的环境中。①

亨利·沃德·比彻是人寿保险的强烈支持者，他坚决主张："我们没有权利去仰赖上帝给我们任何他使我们能通过自己的技术和勤奋得到的东西。"50

人寿保险公司发现了一个有效的方法压制来自宗教的敌意，即招聘同情人寿保险的神职人员作为他们的"小册子作者"。有

---

① 参见 Rev. Dr. Cook, "Life Insurance," pp.381-82。许多神职人员糟糕的经济处境是他们支持人寿保险的另一个有说服力的因素。19 世纪的牧师有时候"不得不为了他们微薄的收入而斗争"。参见 Jackson Turner Main, *The Social Structure of Revolutionary America* (New Jersey: Princeton University Press, 1965), p.207。根据一份报告所说，一位神职人员在 1859 年的平均年薪是 500 美元。在那个时期，一个职业家庭合乎需求的年收入是 2000 美元。参见 *American Life Assurance* (October 1859), 1:123。在 1873 年，神职人员的平均年收入上升到了微薄的 600 美元，大概是技工薪水的一半。参见 "Life Insurance among Clergymen," *Insurance Monitor* (Feb. 1, 1873), 19:129。教堂会众被鼓励给神职人员投保以缓解他们的寡妇和孤儿的痛苦：

"由人们给神职人员投保是一个需要热心关注的问题。这应该成为对所有会众统一而固定的政策……当集会派给他们一个牧师，为了家庭的利益，他们应该去给牧师投保。花费很少，人们应该会欣然接受。"参见 George Cardwell, *A Month in a Country Parish*, p.55。

从会众的立场来看，支付人寿保费用远比提高牧师的薪水更加实惠。2000 美元的中等保单每年花费 47.8 美元，这一数据来自马萨诸塞州医院人寿保险公司一份 1824 年的保单，转引自 Owen J. Stalson 的 *Marketing Life Insurance*, p./5。在 1873 年，一份 5000 美元的保单可以每年支付 50 或 60 美元来购买。有的会众形成了"在神职人员中推广人寿保险"的协会。参见 "Life Insurance among Clergyman," p. 129。

的神职人员甚至把他们的游说地点扩展到了教堂的讲坛。一位名叫斯珣吉翁的牧师以《圣经》经文为基础布道,"不要考虑明天吃什么,或者明天喝什么",在布道中他声称为自己购买了5000美元的保险,并且"因此有能力执行经文中的指令而不为明天过度焦虑"。[51] 在19世纪晚期,对冒犯上帝的恐惧的驳斥带有居高临下的讽刺。下面的故事反映了这种新式的轻率:

"啊!约翰",一位年轻可爱的妻子说道,"买保险就像是在试探上帝一样;几乎就像你在准备赴死了,你知道吗",然后她哭了。……"别犯蠢了,小宝贝,"他温柔地抱怨道,"如果我突然死去,你会得到一万美元的。""一万美元呐,约翰!"她说道,"我以为你买的保险只有25美元保额!"[52]

社会的威胁

对许多人来说,人寿保险不仅冒犯了宗教的敏感点,而且通过赌博制度化和鼓励谋财害命的做法削弱了社会的基础(fiber)。"一个男人会因为购买了保险而缩短自己的生命吗?"《商人杂志》在1856年提出质问,然后解释道:"对于购买火险的人来说,纵火罪再熟悉不过了,根据同样的原理,有时犯下谋杀罪是为了赚回人寿保险保单的保费也就不足为奇了。"[53] 同年在英国开展了一场针对"发生在人寿保险办事处的可疑死亡案例数量"的调查。在美国广为传播的一份报告发现大量富人对乞丐

的生命投机的案例[54]。类似的投机类型随后在美国继续存在。其危害是显而易见的:

> 当一个人心里频繁地抱有投机对象一死他就将拥有大量新增财富的想法时,人类的本性已经无法抑制这种欲望。……他多么渴望上帝把老人带走。……这个想法会让他做出什么事情只有上帝才知道。[55]

对更加广泛的投机行为的唯一限制便是规避对可保利益的要求的困难,这个要求最小化了给陌生人的生命投保的可能性:

> 如果一个对我来说完全陌生的人被允许给我的生命投保,那么他唯一的利益……就在于我迅速的死亡。因此法律通过禁止此类合同的签订,明智地剥夺了他造成其发生的企图。[56]

对人寿保险的批评者来说,即使是人寿保险最合法的使用也引入了一个污染"家庭纯洁性"的利益因素。故事流传开来,一个有名的纽约人重病在床,保险合同到了应该续费的日期,他却没有钱来支付所需的保费:

> 他的妻子知道可能发生什么。……保单明天就会到期,尽管他有可能康复,一家人的生计却指望着他的迅速死亡。婚姻的责任和金钱的利益处于令人丧失信心的冲突中。……这位妻子应该去冒着余生贫困寡居的风险试图延长他的生命吗?……

他最终在保单到期之前死去了。①

然而,对人寿保险的社会危害的担忧比对其现实危险的担忧更甚。没有了可保利益,人寿保险不过是一种"纯粹的赌博,对生命的投注,一张赌博合同",像这样的事物,"有违良好的道德风尚和完善的公共政策。"[57] 正如一位作家指出的那样:"说来奇怪,相比赌博合同,人寿保险更少被人们以煽动谋杀为由进行抵制,其罪恶也少被指出。"[58] 美国法院尤其关心所有的赌博合同带来的有害的社会和经济影响。尽管英国的普通法并没有对于赌博合同效力的一般性禁止,但几乎美国每个州都采用了一些法定的或是宪法的条款,使得赌博在某种程度上非法。一位著名的法学家解释了原因:

在这个国家里,通过立法和司法的决定,对各种性质的赌博的强烈反对都得到彰显。赌博与社会的既存利益不符,且与这个时代的道德观念相冲突,其与公共政策的对抗是无效的。[59]

---

① 参见 A. B. Johnson, "The Relative Merits of Life Insurance and Savings Banks," p.673。除了谋杀,另一种人寿保险的欺诈性用法是,在体检的时候用一个健康的人替换生病的人,因为体检是授权一份保单所必需的。《保险观察》预见了这种做法并称之为新的"犹太罪":

"上个月在这座城市,犹大的陪审团宣布的控告中犹太人以一个新的角色出现。……在火险中他们已经是臭名昭著,因此改名换姓成为了项目中几乎必要的部分。……(犹太人)……很快从外邦人那里学到了在体检中用健康人做替身的把戏。"参见 "Life Bugs," *Insurance Monitor* (August 1895), 43:326。

在英国，对于赌博的反对却没有相似的道德支撑。对赌博进行执法不过是一件对法律时间和精力造成不必要浪费的麻烦事。因此，对人命的赌博不被理会，是因为其是"捣蛋的儿戏"而非作为不道德的合同[60]。

从美国人的视角来看，赌博和投机威胁了社会秩序尤为珍视的堡垒——参与社会性生产工作的个人积极性。早至1806年，马萨诸塞州的一家法院宣称："赌博的做法……使人失去了对有意义事业的追求……通过指出一条快速但有害的财富积累之路，它制造出对收入平平的沉着勤奋工作的蔑视。"① 相似地，美国反对赌博的法律条文的基本原理是它"摧毁了……人们从事合法就业或正当生意的欲望"[61]。法律反映了传统清教徒的宗教戒律，其谴责所有不含社会目标的职业。在类似的影响下，世俗的商业机构力劝年轻人选择对社会有用的职业[62]。

吊诡的是，把社会有用性作为衡量道德性的指标也纵容了某些赌博形式。比如，18世纪的彩票因其对全社会的经济贡献而被合法化，它们被用来资助大量的市级和州级项目。宗教的反对是极少的，因为教堂用彩票作为他们主要的筹资手段[63]。社会对于赌博的矛盾态度使得区分合法与非法形式的赌博的普遍

---

① 参见 Amory V. Gilman, 2 Mass. 1, 10-11 (1806)。德弗罗指出这种对赌博的对抗情绪的社会经济来源："由于其回报是在几率的基础上进行分配的，赌博看起来就像在嘲讽强调理性的合法经济形式……和勤奋工作，以及努力、美德与回报之间的假定关系。"参见"Gambling," p.56。

性法则无法建立。结果,现行的标准是随意并且随时可变的①。唯一值得尊敬的致富之路是通过持重和逐步的财富积累。韦斯解释道:"和工作以及凭自己汗水积累的金钱相联系的财富才是应得的,而通过不相称的劳动积累的金钱却不是应得的。"获得财富的捷径"与上帝的法律相违背"[64],这不可避免地导致了欺诈和失败。《亨特商人杂志》告诫它的读者:"不要急于致富。通过这种方式,我们的商人中95%都失败了。……小心、谨慎、精明和深思熟虑对于成功都是必要的。"[65] 著名的商业广告人弗里曼·亨特解释说大部分欺诈行为的出现都是因为"想要通过从事不正当的金融活动而不是努力经营来迅速致富。"他忠告年轻人:

> 让投机者在一年或一天里去发他们的财吧。……让你的事业成为对社群有用的那一个。……不要急于致富。逐步的收益才是自然的获得。[66]

这样的道德观点使通过人寿保险保单获得的突如其来的财

---

① 参见 Herbert A. Bloch, "The Sociology of Gambling," p.216。有时,据说某些赌博装置甚至像神一样被证明是一种可以揭示上帝意愿的手段。参见 Devereux, "Gambling," p.58; Aubert, "Chance in Social Affairs," p.7; Gillian Lindt Gollin, Moravians in Two Worlds, p.58。在挪威,抽签的运用在法律上被认定为是唯一一种公众的选拔陪审员的机制。美国对于社会效用原则的强调仍体现在现代保险法律中。在康涅狄格州和俄勒冈州,如果受益方是一个慈善的、有教育意义的或是宗教的机构,一个人便可以给一个对他而言没有可保利益的人投保。参见 Richard H. Hollenberg, "Is a Uniform Statue on Insurable Interest Desirable?" p.77。

富一下子变得可疑。它的收益被视为和其他任何投机所得一样腐败，并且扰乱社会：

> 独立的劳动者的构成要素根本不在这个方面。越少参与任何形式的赌博，对他就越好。在根据某些几率微小的偶然事件赔付大额金钱的承诺下，某些人年复一年向自行设立且不负责任的公司缴纳年金，但真正的"独立"并不因此就确定无疑。[67]

人寿保险不仅会"麻痹一个人的努力"[68]，而且会危害自助的原则："其目的在于鼓励人们依赖勤俭节约以外的事物，」是导致了那些最重要的社会美德的松弛和衰败。"[69]对许多人来说，人寿保险不过是一种"懒人们把自身责任带来的压力转移到其他人肩上的计谋"[70]。正如我们所看到的，其他形式的保险免于道德上的谴责，而且正是人寿保险的批评者无视这种矛盾，认为不给财产投保是"不公平的"甚至是"犯罪的"行为[71]。

那些抨击人寿保险的人给储蓄银行高唱赞歌，认为它是两种最重要美德的制度标志：财富的逐步积累和自助。1853年，《纽约时报》宣称储蓄银行"如同保险公司一样好，是任何人都需要的"[72]。收益不限于金钱："随着一个男人储蓄的增加，他的自尊以及妻儿对他的尊重也会不断地增加。"[73]人寿保险与储蓄银行在一场道德争论中针锋相对，双方都声称自己具有最高尚的社会美德。对其支持者来说，只有储蓄银行能成功唤醒人们"积累财富的欲望"：

一个滚雪球的男孩做好一个雪球就立马扔出去,但是如果他碰巧滚出一个大于普通尺寸的雪球,就会激发他把雪球做大的雄心,而不是做好就扔掉。这个原则适用于金钱。如果(一个人)把他的收入全都存到储蓄银行,特别的盈余收入会直接使他产生积累的欲望。[74]

通过用瞬间致富取代逐渐积累,人寿保险不仅是不道德的,而且低效到可能引起危险。一家储蓄银行的总经理约翰逊在1851年告诫公众,人寿保险违背了上帝用"欲求的压力"而非"安全的镇痛"让人们保持活力的神圣设计。"得来容易的"金钱只可能被大意地浪费或是任意的挥霍。有人指出,富人的后代"几乎不在钱财支出中展示出自我克制,亦不在商业中展示出能力"[75]。《商人杂志》的一位作者总结道:

> 人犯过最糟糕的错误之一就在于留下礼物……在他们死后分发。……这个错误可以从许多在其父死后继承大量财产的年轻人的堕落中看出来。①

不懂理财的脆弱寡妇也不被期待能够恰当地处理突发的死

---

① 新奥尔良州"麦克多诺遗产"的案例被用来作为滥用继承财产的例证:"这份遗产从未给慈善事业捐助过哪怕一美元,从未让一个黑人奴隶回到故乡,从未抚慰过一个贫困孤儿的悲伤和痛苦。……约翰·麦克多诺的遗愿没有实现。"参见 "Dead Men's Shoes," *Hunt's Merchants' Magazine* (October 1860), 48:522-23。

亡带来的保险收益：

> 在她没有任何处理金钱事务的经验，而且全然不知如何利用她的资金投资的时候，这笔钱变成了她的财产。……这个寡妇失去所有她可能得到的东西的危险是多么大呀。她的处境也……可能轻易受到考虑不周或者狡猾之人的欺骗，从而被剥夺通过保险而获得的收益。①

储蓄银行被拥护为防范这些风险的保护措施。寡妇孤儿会因父亲缓慢积累的存款而不是人寿保险保单带来的天降之财而得到更好的保护。

人寿保险的发言人用同样有力的观点回应了接二连三的批评。自力更生精神被当作人寿保险的主要贡献，也是它相比于其他机构比如医院、孤儿院和救济院更具道德优越性的原因，这些机构"倾向于给未来的粗心大意注入危险的发酵剂"[76]。《保

---

① 参见"Life Insurance," *Hunt's Merchants' Magazine*, (May 1862), 46:490。关于通过赢彩票所获得的"易得的财富"不稳定的本质的故事在 19 世纪更早的时候就已经开始流传。参见 John Samuel Ezell, *Fortune's Merry Wheel: The Lottery in America*, p.82. 易得的财富的危险仍然是反对人寿保险时最喜欢使用的论据。在 1912 年，一位储蓄银行史学家评论道：
"每个储蓄银行的从业者都能说出突然获得的金钱付诸东流的故事。……把人寿保险收益的 2000 美元'投资'到羊头湾赛马比赛的寡妇，输得一分不剩……另一个把她的有价证券组合投资到珠宝上的寡妇……这只是成千上万位寡妇中的几种类型，她们认为这是易得的财富，因此价值甚低，从而养成了挥霍无度的习惯，金钱则通过这种习惯成为了某种诅咒。"参见 William H. Kniffin, Jr., *The Savings Bank and its Practical Work*, pp. 32-33。

险观察》否认了人寿保险会削弱工作积极性或是让人"粗心大意地对待其金钱事物"的说法：

> 同样的论断也可以同样适用于所有为使人不受风险带来的影响而做出的努力。……但事实远非如此……（人寿保险）发扬了勤俭节约的美德，以及预先考虑的习惯。[77]

它也保护了人们不受"渴望暴富"的影响。通过强调储蓄银行的投机可能性，对人寿保险赌博特性的指控被压制住了：

> 如果我的银行里有这么多钱，我可能会受引诱而把钱花在某些吸引人的投机活动上并且使每一块美元都处于风险之中。……我必须承认我曾受到用一种更简单的方式谋生而不是脚踏实地地工作的强烈诱惑，我时常希望我有多余的几百美元能让我去投机游戏里碰碰运气。现在，有了保险的保单，这贪婪的投机恶魔终于被压制住了。[78]

保险业指出储蓄银行的内在逻辑是其道德弱点的印证。储蓄银行依据"我们应该为了将来考虑现在，为了后代考虑自己"的原则运作[79]。这让他们成为"人间的"机构，而人寿保险"来自天国，纯洁、天赐又神圣"[80]。尤其是在19世纪前半段和进入19世纪60年代以后，人寿保险为自己维护利他主义的美德以及对自私和占有欲的自我否定而感到自豪：

以自身作为对象和目的的行为运用并强化了自私。……在人寿保险中，当下的好处被奉献出来换取他人未来的好处——一种投保人分享不到的好处——只有在死后才会实现。……

《商人杂志》主张，投保人是道德精英，"社区中最优秀的一类人"[①]。

储蓄银行与人寿保险之间的争论反映了传统经济道德与新兴企业精神之间更深层次的冲突。麦康纳注意到，在19世纪60年代，经济行为"溢出了传统的边界"[81]，改变了如自助、节俭和诚实的经济美德的含义。日益复杂的商业体系中激增的经营风险在对风险和投机的传统态度上留下了印记。首先，对早期自助的定义至关重要的个体风险假设被新型集体措施和如保险公

[①] 参见 "Benefits of Life Insurance," *Hunts' Merchants' Magazine* (September, 1865), 53:390。这场争论不仅仅是思想上的；每一方都主张其立场优越的经济利益。下面的故事概要地展示了人寿保险拥护者的观点：

"一个储蓄银行账户和一份人寿保险保单，两个都是精明的商人的孩子，在商人死后他们碰面商量为了帮助这个家庭他们能做些什么。说着'我准备好了现金'，银行账户支付了葬礼的花费，并提高音量说道：'我贡献了储蓄的每一分钱，外加复利（compound interest）的一笔可观资金。'保险保单说道：'我贡献了储蓄的每一分钱，复利的一笔可观资金，还为这件事提前准备了需要的资金。'它偿付了家庭的抵押贷款，使整个家庭从贫困中脱离出来，变为相对自主的状态。"参见 "A Trial of Strength," in James T. Phelps, *Life Insurance Sayings*, p.85。

人寿保险从储蓄银行那里抢走了大量的生意。戈德史密斯的研究表明私人人寿保险的扩散如何减少了个体家庭的储蓄。参见 R. W. Goldsmith, *A Study of Savings in the United States*, p.18。

司这样的风险承担机构的扩张取代了。① 虽然储蓄银行代表了个人主义自助精神的早期定义，但是保险公司是新型集体形式的先锋，为整个人口承担风险。蒂什勒讨论了这个转变：

> 按照对储蓄银行的传统信念，新型的集体形式代表了朝着自力更生精神的重新定义迈进了一步，因为经济的失调让纯粹的个人主义努力变得一无是处——除了在道德层面。②

新型合作方式的道德性在人寿保险的文章中被提到：

> 一家人寿保险公司是聪明人的组合，他们携手努力减轻人类的痛苦和匮乏，他们足够智慧能听到上帝的指令："因为各人

---

① 按照早期信托公司把服务限定于受养者阶层，但是依照这一政策办事不再可行了。怀特解释了他们的理由：
"他们持这种态度不是因为他们认为公司不具备管理更多资金的能力，而是因为他们新英格兰清教徒的遗产更多地强调个体的责任。他们不希望他们的机构再去服务那些应该有能力自力更生的个人。"参见 Gerald T. White, *A History of the Massachusetts Hospital Life Insurance Company*, p.77。
另一种自助观念新的灵活性的表现是许多成功的商人不再依靠个人的存款来创业，而是依赖他人的资金支持。参见 Donald McConnell, *Economic Virtues in the United States*, p.149。

② 参见 Hace Sorel Tishler, *Self-Reliance and Social Security 1870-1917*, p.24。在蒂什勒看来，社会保障是重新定义自力更生精神的下一步。讽刺的是，19世纪70年代人寿保险拥护者表达的对社会保障的反对几乎和50年前被用来反对他们自身的话语一样。为自愿机构辩护的最后理由不在于经济效率的问题，而是再一次把道德准则作为生死攸关的点。参见 Roy Lubove, *The Struggle for Social Security*, p.10。据称社会保障无法达到若干不可或缺的教育、社会和道德目的。最重要的是，它会危害节俭和自助的道德原则。

必担当自己的担子①。"⁸²

其次，随着风险日益成为美国经济体系不可或缺的一部分，某些冒风险和投机的形式取得了新的名望。应付已存在之风险的理性投机行为和制造人工风险的赌博被区分开来②。到19世纪末，投机被辩护为具有"重要的经济功能"⁸³。投机魅力（appeal）的新合法性反映在人寿保险的发展过程中。通过保单收益立刻创造财富一开始被传统经济道德指责是投机行为，最终成为能够比储蓄银行的缓慢进程更值得夸赞的优点。"人寿保险立马为您的财富保险，"1885年公平保险公司的简介这样做广告，其接着就叙述了人寿保险流行的原因：

它提供了唯一已知的可以立刻创造资本的方法。有积累财富的其他方法：穷人也许在数年的节俭生活之后，在他的储

---

① 此句出自《新约圣经·加拉太书》第6章第5节。（译者注）
② 某些投机事业已被合法化，作为吸纳现存风险带来的灾祸的机制。在商品市场，生活物资和商品的期货交易在内战后正式组织起来，以防止突如其来的价格变化给商人带来的与日俱增的脆弱性。通过期货或对冲交易，风险被转移给了专业的投机者。这些人和投机商人区分开来，并被重新命名为风险专家。职业的专业化是接受投机作为避免"鲁莽参与的道德恶果"唯一方式的一个重要前提。参见 Cedric B. Cowing, *Populists, Plungers, and Progressives*, p. 49. 早期传统经济道德的支持者觉得期货交易不过是"充斥着寄生虫似的投机者的赌窝"。参见 Richard J. Teweley, Charles U. Hanlow, and Herbert L. Stone, *The Commodity Futures Game*, p.11. 然而，他们限制和废除期货交易的尝试总是失败。欲了解其他风险承担机制的发展和赌博与"合法"投机行为之间的区别，请参见 Charles O. Hardy, *Risk and Risk-Bearing*, p. 66, 128。

蓄银行小账户里得到了一些利息。……但是人寿保险的投资者刚购买了一个中等保单，就发现他的信用从1000美元涨到了100000美元。⁸⁴

相似地，尽管19世纪早期的大部分时间人寿保险公司都在抗议和否认所有与投机相关的联系，在19世纪60年代他们的生意却靠着公开的投机政策繁荣起来。

唐提式养老金制度在19世纪初曾遭到公众的反对，在1867年被重新引入之后却大获成功，以至于成为那个时期促进人寿保险神奇增长的主导因素。除了三个人寿保险公司——康涅狄格州相互人寿保险公司（the Connecticut Mutual Life Insurance Company），互益公司（the Mutual Benefit）和神圣生命与信托公司（the Provident Life and Trust）——其它公司都采取了这个制度。唐提式养老金制度"势如野火"，毫无疑问，投机的吸引力解释了他们的影响①。代理人把唐提式保单作为"大型保险博彩中的可能奖品"来售卖，为了赢得钱财无需付出生命的代

---

① 参见 Burton Hendrick, "The Story of Life Insurance," pp. 411-412。唐提式养老金制度的吸引力与人寿保险已改变的定义和目标密切相关。尽管在19世纪上半叶，人寿保险是被用来保护受养者的，但它的投资潜力逐渐地被发现。公平公司负责介绍唐提式养老金制度的亨利·H·海德（Henry H. Hyde），在这个话题上非常坦率："唐提式养老金制度的原理和人寿保险的基础恰恰相反。在前者的事例中，动机基本上是自私的。"引自 Hendrick, "Story of Life Insurance," p. 402。传统主义者认为唐提式养老金制度是对人寿保险本质的"完全颠倒。" From a letter by Jacob L. Greene, President of the Conneticut Mutual Life Insurance Co., *New York Tribune*, Jan. 4, 1886, p. 5, quoted by Stalson, *Marketing Life Insurance*, p. 493. 人寿保险定义的变化将在接下来的一章进行追溯。

价。⁸⁵ 亨德里克后来回忆道:"成千上万的人愿意拿自己的生命同时冒着和其他同期投保人相似的风险下注,把自己所有的人寿保险押上,就有可能从其不幸的同期投保人那里获得一部分赔付。⁸⁶ 反对者占少数,当他们谴责唐提式保单是"纯粹赌博"和"人寿保险同类相食"的时候,他们的声音几乎不能被听到①。

  人寿保险夹在必要的风险和赌博这两种思想之间。在 19 世纪前半段流行的传统的决定论观点担心赌博对一个有序的社会和宗教世界的破坏性潜力。人寿保险被抨击是亵渎神灵的赌博和对上帝在人间事务中的角色的不可接受的挑战。它也被指责为逐渐削弱社会原则。通过瞬间致富的承诺,它使人们对金钱的逐渐积累丧失信心,并且削弱了寻求有用工作的个人动机。

---

① 参见 Greene, quoted by William Cahn, *A Matter of Life and Death* (New York: Random House, 1970), p.109; Elizur Wright, 1882, quoted by R. Carlyle Buley in *The Equitable Life Assurance Society of the United States*, p. 99。唐提式养老金制度在 1905 年的时候由于"阿姆斯特朗调查"(Armstrong investigation)被宣布为不合法,该调查包括一系列导致政府对人寿保险公司更严格管理的立法听证。斯戴尔森指出在 1905 年之后,"投机的吸引力让路给了保守势力,保护而非收益成为了人寿保险营销的主题"。Stalson, *Marketing Life Insurance*, p. 547. 1939 年,"科尔格罗夫计划"(Colgrove plan)试图复兴唐提式养老保险制度,但被法院作为赌博合同而宣告无效,因为缺乏对其他保单持有人的生命的可保利益:"该方案的基础是为了个人利益的赌博,用比其他成员活得长的几率来投机的一个机会。"参见 Knott v. State, 136 Fla. 184, p. 200。人寿保险公司最近试图通过介绍"变额寿险"来恢复投机的吸引力,这种保险类型是把保单持有人的保费放到股市中去,让保单的现金价值随之浮动。参见 *New York Times*, Business section, November 26, 1972, p.1。人们对这种保单几乎没有兴趣,除了其他原因,还因为大众认为这种保险"风险太大,和赌博太像",还有认为它就是"赌博,是对人寿保险的糟蹋"。参见 *The Map Report-1973 Survey*, pp.90-93。

通过承担他人的风险，它逐渐削弱了自力更生的精神。

　　一个关于风险的不同的、更加商业化的思想观念在经济体系复杂性的增加和商业风险的激增中出现，特别是在内战之后。完全个人主义的自助概念逐渐减少，被更加有效的合作式风险承担技术所取代。此外，高效风险管理的必要性使某些投机事业合法化并升级成为风险承担的企业，与无目的的赌博鲜明地区分开来。

　　从宗教的角度来看，意志论的神学观念反对将上帝当作万能（all-purpose）保单的角色，支持男人为他的家庭做准备以预防其死亡带来的经济意外[①]。人寿保险作为最有效的世俗风险承担制度而出现，通过合作性的自助应对死亡带来的经济危机。从1867年开始出现的唐提式养老金制度的成功可以看出投机行为的新合法性。在用谨慎的修辞和有力的反对掩饰其投机潜力数年之后，人寿保险通过对其自身最投机的特点进行不加遮掩的利用，最终大获成功。

---

① 对19世纪晚期的实用主义者来说，对上帝的信仰本身成为他们愿意承担的另一种风险，因为万一上帝真的存在，一份保单就能对抗永恒的诅咒。参见 William James, *Essays in Pragmatism* (New York: Hafner Publishing Co., 1948), p.91, 106。

6

营销生命：道德说服与企业

> 保险用金钱服务取代了人道服务，并且逐渐削弱了理应构成社会基础的恻隐之心。[1]

在18世纪，孤儿寡母既会得到邻居和亲属的帮助，也会得到互助团体的帮助，这些团体服务于丧亲之人的经济困难。在19世纪，美国家庭的财务保护变成了一种可以购买的商品。人寿保险公司提供保单以替代亲友，到1851年，共售出一亿美元保额的人寿保险。从互帮互助到市场关系的转换标志着从礼物关系体系到新型经济交易形式的剧变。社会地位限定了互惠的交换形式，而市场关系却是由合同而非义务规制的。在礼物交换体系中，人们是通过信任和社区团结联系起来的，但在非个人化的经济市场中，他们是作为商品的买方和卖方而产生联系的。蒂特马斯在他关于献血的文本中分析了从自愿帮助到有偿帮助的转变。蒂特马斯认为商业化阻碍了人与人之间的利他主义和自愿付出，从而破坏了重要的社会纽带[2]。由社区为寡妇和孤儿提供的非正式的互助形式，为商业机构提供的正式合同和每年缴纳的保费所取代。自发的帮助被系统且理性的风险承担技术给科层化了。尽管人寿保险对社会支持的合作方式形成了有效补充，但它却没有资格成为他们的道德替代品。自愿的互助体系被认为在道德层面和社会层面都优越于抹杀了"自发的爱与责任"[3]的有偿保护措施。像门诺派教徒那样鼓励成员建立自助小组的团体强烈反对商业的人寿保险,因为其"有违真诚互助与手足情谊的精神"⁴。

"合作主义"(cooperativism)转向了契约,而对这种转变的抵制并不只存在于白人中等收入群体当中,尽管这个群体是普通人寿保险主要的销售对象①。其他的社会——种族(socio-ethnic)

---

① 城市的中产阶级,尤其是商人,成为人寿保险最重要的购买者。最富裕的人有其他的财产保护措施来供养其家庭,然而穷人承担不起普通人寿保险高昂的保费。例如,纽约人寿保险和信托公司1839年8月的月度报告显示,18个投保人中有7个是商人或经纪人,3个是制造商。参见 Hunt's Merchants' Magazine (October 1839), 1:368。纽约相互人寿保险公司在1843年2月至1844年8月开出的796份保单中,有396份开给了商人、职员和代理人,37份开给了经纪人,25份开给了制造商。参见 Hunt's Merchants' Magazine (October 1844), 11:340。类似的,在1845年,商人、商贩和制造商构成了州相互寿险公司的最大投保群体。参见 H. Ladd, A Heritage of Integrity (New York: Newcomen Society of North America, 1954), p.11。1846年互益人寿保险公司前9个月的运营总结显示"商人和商贩"又一次成为了最大的投保群体:占据了936份保单中的412份。参见 Mildred F. Stone, Since 1845. P. 18。1846年新英格兰相互人寿保险公司的第一份报告也展示了相似的证据。大多数保单被商人、商贩和经纪人买走。参见 Hunt's Merchants' Magazine (April 1846), 14:389。柯里解释了19世纪人寿保险对于中产阶级商人的吸引力:
"对商人或做生意的人来说,人寿保险制度有许多对他有利的地方;今天属于他自己的那份财产可能明天就会变成别人的。……正当他还在……庆祝其有利地位之时,不为人知和不可预见的情况也许就会在他周围发生,那些是……很早就精心策划好要完全摧毁他的希望的……带着厄运的情况。" Gilbert E. Currie, The Insurance Agent's Assistant, p. 123.
柯里的书在美国出版的同年便受到广泛的关注。对失败的恐惧和向下流动的威胁渗入了19世纪的商业期刊。人寿保险公司利用了中产阶级中弥漫的焦虑,成为使他们免受一个家庭在父亲死后陷入贫困的不测厄运的保护措施。关于19世纪商人对失败之恐惧的其他表现,参见 Michael B. Katz, The People of Hamilton, Canada West (Cambridge: Harvard University Press, 1975), pp. 188–89。人寿保险的采纳和社会流动与社会分层之间的关系是一个有待深入研究的主题。

群体随后在 19 世纪也有相似的经历。在 19 世纪 70 年代，受到广阔而尚未开发的较低阶层市场的吸引，商业人寿保险开始向穷人售卖简易人寿保险（industrial insurance）①。它的对手是非营利性的兄弟会组织，这是由同时期日益增多的城市工人所组织起来的，为其成员提供重要的社会福利和死亡给付。两种组织之间存在清晰的区别："由法人或公司办理的人寿保险只是个契约问题，而所有像兄弟会（Fraternal Orders）这种形式的组织则完全或大部分是在身份的古老原则之上运作的 5。"尽管简易人寿保险公司有不容置疑的技术优越性，其安全高效也是兄弟会所不能比拟的，但到 1895 年，通过兄弟会签出的有效保单仍然超过了普通的人寿保险公司②。商业保险的赞助者抱怨相较于财

---

① 迎合商业、专业和白领市场需要的定期人寿保险是"高级保险"（class insurance），对穷人来说过于昂贵；而简易人寿保险是"大众保险"（mass insurance）。Frederick L. Hoffman, *History of the Prudential Insurance Company of America*, p. 3. 一些普通的人寿保险公司从 1840 年起开始提供低价的保单但没有成功。1875 年，美国的第一家简易人寿保险公司，保德信保险公司（The Prudential）开始业务运营。相比中产阶层购买人寿保险以作为家庭保护措施，低收入群体的人寿保险是葬礼保险，购买这种保险是为了避免一个穷人葬礼的潦倒情形。

② 简易人寿保险更高程度的效率和可靠性，参见 John F. Dryden, *Address and Papers on Life Insurance and Other Subjects*, p. 56; Hoffman, *History of the Prudential*, p. 33; Morton Keller, *The Life Insurance Enterprise*, p. 11. 兄弟会采用的评估方法是他们的主要技术缺陷。与在头几年向投保人收取相对高的保费来建立储蓄以备日后死亡风险的增加的平准保费人寿保险（level premium life insurance，指将总保费分为若干期缴纳，而每一期所缴之保费金额相等的保险类型——译者注）不同，兄弟会的成员经过评估后支付当下的开支和死亡损失。随着成员老去，死亡率上升，评估范围扩大并且变得更加频繁，因此阻碍了年轻成员的加入。Lester W. Zartman, "History of Life Insurance in the United States," pp. 91-92; Richard de Raismes Kip, *Fraternal Life Insurance in America*, p. 94.

务偿付能力，大众对"有魔力的"合作一词有着不合理的偏爱，还抱怨人们对"建立一个完全靠商业原则经营、根据合同提供保险且不带任何虚假慈善（pseudo-philanthropy）伪装的公司"的普遍抵制⁶。

面向黑人群体的商业人寿保险公司也遇到了类似的偏见。1898年，杜波依斯①还为世俗商业组织的崛起取代了早期黑人互惠协会而感到失望。尽管承认前者有更大的效率，杜波依斯依然担心"合作精神会因为资本主义伦理"②而遭受侵蚀。因此，对于大多数群体而言，从互帮互助到为寡妇孤儿提供经济资助的商业制度的变化不仅是组织创新，而且是复杂的文化转型，从一种利他交换的思想观念转变为一种市场的思想观念。作为思想观念的市场代表了某些让市场成为可能的价值元素，比如

---

① 杜波依斯（William Edward Burghardt Du Bois，1868—1963），第一个获得哈佛大学博士学位的非裔美国人，毕生致力于研究美国和非洲的历史与社会。1903年出版其最著名的著作《黑人的灵魂》（The Soul of Black Folk）。他是泛非主义运动（Pan-Africanism movement，非洲和散居在世界各地的黑人反对种族歧视和殖民压迫、要求民族独立和全世界黑人大团结的民族主义运动）的创始人，致力于美国和非洲黑人的解放运动。（译者注）

② W. E. B. Du Bois, "Some Efforts of Negroes for Their Own Social Betterment," Atlanta University Publications no. 3 (Atlanta: Atlanta University Press, 1898), pp. 17-21; cited by Walter B. Weare, Black Business in the New South, p. 17. 杜波依斯提出了这个问题在种族方面的弦外之音，希望"美国人对于利润的渴求不要超过非洲人合作的动力"。自从18世纪以来，黑人互助团体帮助他们的成员面对疾病与死亡。1810年，较早的商业化黑人人寿保险的努力很快失败了。简易人寿保险公司把黑人群体排除在外，理由是他们过高的死亡率会导致白人投保者的高额保费不公平。这些公司在反对法律中止这类歧视的努力中打了败仗，1894年之后，大部分州都通过了让保险公司必须考虑黑人申请者的法律。参见 Hoffman, History of the Prudential, p. 137。

效率、公平和自由。而利他主义的思想观念支持一套不同的价值观，比如信任、社区团结和社群感。从后一种思想观念的角度来看，自由代表的是来自市场和市场关系的自由①。

人寿保险业如何回应营销生命和保障的压力？这里有两个主要的阶段，第一个从 19 世纪早期延伸到 19 世纪 70 年代。在这段时间里，人寿保险公司求助于道德伦理而非顾客的皮夹子，运用道德说服的方式使心存疑惑的大众相信公司的合法性。他们的方法如此有效以至于到 19 世纪 70 年代，人寿保险营销已经变成了大生意。第二个阶段随后开始，在这个时期，人寿保险抛弃了道德说教的方法，转而采用商业公司的方法。这种转变可以在三个背景中得到体现：行业的自我形象、人寿保险保单的功能以及买方的动机。

行业：从慈善到生意

对寡妇和孤儿的有偿保护措施不只具有高效的技术，而且也具备道德优越性——人寿保险这门生意不得不通过让公众相信这一点以确立其合法性。制度化的慈善和科层化的利他主义被描述为人类向更高阶段发展的必要且积极的因素："也许，互帮互助价值的最好示范，就是这种价值被应用到文明社会中人

---

① 作为思想观念的市场与利他交换的思想观念之间的对比，参见 Barnard Barber, "The Absolutization of the Market," pp. 3-4。关于自由的不同定义，参见前书, pp. 17-18。

寿保险的原则和实践当中。"[7] 人寿保险在"一种经过改良的慈善的范围内又更进一步"[8]，其取代了属于"文明的前一个阶段"[9] 的互帮互助协会。它通过把转瞬即逝的"慈善和仁爱之情"[10] 转化为实际的行动，确保了利他主义在现代社会的存续。《美国保险公报》解释说，一家保险公司"赋予慈善事业一副更加沉着的面孔和更有吸引力的容貌，事实上，提高了社会的整体水平……并且赋予了全人类以新的尊严"[11]。

早期的帮助模式同样被宣称为不可靠和不充分①。自发的安排被认为是值得表扬但并不实用的方式而被摈弃：

> 如果它可行的话，那么没有哪种保险制度可以像普通的兄弟情谊那样完善。但是在我们的道德本性上看起来完美无缺（so desirable a consummation）的东西必然无法实现。而人寿保险最大的自信在于其完全可行这一事实。[12]

人寿保险的文章特别警告人们不要依靠朋友和邻居"多变而吝啬的"帮助[13]，同时质问读者："一个人能期望社会为他的家庭做出他自己都拒绝做的事情吗？"[14] 所有关于对失去亲人

---

① 巴伯注意到思想观念中积极和消极元素的混合；指出为什么"当对一种价值观或规范的偏好被合法化，它的对立面或替代品就必须受到批评以强化正面的合法性"。Bernard Barber, "Function, Variability and Change in Ideological Systems," p. 247. 作为建立其自身合法性的一种方式，新兴的市场保护观念不得不破坏之前的利他帮助模式的名声。同样，简易人寿保险的支持者随后也在 19 世纪贬低兄弟会是一种"对行业规则的完全颠倒"。Hoffman, *History of the Prudential*, p. 19.

者的自发互助形式支持的温暖而慷慨的幻象,都注定被残忍无情的现实击碎:"生活对于那些被抛弃在世界的冰冷中的人来说是……艰难的。……如果一家之主想要保护他的妻儿不受疾病和厄运影响,那么他一定不能相信世界。"[15] 社区总是"不情愿"提供帮助,家庭的好意是"冰冷的",朋友的善心是"勉强的"[16]。纳普警告说,朋友"可怜你,但是不会帮你缓解痛苦;提建议,但是不会提供用以执行他们那绝妙计划所需要的东西"[17]。虽然渴望给公众灌输人寿保险的慈善形象,但其赞助者小心地把人寿保险和传统的慈善形式区分开来:

  有的人把保险看作是慈善的代名词,然而这两者却迥然不同。一个带来自尊和独立的感觉,而另一个则把这些感觉都摧毁了,并且经常把本应受益的人变为贫民。[18]

  人寿保险打算把它的受益人置于"公共慈善的需要之上"[19],使寡妇免受羞辱之苦:

  或许母亲会收到某些慷慨人士分发的微薄物资,但是……假定在某种意义上——有的人并非表示同情而是给人居高临下的氛围……这可能会带给贫穷的收受者以切肤之痛并且揭开其看似愈合的伤疤。[20]

  逝去的丈夫那双"勤劳肯干不知疲倦的双手",其唯一体面的替代品就是人寿保险,"一个法律上和道德上都必然会给那些处于艰难时日中的人给予必要帮助的组织"[21]。

人寿保险"天生的"慈善证明了其处于"当代人道和慈善机构"[22]中领先地位的正当性。在第一次人寿保险核保人大会上，一位发言人传达了人寿保险作为社会慈善工具的普遍原则："在所有装点我们所生活的时代的慈善机构中，几乎没有机构比人寿保险更加强调要以我们的感觉和判断为依归。"[23]人寿保险绝非物质主义的代理人，其注定要成为高尚精神（spirituality）的一股力量："（人寿保险）注定会将思想从对'万能的金钱'的崇拜中解放出来，治愈灵魂贪婪的弊端，抚平对致富的非分热望，并用满意的心灵作为替换。"[24]19世纪40年代中期相互制公司的巨大成功，很大程度上是由于强化人寿保险的道德慈善特征，并同时有效地最小化其商业方面的运作结构。相互制公司被形容是"未雨绸缪的丈夫或父亲的兄弟。……他们组成了相互的联盟，其伟大目标是保护其家庭不受匮乏之苦"[25]。虽然相互制公司和早期的股份公司有一样的公司结构，他们的运作却不是为了营利，任何的盈余都会作为分红反馈给保单持有人。这和利润会玷污一个本质上神圣的机构的观点相一致。此外，保单持有人而不是股份持有人拥有相互制公司理论上的表决控制权，相互制公司制造了一种"储户所有权的幻象"，吸引了许多不信任营利性机构的人。[1]相互制公司的慈善目的和本质在他们

---

[1] Douglas C. North and Lance E. Davis, *Institutional Change and American Economic Growth*, p. 120. 然而，公司的实际控制权，从来不是在保单持有人手中，而是在组织顶端的要员手中。Spencer L. Kimball, *Insurance and Public Policy*, pp. 48-49; Keller, *The Life Insurance Enterprise*, p. 41.

的早期宣传中被反复强调。其领导人的道德满足感被夸张化了，从而有效地把所有商业动机都撵下了台。保险组织者认为没有比"寡妇和孤儿的祝福"更好的回报了[26]。

在争取营销生命价值之合法性的斗争中，人寿保险企业召唤了宗教的帮助。海纳直率地表示："如果人寿保险在道德上是错误的，那么社会本身将需要被重新构建。……人寿保险的原则得到了基督教精神的许可。"人寿保险的起源被追溯到了"低价售清私产，全部物品共有"的早期基督徒时期。于是，效仿第一批基督徒成为了人寿保险行业博取神学名望的保证：

> 没有人会质疑……这个原则……被上帝早期的追随者所采纳，得到了神的认可和批准。……如果早期的基督徒感受到了无差别地为教会的贫穷寡妇提供帮助的召唤，为什么对一个丈夫来说……为了他自己贫穷的妻儿……存几百美元在保险公司……会被认为是不适当的。[27]

这种基督教的根源在美国尤其确凿，最早的人寿保险公司用来保护神职人员的寡妇和孤儿的利益。这些基金的组织者把他们的任务定义为一种"虔诚的慈善"，以及要求帮助所有寡妇孤儿的"上帝神谕"合乎情理的延伸①。宗教上的合法性建立从

---

① 过度的宗教热忱遍布整个保险业；会议在教堂举行并且由布道作为开场白。"如果没有最小的偏见来引导其从完美的慈善事业变为需要救济的对象"，那么基金的管理就没有必要。参见 John William Wallace, *Historical Sketch of the Corporation for the Relief of the Widows and Orphans of Clergymen in*（转下页）

人寿保险的形式和目的扩展到其技术性原则。甚至精算定律也似乎受到了神圣的启发:

> 人寿保险,依赖神圣法则(Divine law),作为它唯一真实的基础,投保的人立即将自己置于此法律的保护之下。因此它将投机行为从社会中驱逐出去,并且使所有事情顺服神的支配和意志。①

世俗的术语被避而不谈,人的寿命被一些保险业文章作者委婉地称为圣经中所说的"指定日期"[28]。

人寿保险被其支持者们歌颂为一种"国家的福音"[29],并且被赞美"像神一样"以及一种"宗教事业的辅助"[30]:

> 迄今为止,社群中的宗教部分已经认真看待人寿保险而不是对其侧目而视了……但是匮乏、赤贫、不幸、痛苦、堕落、无知和犯罪都必须被人寿保险所驱逐,应当使人寿保险成为宗

(接下页) *the Communion of the Protestant Church*, p. 12, 19, 21。同样的情况也适用于长老会基金。参见 Alexander Mackie, *Facile Princeps: The Story of the Beginning of Life Insurance in America*, p. 130。

① *Mutual Life Insurance Company* booklet (New York: 1855). 同样,海纳指出,死亡率对人寿保险是必不可少的,而其规律性是"上帝智慧的一种制度设置"(an institution of Divine Wisdom),通过这种方式,她压制来自宗教的反对声音。Elias Heiner, "An Examination and Defense of Life Insurance," p. 152. 宗教的先例也能在人寿保险的收益随即分配中找到:"先知约拿因为抽签抽中而被投进了大海里,然后一个奇迹证实了上帝的赞许。使徒们选中马提亚不也是如此吗?" Moses L. Knapp, *Lectures on the Science of Life Insurance*, p. 208.

教的侍女和布道坛上频繁谈及的主题。千千万万的美元……现在被存进了寡妇和孤儿的银行账户，日后将按照上帝的旨意分发出去。"[31]

只有那些没有为财务焦虑所累的人能够自在地专注于宗教事务，并且达到"宗教生活的逐渐发展所必需的沉着气质"[32]。人寿保险的宗教影响渗透进了一个人的生命全程："在一种道德责任感的影响下，签下几千美元的保单作为家庭的供养，能够促使内在的心态倾向于一种恰当的生活。……人寿保险对人的精神有显而易见的宗教影响。"[33] 保险作家认为不信宗教的念头更有可能在未投保的人中出现，他们的痛苦表明了"上帝自己及其永恒的天意最艰难和最不值得的想法。"[34]

一旦人寿保险被包装成了一件宗教的物品，就没有比神职人员更好的推销员了。纳普就报告了许多牧师的热情：

> 美国的许多神职人员都对人寿保险的进步表达了深入和持久的兴趣。……这样说并非超越事实，所有教派中最开明的那部分神职人员热烈支持……人寿保险，有的人甚至把为保险公司做当地代理人当作自己的责任……并且鼓励他们的教徒行动起来。[35]

我们已经指出人寿保险公司积极地招募这些宗教代理人来售卖保单和撰写公司的小册子。著名神职人员发表的支持性的言论被保险业出版物热切地重印再版①。如果售卖人寿保险是一项宗教事业，那么购买保单是一种宗教义务，而忽视它则是一种宗教罪孽：

> 宗教人士竟然也会拖延，这是多么邪恶啊！……但是难道你不会因为忽视为你的家人做准备就把他们置于诱惑之中吗？……回答那个问题，信教的读者们，然后看看你的良心是否……允许你在日常寻求宽恕的罪孽名单上遗漏"忽视人寿保险"这一项。[36]

---

① 自己投保或支持其他成员投保的神职人员的声明是人寿保险的宗教地位尤为有价值的证明。比如，安德鲁·曼希普牧师（Reverend Andrew Manship）的话被引用道：

"在我生命的关键时期，考虑到我的家事，仅次于上帝的恩典和亲友的同情，我发现我的精神因为投保而受到慰藉。……我希望能够引起，特别是我教会里的同胞们对于这件事情的关注。"On file at the New York College of Insurance, 1868.

其他神职人员的类似言论，参见 *The Life Agents Vade Mecum or Practical Guide to Success* (New York: Wynkoop & Hallenbeck, 1870)。保险公司还利用宗教报刊来宣传他们的行业，为在领先的宗教期刊上进行充分的报道付钱。R. Carlyle Buley, *The Equitable Life Assurance Society of the United States*, pp. 1:162-63. 对他们有利的评论随后被重印在保险期刊中；比如可参见 "Life Assurance a Benevolent Provision," *American Life Assurance Magazine* (October 1859), 1:122-28. 奥尔布里悲叹影响基督徒成为代理人的"狂热精神"以及宗教报刊的过度支持，声称"报纸几乎不会允许任何……质疑人寿保险原则的文章被写进它们的栏目"。George Albree, *The Evils of Life Insurance*, p. 23. 有关19世纪一些宗教报刊的商业道德，参见 Henry Farnham May, *Protestant Church and Industrial America*, p. 55。

人寿保险必须被视为"对上帝和家庭的责任"[37]:"为我自己尤其是为我自己的家人做准备是我必要的宗教责任,以免我'否认信仰并且表明自己比异教徒更坏'。"[38]牧师库克博士同样向他的听众强调了投保的宗教紧迫性:

> 有什么事能比不小心忽略,或者更严重的是自私地忽略可以用自己的力量拯救(他的家人)的方式更为残忍的吗?当我说千方百计阻挠这样的圆满结局是自然情感、道德准则和宗教责任的训诫时……我注意到了道德的危险与堕落。①

虽然主要的推动力在于宗教的合法性,人寿保险也援用了其社会复原的力量,这种力量使其成为"百万人赖以为生的供

---

① Cook, "Life Insurance," p. 377. 19世纪后期黑人人寿保险组织者为他们的生意提供了相似的道德和宗教合法性。口号是"怜悯众生"的北卡罗来纳相互人寿保险公司1899年的章程确立了固定比例的收入将会被捐给北卡罗来纳州牛津市的有色人种收容所。公司的总经理查尔斯·克林顿·斯伯丁感到他在主管一家"教堂兼公司"。他把公司获得成功归因于其神圣的起源。黑人牧师在从他们的会众召集人中获得新客户方面也发挥了重要作用,有的教堂还安排了牧师布道保险的"保险礼拜天"。参见 Weare, *Black Business in the New South*, p. 31, 184, 185。韦尔认为对于低收入的黑人客户而言,人寿保险与死亡的关系给这个行业灌输了特别的宗教重要性,使其不只是一种世俗的社会安排。黑人保险公司为他们有利可图的企业发现了额外的有力的合法性,即在于种族提升和种族合作。不仅是一个经济机构,北卡罗来纳相互人寿保险公司成为了"非裔美国人关注自助和种族团结信条的想法表达"。这家公司有望"治愈经济和社会顽疾,增强种族自尊,改善种族关系;简言之,它能够解决'黑人问题'"。同上书,pp. 95-96。公司的另一个口号"用灵魂提供服务"表达了资本主义和利他主义的有效融合,借此,人寿保险的商业化由它对黑种人的贡献充分地合法化了。

给，否则他们就会落得无力和贫穷的下场，成为社会的卑贱之人……"[39]。在贫困造成道德败坏的影响被揭露的时候，人寿保险也宣称能够通过减少赤贫受养人的数量来打击犯罪①，法律权威的话经常被保险支持者用来证明贫穷和犯罪的联系："我作为地方执法官的经验……已让我熟悉犯罪和贫困的起因……更确切地说，熟悉贫困和犯罪，因为在 90% 的案件中，犯罪都随着贫困出现。"[40] 在它的道德影响之外，减少贫困与犯罪会促进"国家繁荣"[41]以及比"我们最智慧的政治家的立法"[42]更为有效地降低税收。人寿保险还履行了另一项重要的社会功能，即作为"救命的家庭黏合剂……能把破碎的家庭碎片拼凑起来"。一方面能够防止家庭破裂，另一方面它也能够执行更为欢快的任务，即鼓励"年轻而涉世未深的心灵"的联合："一个年轻人……不必推迟他的婚期直至他辛勤劳作到半死，只为了努力积累开始婚姻生活的物质条件，而结果却是英年早逝……如果他考虑周全为自己投保的话情况可能就不一样了。"[43] 人寿保险业的道德和社会贡献让接纳其成为一种社会责任。对"为什么我应该投保"这一问题，人寿保险公司的回答是："因为这是一种社会义务。每一个未投保的人都在给社会带来巨大的损害。……他不知何时有可能离去而不留下任何财产，这样就给社会带来供养他家人的负担的风险。"[44]

---

① 罗斯曼指出在 19 世纪，依赖与越轨之间的差异是如何随着穷人变成"潜在的罪犯"而缩小的。David J. Rothman, *The Discovery of the Asylum*, p. 164.

重新定义的人寿保险

这样,早年的人寿保险用道德和神学的武器来对抗思想观念的抵制。为了说服一个犹豫不决、还经常怀有敌意但却享有优越的宗教和社会地位的顾客群体,这个行业没有放过任何一个理由。人寿保险的修辞令人信服,在 1840 年至 1860 年间,人寿保险成功地成为了一项道德上有益的制度。吊诡的是,这种繁荣摧毁了此前小心翼翼建立起来的慈善形象[①]。内战后人寿保险业超乎预料的扩张把主要的公司变为强大的法人机构[②]。公司的新领导者们发现他们传统的道德武器,在一场不再寻求思想观念胜利转而寻求无限经济扩张的战役中变得锈蚀无用。斯坦登评论道:"商业企业的严格方法,经济收益的热切动机,金钱才能买到的技术和智慧,都是确保成长中的机构获得成功的

---

① 这种转变是"有意图的社会行动的非预期后果"的一个实例,一个促成许多社会变化的现象;参见 Robert K. Merton, "The Unanticipated Consequences of Purposive Social Action," pp.894-904。
② 诺斯认为,美国内战尾声到 20 世纪早期的这段时期是人寿保险的"成年阶段"。在 1870 年之后的 35 年时间里,所有报道的公司中生效的人寿保险数量增加了 577%。Douglas C. North, "Capital Accumulation in Life Insurance Between the Civil War and the Investigation of 1905," p. 238. 处于这次扩张核心的是三家保险巨头:相互公司、公平公司和纽约生命公司,都是内战前成立于纽约的机构。它们之间的竞争十分激烈并经常是不道德的;代理人偷窃和保费克扣一样都相当普遍。Keller, *The Life Insurance Enterprise*, p. 70; North, "Capital Accumulation in Life Insurance," p.248.

必要条件。"① 早年对道德的强调变得不仅前后不一又令人讨厌，而且几乎让人怀疑："一门披着慈善外衣的生意当然会被怀疑隐瞒了某事；会被怀疑不能通过诚信经商的考验。"⁴⁵ 更加恰当而平凡的吸引力取代了道德说服，公司的小册子也开始宣传他们在累积盈余、降低费率和大量分红上所获得的成功。一位保险发言人描述了重点的转换：

> 在这之前我们几乎只考虑了（人寿保险的）道德和慈善方面，今后我们将更多地考虑我们称作物质的一面，考虑到今后它被迫将要在人类事务中发挥的巨大力量。⁴⁶

相对于保险业对贪婪积累和经济增长的最主要关注，给予保单持有人的保护和福利就变得次要了。到 19 世纪 70 年代，40 年代大型的慈善机构变成了大企业②，然而，人寿保险的营利

---

① William T. Standen, The Ideal Protection, p. 71. 诺斯指出对早期方法的坚持可能会如何阻碍人寿保险的进一步扩张，并且把保险业在 19 世纪后期的持续发展归因于大公司的创新型营销技巧。North, "Capital Accumulation in Life Insurance," p. 252. 事实上，那些抵制改变的公司，比如康涅狄格州相互人寿保险公司，丢掉了大部分生意。同样，怀特也把马萨诸塞医院人寿保险公司的失败归因于其博爱慈善的背景，而这阻碍了积极进取的推销方法的应用和推广。Gerald T. White, A History of the Massachusetts Hospital Life Insurance Company, p. 22, 56.

② 马萨诸塞医院人寿保险公司的发展过程说明了这个转变。在前五十年，公司被视为主要是支持波士顿第一家医院的慈善组织。在 1878 年之后，"其慈善的一面只在历史上显著了"，参见 White, A History of the Massachusetts Hospital Life Insurance Company, p. 105；这家公司成为了波士顿领先（转下页）

性并不是一个突然被暴露的真相。尽管从许可证和公司简介看起来他们是慈善机构,早期的保险公司已经是赚钱的企业了①。相互制公司和股份制公司之前一样,也是市场经济的一部分。诺斯和戴维斯主张相互制之所以被采纳只是因为它被证明有销

(接下页)的金融机构之一。传统主义者对人寿保险公司向无情的营利企业的转变感到大为震惊。康涅狄格相互人寿保险公司的董事长科罗内尔·格林(Colonel Greene)坚定地反对这个趋势,仍然是"有良心地发挥人寿保险最显而易见的功能……为家庭提供保护的保守企业家"的缩影。North, "Capital Accumulation in Life Insurance," p. 240.

在他的整个任职期1878年至1905年间,格林参与了一场被媒体广泛报道的激烈争论,对方是公平公司的董事长、唐提式养老金制度的主要倡导者亨利·海德(Henry B. Hyde)。他们的对立是关于人寿保险变化的定义之间的一场象征性争论。海德拒绝把人寿保险看作"一个大型的用来缓解人类痛苦的合作方案"。对格林来说,人寿保险是一种宗教:

"他从其广阔的社会和道德方面来看待它。……它是家庭亲情的纪念碑……一个不是忙于赚钱或是提升其受托人私人利益,而是忙于传播公共福利的机构。" Burton Hendrick, *The Story of Life Insurance*, p. 242, 547.

格林的坚持给公司带来了经济上的危害。当他1878年开始担任董事长的时候,康涅狄格相互人寿保险公司是这个国家第二大的人寿保险公司。到了1905年,纽约生命公司六个月卖出的保单和康涅狄格相互公司总共生效的保单一样多。North, "Capital Accumulation in Life Insurance," p. 240.

① 比如说,信贷一直是这个行业最主要的活动。参见 Karen Orren, *Corporate Power and Social Change* (Baltimore: Johns Hopkins University Press, 1974); James G. Smith, *The Development of Trust Companies in the United States*, p. 230. 就连早期宗教基金的组织者也不是不情愿从他们的公司中借钱资助私人商业活动或是地产投资。Alexander Mackie, *Facile Princeps*, pp.144-45.

售价值，而不是出于慈善或仁爱①。因此，"相互制公司消除了商业利己主义"更多是错觉而非现实。虽然它们的盈余不同于股份制公司，确实会分给保单持有人，但相互制公司对公司的创立者和管理层而言仍然非常有利可图，而这是以高薪和实权的形式实现的。

如果在19世纪70年代后，人寿保险的商业主义可以说不再是秘密，那么承认其存在的意愿就打破了所有的先例。利润不再是令人难堪的而是成为了保险业的合法目的。人寿保险公司作为"仁爱慈善机构"的形象受到保险作家的蔑视："他们提供服务是要收费的。……他们在商业的基础上做生意，他们越早剥去慈善的伪饰越好。"⁴⁷《亨特商人杂志》反对所有引起客户"情感或恐惧"的言论，竭力主张"人寿保险作为一种生意的实际特征"的首要性：

---

① 相互制的原则已经在储蓄银行和火险与海险公司的组织中被证明是成功的。参见 North and Davis, *Institutional Change and American Growth*, pp.120-21; Walter S. Nichols, *Insurance Blue Book, 1876-1877*, p.38. 斯塔尔森甚少怀疑"私营企业的自私"而非相互制启发了保险的支持者。Owen J. Stalson, *Marketing Life Insurance*, p.124. 大型基金的管理和高收入高声望的承诺诱惑了公司的组织者，虽然相互制的主要吸引力在于它要求一笔最少的启动资金投入。参见 Orren, *Corporate Power and Social Change*, p.15; Stalson, *Marketing Life Insurance*, p.108; Kimball, *Insurance*, p. 49; Shepard B. Clough, *A Century of American Life Insurance*, p.111. 典型地，公司历史只提到其创始人的利他主义动机。比如，根据斯通的说法，互益人寿保险公司的目标仅仅是"帮助人们一起为他们自己和他们的家庭做一些无法自己做到的事情。他们的联合不是营利的企业，而是一种服务"。Mildred F. Stone, *Since 1845*, p.2.

所有基于其慈善特征的考虑都应该被摈弃。人们不会出于慈善的动机而把生命的风险白纸黑字地写下来并开始交易。……在它和被要求对其自身的货币进行投资的个体公民的关系中，它挑战了对直白商业原则的探讨……和其他任何金融信托公司一样。[48]

《保险杂志》同样直言不讳："我们没有声明保险公司是一个慈善团体和行善机构，它是一门生意，和银行业或农业经营一样。"[49] 斯坦登的文章《人寿保险作为一门现实生意还是作为一种不现实情感》就为世俗化人寿保险并且铲除其传统的宗教和慈善气质的新的紧迫性提供了一份毫不含糊的声明：

对所有保单持有人来说最有利的是，他们应被教导把人寿保险看作实际的生意——靠纯粹的商业原则管理，并且只被公认的商业程序规则评判。他们越早学会切断它和不现实的情感之间的所有联系，人寿保险就对他们越有利。[50]

在要求公众接受他们作为慈善机构多年以后，人寿保险公司现在被严格要求按照商业条款进行评判。

公司的实践活动驱散了任何残留的慈善幻象。高层人员过高的薪水对于被假定为慈善机构的领导者来说是不合理的，来自没收未出险的保费的利润额是公司并不总是为个体保单持有人的利益而运营的明显证据①。随着他们自我形象的改变，对人寿保险公司的公众批评性质也从对思想观念的非难转变为经济控诉[51]。越来越多的人要求出台法律措施以限制保险公司的商业方法：

> 公众委托给了保险公司一份远大于其管理中诚实、能力和谨慎的金钱利益。公众在缺少法律保障的情况下把这笔钱委托给了保险公司。……基于这种巨大的信任，法律保障水平正得以缓慢而痛苦地提升。[52]

保单：从保护措施到投资产品

从思想观念到商业主义的过渡也能在较早和较晚两个时期对人寿保险保单不同的表述方式中看出来。较早期被描述为家庭的保护措施，而现在则被赞许为家庭的投资。

在其发展的第一阶段，人寿保险完成了道德的合法化，这得益于当时其产品独有的高尚目标。保单是"在灾难到来之前存钱"[53]，只为家庭保护的利益服务，全无商业价值。保险公司将他们的销售吸引力限制在对保护措施的需要：

---

① 原始的唐提式养老金制度没有退保金额，取代了原始制度的调整后延迟分红政策仅提供微薄的退保金额。据估计，所有保单持有人中大概 60% 死去或是合同期满时没有收到分红。1887 年的一项调查发现，只有 1/10 的终止保单是在死亡之前到期的，而其他的则是被没收了。North, "Capital Accumulation in Life Insurance," pp. 241-42.

为他们的家庭做准备的责任应该促使每一个人都仔细考虑这件事情，记起《圣经》中的指令，那就是，"人若不看顾亲属，就是背了真道，比不信的人还不好。不看顾自己家里的人，更是如此①"。⁵⁴

同样，保险期刊也从其保护功能的方面把人寿保险描述为"共有的审慎和远见促使每个人都对依靠他存活的人们怀着应有的责任感，人寿保险就是这样的人利用的资源"⁵⁵。为了夸大他们的影响，人寿保险出版物毫不犹豫地用死亡做他们的"推销员"，让犹豫不决的顾客意识到生命的短暂：

过去一年走向坟墓的队伍是多么庞大……自从 1853 年 1 月的第一天开始，超过 3150 万的世界人口重新回归了黄土。……只要想到：

> 人生苦短，时光飞逝。
> 这颗心，纵然勇敢坚强，
> 也只如鼙鼓，闷声敲动着。
> 一下又一下，向坟地送丧。⁵⁶

读者都会无情地遭遇死亡的必然性："死亡从来不会暂

---

① 此句出自《圣经·新约·提摩太前书》第 5 章第 8 节。（译者注）

停。……每一秒……都有'人飞往天堂'。"⁵⁷ 直到19世纪70年代，这种忧心忡忡让人寿保险不被物质主义的关心和保单未被开发的投资潜力所玷污。然而，随着人寿保险从慈善机构变为大生意，一张保单平庸的商业可能性需要新的彰显①。保险作家发现"连几乎神圣的事物也有世俗的价值"："如果死亡被长期推迟，每年在保单上支付的保费使其成为……一件更加有价值的可以筹资的担保品。不少的人……通过寿险保单的抵押逃脱了厄运和贫穷的劫难。"⁵⁸ 给保单留下货币价值的不丧失保单权益条款，在重新定义其从单纯的保护到保单持有人的储蓄和投资形式的功能上，发挥了很大的作用②。特意被设计用来使存活的保费缴纳者受益的唐提式养老金制度，标志着朝向投资型保险发展的巅峰。唐提式保单通常被称为"债券"或"统一公债"（consols）而不是保险⁵⁹。

---

① 萨珀指出英国在19世纪70年代之后的相似进程。Barry Supple, *The Royal Exchange Assurance*, p. 218. 罗杰斯和舒梅克对于创新的研究发现，随着创新的扩散，"发生在创新的含义上，甚至是其用途中的变化"是多么经常地发生。Everett M. Rogers with F. Floyd Shoemaker, *Communication of Innovations*, p. 169.

② 在1860年，伊利泽·莱特，当时的马萨诸塞州保险委员会主席，确保了第一项不丧失保单权益条款的通过，其采取了一次付清定期寿险而不是丧失的办法；最终到了1880年，解约退还金（cash surrender value）在缴纳保费两年后开始实行。早期公司所没有的相互公司对于红利的承诺可以被视为发现人寿保险投资潜力的一个首要触发因素。在1852年，诺斯就已经观察到对于"货币利益"的渴望是如何说服一些人去购买人寿保险的，人寿保险是"一个人可能利用自身的金钱进行的最好投资之一。" Charles B. Norton, *Life Insurance: Its Nature, Origin and Progress*, p. 251. 有关作为储蓄的人寿保险，参见 Sheppard Homans, "The Banking Element in Life Insurance," pp. 49-52。

19 世纪 70 年代之后的人寿保险广告通过采取非情感的理性方式来宣传其产品，反映了对投资特性的新的强调。传统的销售吸引力受到批评："长期以来我们对人寿保险的看法是，它把我们的家从债主手上救了回来，给妻儿留下了一笔资助。但是所有这些计划都把享乐置于远方。"购买保险有更好的理由："第一，因为你能立即创造可自由支配的财富。……第二，因为你能为自己提供未来的财富。……第三，因为它是有利的投资。"[60] 对亲情、节俭和审慎的讨论被《人寿保险的商业价值》和《所有人的财富：如何支付或生意人最好的投资》之类的小册子取代了[61]。公司的出版物对于保单的保护功能被一笔带过，而重点集中在保单持有人的生财之道：

特别考虑到基金有利可图的投资性特点，最近人寿保险引起了广泛关注。仔细考察过其优点的精明商人开始把它看作基金最好的可能投资之一。[62]

尽管代理人曾被建议"动之以情比晓之以理更重要"[63]，他们现在被鼓励要牢记人寿保险的购买"只是出于商业立场的简单常识"[64]。代理人的指南贬低旧的"情感性"方法："有一千种使顾客感兴趣的方式……不需要召唤死亡来做你的推销员。"人寿保险需要作为一个"商业必需品"[65]被售卖，而代理人需要从"投资的价值"而不是"关于死亡的话语"[66]方面引导他们的客户。这种实用主义把新的要求强加给了人寿保险推销员，他们不能再依赖个人的品质而是需要专业的知识：

在人们为他们的家庭利益投保的案例中……"关于永恒之爱的理论"而不是为了投资的目的……毫无疑问这些[道德的]特征给投保人留下了好印象并且赢得了他们的心。……而在为投资而购买保险的投保人案例中，详尽的投资知识和说明人寿保险作为不同的投资形式的优越性的能力则是第一位的要素。[67]

到19世纪末为止，对人寿保险投资特性的兴趣凌驾于所有其他因素之上。在人们为储蓄银行、投资、有保障的收入、5%的统一公债和黄金债券兴奋不已的时候，一位评论家抱怨道，"你会发现他们合同中的人寿保险特征只是顺便被提到"[68]。人寿保险非个人化、类似于商业的取向在20世纪的前几十年被行业内主要的思想家和发言人强化了，许布纳将人寿保险定义为"适用于人类价值观的公司理财行为"：

每一个拥有昂贵机器的公司都会对其估价，随着机器老化收取折旧费以冲销收益，积累折旧基金以准备最终的替换，以及获得保护以免其受损害和破坏。同样的原则也适用于人寿保险……被个体应用到对个人和家庭事务的财务管理中。[69]

人寿保险保单已改变的功能在可保利益的扩展定义中找到了合法的表达。当人们只是为了保护他们的家庭才投保时，亲情是可保利益的主要证明，一个人生命的可保利益几乎不能超越家庭的范畴。①19 世纪 70 年代新兴的实用和商业人寿保险推销方法鼓励投保出于严格的商业目的，在仅由经济利益相联结的陌生人之间扩展可保利益的存在。比如说，商业合伙关系中的每一个成员都被宣布对其合伙人的生命，公司的管理人员、关键雇员和主要持股人拥有可保利益，"这些人的业务能力和资格条件有这样的一种性质，即能让公司在他们死后蒙受巨大的财产损失"②。

顾客：从利他到利己

随着时间的流逝，用于描述购买方的"动机词汇表"也从价值转变为利益[70]。在发展的第一个阶段，作为带有纯粹保护功能的慈善制度，人寿保险诉诸于顾客的利他主义和慷慨精神。

---

① 债权人对债务人的生命拥有的可保利益是唯一的例外。在早些年，朋友显然对彼此的生命享有可保利益，虽然目前，"如果只是一个朋友，像这样的情况在定期保单中是不具备可保利益的。" III *Couch Encyclopedia of Insurance Law* 24:144; T. R. Jencks, "Life Insurance in the United States," p. 124.

② I *Couch on Insurance* 261. 雇主也对管理人员和重要的雇员有相似的可保利益，虽然在次要的雇员中没有。Bertram Harnett, *Taxation of Life Insurance* (Englewood Cliffs, N.J.: Prentice-Hall, 1957), p. 55. 雇主给有价值的管理人员投保的数量在 1920 年联邦所得税法修正案出台后增加，该法律的出台使得这些保单的收益不被征税。Edwin W. Patterson, *Cases and Materials on the Law of Insurance*, p. 342. "关键人物"保险的概念在最早的保险形式之一——对奴隶的保险中找到了自己意料之外的先例。奴隶主支付大量的保费来给能干的仆人和熟练的工人投保。

企业的道德救赎力量被其对超越经济自利的道德品质的鼓励所证实:"我们的所有制度都为我们当下的需要做准备,而人寿保险则是为了满足我们身后那些人的需要。"[71] 福勒也以类似的方式描述了这一行业的特征:

在人寿保险的慈善方面,它仿佛引入了一种荣誉、正直和美德的标准,而这种标准超越了一个社群的能力。它最高的目标是要求某种意义上的自我否定,某种意义上对自私的低级元素的抑制。[72]

购买保险对于投保人来说成了一种清苦的道德学徒工作:

他给自己的生命投保是为了利益,但不是他自己的,而是其他人的。……反之,他必须使自己臣服于,或许是更为严苛的工作和更强烈的克己。他与之前享受过的小小欢愉作别,并且生活的方方面面都更有节制。……这个人……对其本性的自私行为拥有强力的控制并且很有希望掌握……慈善的教旨和福音的精神。……(他)正在变得和天使一样。[73]

人寿保险的道德影响是受到保险作家欢迎的主题,他们认为投保人在"道德上向前一步"[74]。《亨特商人杂志》明确宣称只有人寿保险能够"提升一个人道德境界,改善他的本性并且给予他更多对人类的仁爱"①。保费支付人的无私特别受到了褒扬。这种褒扬采取了多种形式：一个人可以取消"一次不必要的旅行或是一次闲散的娱乐"，或者他可以缩减"烟草、雪茄、烈酒、台球、保龄球、牡蛎宴、欢快的聚会以及去剧院"的开支。关于穷人愿意献出一根雪茄的开销来支付人寿保险保费的动人故事流传开来。[75]

购买人寿保险的利他主义被当作其优越于"自私的"保险形式的一个标志："财产保险不过是一种自私的保险……生命的保险与一种自私的保险正好相反。"[76]然而保单持有人通过一种方式得到了个人回报："我们收获了满足感，保险生效那一刻想到资助被……提供给了我们挚爱的人。……我们从许多此前令人沮丧的忧虑中得以解脱。"[77]因此，对于购买者道德自利的诉求取代了经济的诱惑。购买保险的钱买来了精神上的幸福，一种"安全感"[78]和"平安与满足"[79]。只有人寿保险能够缓和将死之人的焦虑。道德的回报被诱人地呈现，让人认为为保费投入的那笔钱是值得的："一个投保的人……在他的一生中享受坚实的满足感，这完全可以说是为其为支付保费而做出的值得的牺牲。"[80]

道德说服不仅在加强人寿保险业的道德主张中起到重要作用，而且它在克服保单的不可感知性，尤其是早年人寿保险不

---

① "Benefits of Life Insurance," *Hunt's Merchants' Magazine* (November 1865), 80:390. 公司的徽章加固了这个形象。比如说，互益人寿保险公司的徽章上面刻的"虔诚的鹈鹕"和公司的座右铭"我为上帝而死，因为我爱上帝"，是宗教纹章学中自我牺牲的古老符号，它来自一个传说，即在饥荒中，母鹈鹕会刺破自己的胸脯用血来喂养自己的孩子。参见 Charles Corcoran, Search for a Sign, p. 15; Stone, Mutual Benefit Life Insurance Company, p. 4。

过是一个不确定的承诺的时候,几乎是不可或缺的[81]。更糟的是,保单带来的利益是和购买者的死亡联系在一起的,"当他们知道在入棺之前都没有直接的好处"时,几乎没有人想要为之花钱[82]。罗杰斯和舒梅克发现一项创新的可观察性或者其后果对采用者的可视程度是影响采用率的主要决定因素之一。这帮助解释了人寿保险和其他预防措施创新,比如生育控制方法或者预防疾病的接种方法采用率特别低的原因[83]。道德奖励的承诺至少给潜在的保险购买者提供了购买人寿保险的一些实际和积极的回报。道德说服很快便不自觉地沦落为道德威胁的方法。赞扬投保人的美德和奖励是好的,但是去展示那些逃避责任者的堕落同样紧要[84]。《美国保险公报》警告说"像这样的忽视一定会很快成为一个人品格的污点"[85],并且它的预言在对未投保者可憎人格的无尽列举和评论中得到了证实。他们疏忽大意,"缺少判断力和荣誉"[86],总是"吝啬、自私、挥霍无度、闲散、不思上进"[87]。对一些人来说,一个人拒绝投保只是因为愚蠢,而其他人会认为他邪恶得无可救药:"他甚至没有投保就去世了。""真蠢,不是吗?""不是。我们不会把它称为一种愚蠢行为。我们认为更加严厉的词汇'邪恶'才更适用于这件事。"[88]保险的支持者预计,到最后所有没有对其家庭加以保护的人都不会被"认为是真诚的或做得对的"[89]:"对于一个应为家庭提供安全和福利的父亲,如果忽视或推迟了如此重要的保护措施的话,人们很快就会认为这是一种渎职和对家庭漠不关心的证明。"[90]一个男人感情的强烈程度是由他拥有保险的状况来判断的,未投保的人被指责只感受到对他们的家庭"说大话的爱"[91]或是"虚假的摇摆不定的感情"[92]。他们也被严厉斥责为罪恶的宗教弃儿:"如果他不为自己,尤其是自己的家庭做准备,依据《圣经》,他会被视为背弃信仰者中的一员,比异教徒还要坏。"[93] 给拒绝投保贴上社会犯罪的标签使道德、宗教和社会的污名化进程得以完成:"未投保就死去的人,犯下了一项很难辨别的社会罪行……这种过错来自于他作为一个不履行职责的人就死在公共办公室中,并且让亲友邻里为其付款。"[94]

在 19 世纪 70 年代后,随着人寿保险业采用理性的商业策略,以及更大力度地宣传保单的投资特性而非其保护功能,道德的诉求变小了①。潜在客户的利他主义变得不那么重要,保险文章承认并鼓励保单持有人从他们的购买中追求个人经济利益的权利。菲尔普斯建议道:

> 当你支付人寿保险保费的时候不要叹息。这不是一笔经济负担,你也并不是花钱打水漂。你是在存钱,并且人寿保险会帮你打理它。……这是用商业化的方式在做生意。每个人支付他自己的那一部分,这样做是因为符合他的利益。②

---

① 根本上是重点的改变,因此道德说服的技巧从未被完全抛弃。尤其在进入 19 世纪晚期时,道德威胁仍然被保险发言人普遍地使用。它仍然被用于现代的宣传之中。

② James T. Phelps, *Life Insurance Sayings*, p. 11. 理性且极其自利的人的形象在 1890 至 1910 年一般的商业宣传中也占据主导地位。Merle Curti, "The Changing Concept of 'Human Nature' in the Literature of American Advertising," 41:340. 康马杰追溯了从 19 到 20 世纪储蓄方式中自利主义的增长:"如果上一代存钱是为了留下一笔财产,新的一代倾向于为了更直接和个人的目的而存钱。Henry S. Commager, *The American Mind*, p. 423.

通过授予人寿保险全新的物质可感度，保单的变现价值给了这个趋势额外的动力[95]。尽管老派的保险人对诉诸顾客的"贪心"[96]感到遗憾，20世纪早期的保险手册坚决认为一份保单"和任何其它的经济行为一样对自我发展和个人收益是具有实用性的"[97]。令许布纳感到惋惜的是，人寿保险被当作一种"为保护寡妇和孤儿……而与投保人的自我发展和幸福相关甚少的……无形且利他的服务。"[98]

市场还是道德：未解的困境

莫斯·纳普1853年观察到，人寿保险"和极度的自私或商业掌握金钱的力量"混合在一起，"慈善最神圣的同情心……建立在自利主义基础上……但被训练得仁爱"[99]。数年以后，著名的纽约人寿保险公司的董事长承认保险业"半宗教和半商业"的特征："我们当时在生意中有……道德与物质、信念与理性、布道与数学、信徒的狂热与商业合同的冷静等这些矛盾事物前所未有的结合。"[100]

人寿保险的双重性质在1915年的第一届世界保险大会上受到了认可，大会称，没有哪个活动"更能把人的利他主义与营利的天性结合起来"[101]。这种两极化虽在其观察者看来值得称赞，但却导致了行业内无尽的张力。如果作为商业企业，人寿保险公司主要的目标是营利，其作为慈善组织，目标则是保护寡妇和孤儿，他们被期望超越肮脏的金钱关系。自相矛盾的规范期望成了从未被完全解决的制度性矛盾的结构来源①。当慈善被强调时，就会有对无效率或经济上的无知指摘，但是强调人寿保险全然理性的、非个人的经济取向就会在道德上遭到反对。因此，19 世纪 70 年代之后的人寿保险从慈善机构向商业企业

---

① 商业和利他令人不舒服的混合在早期的宗教人寿保险公司中已经十分明显，这些公司用"可能是由慈善的好心人提供的捐助物"来补充成员的款项。*Fundamental By-Laws and Tables of Rates for the Corporation for the Relief of the Widows and Children of Clergymen in the Communion of the Protestant Episcopal Church*, with preface by Hon. Horace Binney, p. 5; Mackie, *Facile Princeps*, p. 92. 圣公会基金的受托人承认他们的企业是"合同与合同之外的慷慨捐赠物的混合设计"，并且"本着慈善，还有合同的精神"确定公司的规章制度，预见了其后的相互公司在成员中分发收入盈余作为慈善"捐赠"的分红政策。然而，经营生意的约束限制了他们的慈善事业，因此，比如说"无论对那些家庭而非已故捐赠者的家庭有多少慈善的好感"，他们只资助后者。此外，参与的神职人员抵制任何非商业化的保单，尤其反对"发给他们的妻儿的捐赠物被按照慈善机构管理而不是由法律合同来要求"的事实。*Fundamental By-Laws*, p. 6, 11, 15, 29, 37.

　　人寿保险的矛盾地位在其有争议的征税问题上被进一步揭露。基于人寿保险的慈善使命，有人要求对其免税："从成千上万无助的公民把远见和亲情留给保护措施而建立起来的存款中征税，和向收容所和医院征税一样合理。""Philosophy of Life Insurance," *United States Insurance Gazette* (May 1868), 26:3.

　　道德诉求集中于处罚保费支付人的不公平性上，认为"体贴无私又勤勉的人付出的努力……不应该得到回报。"同时，人寿保险公司的大量流动资产早先曾被立法者认为是可被征税的财政收入，并且从 19 世纪中期开始，保险税收成为典型的美国州政府的一个重要收入来源。参见 Nichols, Insurance Blue Book, p. 18; Kimball, Insurance, pp. 250-51; Clough, *A Century of American Life Insurance*, p. 27。税收支持者把人寿保险看作一门尤为有利可图的生意，并且对其人道主义的请求和"慈善服务"的主张表示怀疑。Philip L. Gamble, *Taxation of Insurance Company*, p. 62.

的过渡从未完全达成。斯坦登注意到了这一点,并对把人寿保险和情感诉求分开的困难深感遗憾:"人们坚持拒绝把人寿保险当作一个合法的商业企业,更偏向于把它看作一个情感性的制度。"[102]19世纪后期的保险作家仍然把人寿保险称为"失望之人的希望,疲倦之人的鼓舞,脆弱之人的力量"[103]。许多人拒绝将其简单地作为"单纯的利益得失问题",反复提起其"除了任何商业目的之外的巨大道德面向"[104]。连业内有些坚忍不拔的商业领袖在谈到人寿保险作为"信念第一商业第二的生意"[105]时也陷入了情感主义(sentimentalism)。社会价值和情感被客观存在的场所或物品象征性地表达出来。许多19世纪后期保险业建筑物大教堂式的建筑设计也延续着宗教象征主义的生命,使"人寿保险建立在比教堂稍微低一点的层次上"的观念持续下去。

> 在和一位主管交谈时,我指出这家最大公司之一的公司办事处的建筑布局,并叫他牧师。建筑物的轮廓保留了教堂的形式。正在工作的许多人的低语声……使人想起了礼拜。[106]

对过于轻易地遗忘人寿保险的"最终崇高目标"的那些人,曾经有过高涨的敌意,认为他们只寻求"从人寿保险收获眼前的有利效果"[107]:

> 许多人把人寿保险投机性投资的想法作为投保的首要动机。他们看待人寿保险就像看待油井和矿业股票一样,眼睛总是盯着红利。他们让人寿保险变得唯利是图而非小心审慎;他们也

让人寿保险变得自私而非乐善好施。[108]

《保险时代》谴责这种认为人寿保险是一种投资的"胆小的想法和普遍的妄想",并且提醒读者其真正的使命是把世界从不合时宜的死亡带来的痛苦和麻烦中拯救出来[109]。把人寿保险降低到"为利益得失的普通交易"层面削弱并且玷污了人寿保险的纯洁性[110]。买方对于红利的贪婪追求受到了批评,而公司则被催促着"忠于人寿保险并把红利留给银行"[111]。忘记了他们的"使命"而主要把保险作为有利可图的投资进行推销的代理人,被谴责为"狂热分子……他们求助于影响行动的低级而唯利是图的动机"①。

19世纪70年代之后兄弟会的成功可以被理解为对处于主导地位的商业化的另一个反应。它是通过让人寿保险回归其慈善和保护功能来赢回互助精神的一次正式尝试。兄弟会作为非营利组织受到欢迎,这些组织"没有领薪水的官员,没有雄伟的建筑物,没有房地产,也没有大量的金钱诱使一个人放弃上

---

① "Solid Facts," *The Insurance Times* (May and June 1868), 1:202. 亦可参见 Philip Sayle, *Practical Aids for Life Assurance Agents*。把思想观念的考虑放在一边,人寿保险作为投资的推销在实用方面是有误导性的,合同基本上仍然是保护措施之一。解约退还金来自平准保费方案,该方案在初期收取超过纯风险开支的费用,由此建立起抵御后期上升的风险的储备。将其美化为主要的储蓄手段是不明智的,他们不过是保护终止合同的保单持有人的一项附加的合同权利。它不是独立储蓄账户的事实被提取保单现金价值造成的保费损失所强调。Robert I. Mehr, "Development of Life Insurance in the Past Two Years in the United States," Pacific Insurance Conference, Aug. 26–31, 1973, pp. 2–4, cited in *The Nature of the Whole Life Contract*, p. 18.

帝的恩典"①。所有的投资特征都从他们的保单中略去了,因为把人寿保险公司和保单持有人联系起来的非对人契约已经被一种非正式的会员资格所取代。对商业化的反对延伸为对于普通人寿保险的原则和技巧的全然漠视。死亡率表格、复利计算以及合法的保费准备金被兄弟会组织者所抛弃,因为这些被认为是不合需要的"黑暗工具,其被设计出来的目的就是把深信不疑的公民和其金钱分离开,并任凭其被股票操控者所利用"[112]。商业安全被兄弟会的纽带所取代了。②

不久之后,钟摆摆回另一个方向,为了市场又一次抛弃相互制。让兄弟会如此具有吸引力的情感主义也被发现模糊了"对现实和难懂的数学事实的判断",变得"和保证基金得到明

---

① 来自 *The Irish Catholic Benevolent Journal* (November 1878),转引自 Sister J. H. Donohue, *The Irish Catholic Benevolent Union*, p. 7. 作为慈善组织,兄弟会被免除了联邦政府的所得税,也被免除了所有州、县、地区、市和学校的税收。Kip, *Fraternal Life Insurance*, pp. 152-53. 兄弟会不仅吸引了工薪阶层,还吸引了职业团体。虽然兄弟会保单远比定期人寿保险便宜,但是更低的价格不是他们吸引力的来源。同时期成立的商业评估公司设法从兄弟会的成功中获利,于是提供一样便宜的保费,但是没有匹配他们的情感吸引力,迅速就失败了。Nichols, "Fraternal Life Insurance," in Lester Zartman, ed., *Personal Insurance*, p. 374; Miles M. Dawson, "Fraternal Life Insurance," in *Insurance* (Philadelphia: American Academy of Political and Social Science, 1905), p. 129. 莫斯把兄弟会和社会安全体系看作礼物的主题和例如"慈善、社会服务和团结"之类的纯净情感在现代社会复苏的指示物。Marcel Mauss, *The Gift* (New York: Norton, 1967), pp.64-66.
② 尼科尔斯指出"在真正的慈善机构,这种兄弟情谊已经展示了其在维系财政困难的团体中所发挥的重要帮助作用"。Nichols, "Fraternal Life Insurance," p. 373. 兄弟会保单没有变现价值或是贷款权利。只有家庭成员才能被指定为受益人。

智管理的必要的冷血计算和商业方向"¹¹³ 危险地不相一致。大量的兄弟会失败了，剩下的也受到严重的财务问题的困扰。那些幸存下来的兄弟会公司以牺牲其基本原则为代价，它们某些时候采取了商业人寿保险的方法①。到头来，兄弟会几乎无法和常规的法定准备金人寿保险公司区分开来。制度的矛盾因此找到了与更为个人化的矛盾形式相似的解决方法。默顿和巴伯考察了对处于一定社会地位中的某个特定社会角色的人抱有矛盾的规范性期待的影响，指出同时满足互相矛盾的需求的不可能性经常导致行为的摇摆不定¹¹⁴。人寿保险业矛盾的结构性来源，使其很有可能在回应利他主义与商业化持久的张力和矛盾需求之间摇摆不定。

18世纪对于失去亲人之受养者的非正式经济帮助在19世纪被人寿保险行业理性化和商业化了。对寡妇和孤儿的义务履行原先依靠的是非契约性的非正式关系，之后转变为高效但非个人化的经济交易。为了建立其公司的合法性，人寿保险必须通过取得有说服力的道德凭证来证明其从信任向契约的转变是正当的。在从19世纪早期到大约1870年的第一发展阶段，保险业把他们的销售吸引力建立在道德说服的基础上，并且它被定义为一个更关注客户福利而不是利益的宗教慈善和社会机构。人寿保险的保单只被认为是为了受养者之利益的保护性资源，

---

① 例如，起初，兄弟会不允许有代理人，而是让不付报酬的成员在其朋友中募集新成员。随后出现了领取微薄酬金的固定"代理"或"实地工作者"，直到最后大型的兄弟会采用了商业保险公司的术语，开始把他们叫作代理人。Kip, *Fraternal Life Insurance*, p. 155.

而购买保险是一家之主不含任何自私动机的慷慨利他行为。这种宗教和社会合法性对于当时一般的美国商业来说也同样适用。桑福德认为这种道德合法性的"超自然的"要素把美国的行业先驱和欧洲的竞争对手区分开来。美国的保险业并不是仅靠利益，其也作为服务于道德与精神提升的机构来证明自己的正当性。商业服务了上帝、品格和文化[115]。然而，如果只靠利益建立合法性对于大多数商业企业而言都是不可接受的动机，那么它对于处理人之生死的商业而言更是一个尤为不合适的正当理由。

在19世纪70年代之后，人寿保险取得的不同寻常的成功重新指导了行业的发展方向。讽刺的是，道德诉求的巨大影响力却导致了它的失败。现在合法性在很大程度上是无可争议的，人寿保险寻求不受限制的商业扩张，并用更加充分的营销技巧来取代道德说服。利润不再尴尬地保持沉默而是作为成功的标志被大肆夸耀，保险业也抛弃了它慈善的自我形象而成为大生意。作为保护措施的人寿保险成为了过去式，因为其投资潜力的热烈曝光势头太过强大。随着保费缴纳者自私的经济利益得到承认甚至被鼓励，早期对于他们的利他精神的诉求因为不现实而被抛弃了。经济利益的前景比道德回报的承诺更加突出。

因此，在隐藏其商业化特征近四分之三个世纪之后，人寿保险为其早期打的感情牌感到难堪，同时寻求作为一种理性的经济制度的身份。然而对寡妇和孤儿的保护不能简单地被转化为纯粹的经济交换，那些支持其作为有特色的道德企业的人们批评这种新的趋势。兄弟会的成功成为了对这种流行的人寿保险的商业化不满的正式表现，直到它们的情感主义反过来又被经济管理的现实需求所缓和。所有这些摇摆不定在很大程度上都可理解为是人寿保险结构性的矛盾状态的结果,因为人寿保险营销的是诸如死亡和保护这样的产品,而这些产品在文化上则被界定为是超越货币价值的。这创造了一个无可逃避的困境:为了作为商业存在下去,人寿保险被迫最大化其利益,但是仅拿利益作为正当化的理由对此类机构而言却是肮脏的。其历史发展进程中相互对立的趋势反映了由对道德和市场的不平衡需求而引起的行业内部的张力。

7

人寿保险代理人：
职业声望和专业化中的问题

7　人寿保险代理人：职业声望和专业化中的问题

几乎没有人（比人寿保险代理人）受到更多的嘲笑和虐待；毕竟，几乎没有人真的能够完成得更好。我们被他们的执着惹恼；但就是这种执着为成千上万的女人和孩子提供了支持。[1]

最早的人寿保险公司并未使用代理人，因此这些公司将自己限定在消极的营销策略当中，比如简易的通告式广告。它们的生意都是专门通过邮件或者在公司领导办公室中的单独会面而达成的。19世纪40年代，相互制彻底改变了这种传统的方法，因为它引入了一种新的营销方法，即代理人进入潜在顾客的家中或办公室里积极地游说他们①。最早一批兼职的代理人迅速扩展为一群全职的员工，并且在19世纪50年代引领了总代理人

---

① 设立代理人的主意起源于18世纪晚期的英格兰。然而，这些最早的代理人的作用并不是游说顾客，而是在伦敦之外（out-side-of-London）的申请人中选择那些"好的风险"（good risks）。在美国，第一批代理人是由纽约人寿保险和信托公司在1830年雇佣的。他们主要是律师和银行家，这些人是公司的本地贷款代表，而销售保险只是他们一项次要的副业。显然，他们并不积极地游说，而只不过是向为了其他事务而来到他们办公室的顾客推销人寿保险。对顾客进行风险的游说是1842年由纽约相互人寿保险公司引入的。有关代理人制度的发展，最佳的二手文献是 J. Owen Stalson, *Marketing Life Insurance*。亦可参见 Robert Ketcham Bain, "The Process of Professionalization: Life Insurance Selling," p.42，以及 Morton Keller, *The Life Insurance Enterprise*, p.67。

制度（the general agency system）的组建。人寿保险公司通过总部（home-office）的管理者，为这个国家的不同地区指定代表。这些总代理人在他们的地区雇佣销售人员，然后把他们收入的一定比例上交到总部。这一制度的进展超出所有人的预期，到1905年，三大主要的保险公司——公平、相互人寿和纽约人寿，分别雇佣了10000到15000名总代理人和次级代理人。

多数保险史学家都认为，19世纪40年代所引入的积极进取的营销制度，是解释19世纪人寿保险扩散的主要变量。同时，他们也比较了更早期的公司，指出这些公司在19世纪中期之后，由于不推动其产品向具有压倒性胜利的相互制靠拢而走向了失败。然而，营销制度并未在社会学意义上填补空白。他们的结构和特征与诸如顾客的社会文化背景的变量紧密关联。在人寿保险的案例中，思想观念对死亡的商业化的抵制不但影响了其扩散的速率以及前几章描绘过的人寿保险公司有关营销的思想观念，而且也影响了整个营销结构。为了非常扎实地分析文化价值观对营销制度的影响，我们把注意力转到19世纪的人寿保险代理人，对顾客来说，他们是这个行业最显而易见的代表，也是在人寿保险的等级中唯一专门涉及保单销售的角色。本章将探索人寿保险的营销张力如何影响公司中代理人的角色、他的自我形象以及他在这个共同体中的声望。

不可或缺的代理人

早期的股份制公司能够负担得起气派但篇幅过大的广告。它们开始人寿保险业务时，都有数量巨大的资本股份，它们中的大多数都依赖于其成功的信托部门的收入，以弥补深陷困境中的人寿保险销售。不同于股份制公司，相互制公司在19世纪40年代并没有起始的运行资本或信托业务，而是完全依靠保单持有人所缴纳的保费。它们要为生存而斗争，不能再等着顾客上门，于是发明了一种积极进取的游说制度。在这种新型的营销组织中，代理人成了关键的因素，很快他们被认为是"人寿保险成功的伟大因素"[2]。代理人的努力比"世界上所有的报纸"还要有效得多[3]。在大量广告的失利之处，代理人却成功了：

> 获得业务唯一可以依靠的方法就是向当事人（parties）发出个人申请，这是十分清楚的。……昂贵但几乎无用的广告计划也许会被完全替代。当一个代理人年复一年地在报纸上、在邻居中吹捧其办公室时，一心扑在工作上的代理人却悄悄地不断成功积累了一批规模巨大而范围广泛的业务。[4]

公司的传单也同样没有说服力；通常"都没有瞧一眼"就被丢弃[5]。代理人被建议不要保留"一个有着精致家具和巨大镀金符号的奢华办公室"：

在这个国家的一百人或一千人当中,没有一个人是自愿进入办公室投保的。一些代理人已经把保险产品呈现给他,并且与他交谈辩论,最后说服他填写了一份申请。……镀金符号并没有吸引他。[6]

《亨特商业杂志》报道说"有经验的管理者普遍的陈述都是代理人在这一业务中不可或缺"[7],而公司的总裁都公开承认他们对销售代理人的依赖:

我知道不管我们多么努力宣传,多么细致地管理我们的公司,多么忠诚地把我们最好的天赋用到保险计划的生产当中,它们全都会以失败告终,除非有认真坚韧的代理人掌控住它们,通过其坚持不懈要求人们认识接受(人寿保险)。[8]

19世纪晚期简易人寿保险公司的营销结构也同样聚焦于其代理人身上,这些代理人"对人寿保险业务是必要的,就像燃料对火车头一样。……没有代理人就不会有人寿保险"[9]。亨德里克是代理人制度的一个激烈的批评者,但他也承认:"人们并非自主地为他们自己投保。他们一定是被骗进去的。没有雇佣代理人的公司就没有生意。"[10]的确,没有被游说过的申请者是可疑的,他要经历特别严苛的医学检查,因为当时的假设是只有预料到自己会早死的人才会自愿投保。

当然,也有人谴责代理人制度,认为这是一个在经济上既无效率亦无必要的寄生虫。1870年《亨特商业杂志》注意到,"对代理人制度的不满越来越多,这个制度导致人寿保险的总花费中有一大部分都支付给了协商合同的中间人"[11]。批评者坚持认为如果人寿保险没有代理人将会卖得更好,因为代理人特别说服人们"购买不能给予保险的保险","酒香不怕巷子深",软磨硬泡使人们购买保险是没有必要的[12]。在一封给《保险观察》的编辑的信中,一个保险精算师建议应该用报纸和流行杂志中的广告来取代"分配的可操作性加上雇佣游说顾客的代理人"。在表明储蓄银行的成功后,这个作者问道,"为什么一家人寿保险公司就不能与顾客保持 种类似的关系呢?"[13]

然而,历史证明了所有直接销售人寿保险的尝试都是失败的。在没有代理人的条件下,营销人寿保险最值得注意的尝试是由创立于1756年的伦敦公平社做出的。申请人需要与该社理事会的会员资格委员会直接接触。虽然它存活了下来,而且相比于雇佣代理人的竞争对手,它提供更低保费的保险,但公平社的业务不值一提,它每年签发的保单仅有几百份①。在美国,雇佣代理人销售保险的主要尝试的案例发生在1907年,当时马萨诸塞州遵照布兰代斯法官(Justice Louis D. Brandeis)的建议,

---

① 1806年的伦敦人寿和1835年的伦敦大都会都尝试直接销售人寿保险,但均以失败告终。1904年,伦敦公平社核准了258份保单,伦敦人寿核准了252份,伦敦大都会则核准了174份,但1905年,雇佣了代理人的伦敦保诚却核准了大约71874新的普通保单和675000份新的简易人寿保单。参见John F Dryden, *Addresses and Papers on Life Insurance*, p.106。亦可参见L. G. Fouse, "The Organization and Management of the Agency System," p.64。

实施了第一项允许储蓄银行销售人寿保险的立法①。布兰代斯宣布代理人的工作"在经济上是没法合理化的",他主张"给游说者过分慷慨的报酬和代理人的佣金……在矿业公司和专利推进者中是常见的,但在人寿保险业务中并没有立足之地"[14]。他决心要证明如果没有代理人,人寿保险就能以更低的成本销售。尽管价格更低,但储蓄银行人寿保险却只占据了很小的份额,在马萨诸塞州每年新增的人寿保险业务中从未超过6%②。据纽约人寿保险公司总裁1911年的预测,没有代理人的公司就像没有牧师的教会:"几乎没有人会直接到一个教会要求加入。也几乎没有人会去到一家人寿保险公司要求投保。……所有大公司在他

---

① 英格兰在1865年授权邮局的储蓄部门核发年金保险和人寿保险。这中间并没有代理人对个人进行的游说。经过40年的尝试,到1904年,有超过23000个邮局像代理人一样销售保险,但此种类型的保险只卖出去12875份保单。而仅仅早于邮局一年建立的伦敦珍珠人寿保险公司和庇护保险公司就分别有2320464份和2628650份生效的保单。1865年,邮局只核发了517份新的保单,而伦敦保诚却核发了71700份保单。1929年,英国邮局系统的保险销售难以为继。在美国,马萨诸塞州的第一位保险专员伊莱泽·赖特(Elizur Wright)在1876年从立法机关那里获得了一份特许状,他可以组建"马萨诸塞家庭银行",这是一家没有代理人的股份制公司,其通过柜台交易方式销售保险。但家庭银行只停留在理念层面,从未被付诸实践。参见 Donald R. Johnson, *Savings Bank Life Insurance*;Philip Green Wright and Elizabeth G. Wright, *Elizur Wright* (Chicago: University of Chicago Press, 1937);以及 Charles R. Henderson, *Industrial Insurance in the United States*。

② 1907年,有两家没有代理人的人寿保险公司在马萨诸塞州获得许可,但其中没有任何一家完成了公司的组建。纽约州在1939年、康涅狄格州在1941年分别授权储蓄银行销售人寿保险,但结果都与马萨诸塞州一样,业绩平平。没有其他州再跟风。参见 Johnson, *Saving Banks Life Insurance*, pp.2-22, 134, 200-1。

们的销售方式上都类似于那些积极进取的教会。"15

甚至刚开始抛弃领薪水的代理人以及人寿保险公司的其他商业特征的兄弟会,也被迫重新雇佣代理人以防止会员数量的不断减少。迟至 1963 年,一项研究发现顾客"仍然很少……(主动)找到公司的代理人",它下结论说直到今天"如果没有销售人员的行动,就几乎没有人寿保险会被卖出去"①。

虽然代理人的不可或缺性已经成为一个被接受的事实,但很大程度上却仍未在文献中得到解释。虽然由相互制创新的营销制度在独自创造第一个人寿保险的大众市场方面被赋予了毫无异议的历史信誉,但却没有对何种条件决定了需要代理人对顾客进行积极进取的游说作社会学的考察。与人寿保险保单形成鲜明对比的是,火险和海险的销售只需要其代理人较少的参与。一位代理人解释说:

> 没有必要费口舌去劝导人们购买火险。……普通人,无论男女,甚至孩子,多多少少都能成功地被推销火险或海险……而最难完成的事情之一就是说服一个人接受人寿保险所承载的

---

① 参见 F. B. Evans, "Selling as a Dyadic Relationship," p.77。在 20 世纪 30 年代,西尔斯罗巴克公司(Sears, Roebuck & Co.)组建了大力神人寿保险公司(Hercules Life Insurance Co.),主营邮购人寿保险业务(a mail-order concern)。几乎没有顾客从它们的目录中购买保单,因此四年后,这个项目被放弃了。由战争保险局(the Bureau of War Risk Insurance)在一次大战和二次大战期间签发给士兵和水手的低成本政府人寿保险有较高的流失率和较低的自愿转换率,这进一步证实了对代理人的需要。参见 Bain, *The Process of Professionalization*, p.187。

这些绝对必要的责任。[16]

顾客不会为他们的生命投保,除非有人说服他们购买人寿保险。但这样的顾客会主动寻求对其家庭和船只的保护。差异是如此巨大以至于"已经经过适当的培训而可以销售火险或从事一般保险业务的代理人,如果他之后选择人寿保险销售作为职业,那么他之前所接受的培训就是非常不合适的"[17]。人寿保险代理人的独特角色并不仅仅是这个行业一种精巧的营销设计,而且是对顾客强有力的抵制的一种回应。如同我们已经看到的,对死亡的管理并不能像对财产的管理那样轻而易举被理性化和科层化。在18世纪,死亡的经济后果在初级群体中已经被消化了,寡妇会得到邻居和朋友的帮助。19世纪的人寿保险公司把针对丧失亲人之人的照顾制度化了。然而,死亡并不能被转化为一种常规的商业交易。早期的股份制公司忽视了人寿保险业务在社会和文化上的独特性,期望顾客会购买它们的保单,而与任何其他的商业活动毫无差别。它们在报纸上的广告和公司的小册子精确地描绘了人寿保险的好处,但是却几乎没有人被说服购买一份保单。在一项关于创新扩散的大众传媒渠道和人际渠道的区别的分析中,罗格斯和舒梅克指出"大众传媒在创造有关一种新观念的认识(awareness knowledge)时如何更为重要,而人际渠道则在改变对创新的态度时更为重要"[18]。同样,卡茨(Katz)和拉扎斯菲尔德(Lazarsfeld)也断定个人的建议相比大众传媒,在营销时的广告效应要更大[19]。处理紧张和由死亡带来的悲剧需要面对面的人际接触。仅仅是具有说服力而持久的个人游说,就能打破为生命投保所面临的思想观念和迷信的障碍。代理人制度是19世纪40年代被引入的,紧接着个人的营销就取代了无效率的次要强化(secondary reinforcement)。冷漠的人寿保险的非人性特征由于人寿保险代理人出现在其顾客的家中而得到了弥补。

代理人作为领薪水的传教士

人寿保险企业在商业和利他这两种相互冲突的目标之间被撕扯,这种制度上的矛盾反映在个体层面,就是其销售人员的角色冲突[①]。人寿保险代理人意识到,"尽管在一个最为慈善的行业中工作,这个行业呼吁人的责任感和更好的本能,但我们却是为薪水而工作"[20]。然而,代理人被期望克服对金钱的肮脏关注,而以一个牧师的热情、不带一般销售人员的贪婪去从事他们的行业。一个上了年纪的代理人回忆,在19世纪40年代和50年代,游说者如何"感觉到他们从事的是一门令人荣耀的合

---

① 在1905年对纽约州人寿保险公司的阿姆斯特朗调查(Armstrong investigation)期间,调查委员会的首席法律顾问查尔斯·伊文斯·休斯(Charles Evans Hughes)质询了相互人寿保险公司的总裁理查德·麦柯迪(Richard A. McCurdy)有关高昂的代理费用的问题。麦柯迪回应称,人寿保险是"一种伟大的慈善传教制度,在安全的限度内尽可能地延展人寿保险的好处"。在很有可能是该场听证会最广为传布的陈述中,休斯反驳说:"把人寿保险当作一项传教事业,麦柯迪先生,那么问题就回到了传教士们的薪水上来了";转引自R. Carlyle Buley, *The American Life Convention*, p.216.

法生意,是一门接近于慈善的生意"。他记述了他的个人经历:

在上帝的谕旨中,作为卑微的奴仆,我为处于丧亲之痛的家庭提供帮助,否则这些家庭就会变得穷困。这里我不得不承认,在我的生命中(现在我已经71岁了),没有比当时的我以更大的慰藉来付诸行动的时候了。[21]

相比一个贪婪的销售人员,一个坚定的传教士在替代友好的邻居或关切的亲属时会更少让人感到无情。而且,对代理人而言,传教士—皈依者类型的互动会比顾客—销售者的关系有更大的可靠性。通过把个人利益降到最低程度,代理人的个人影响增加了。商业变革的代理人承受着"低可靠性的沉重负担"[22];顾客经常怀疑他们只关心金钱。非商业变革的代理人因此更容易具有说服的可靠性,因为他们想要获取的东西更少。核保人坚持认为"没有什么慈善领域或企业能提供更为有用的召唤"[①],宣称将"利益动机"归咎于一个人寿保险代理人是不公平的,"就像把这种动机归咎于一个牧师的教导、医生的建议或者律师的意见,所有这些人……的服务都需要支付报酬"[23]。纳普赞扬了一个人寿保险代理人的自我利益和社区利益的一致性:

---

① 参见 "Life Insurance as a Profession," *United States Insurance Gazette* (June 1868), 27:66。人寿保险的历史富有特色地浪漫化了早期销售人员的利他主义精神。斯通(Stone)写道:"甚至人寿保险的兜售者是被善所激发,而他们见到的这种善来源于他们自己的销售。……哪怕只是售卖小合同的人……都知道他们的工作意味着希望和绝望的差别。"参见 Mildred F. Stone, *A Calling and Its College*, p.1。

一个品行端正的公司,是不会有代理人劝说一个人在没有考虑社会的公共利益的前提下,对其人寿保险进行测算的。他不能为了只获取佣金而不顾公共利益,由此做出自私的行为。[24]

一份早期的经验传授手册劝告代理人说:

归根结底,务必记住你永远不可能取得任何大的进步,除非你满怀这种信仰,这种信仰既是一种伟大的道德,也是一种社会改良。在这种社会改良中,你参与实施,而你的主要回报则是因为完成这些宏大而高尚的设计所产生的满足和快乐,这要比你曾从你的劳动中获得的所有金钱报酬要多得多。[25]

稍晚些的小册子同样推荐代理人要"带着使徒的决心"去行动,提醒他们人寿保险是"高于纯粹商业性质的行业",就"为社会服务的更高动机"而言,金钱的回报依然是次要的。1870年的一份手册警告说,"如果一个代理人只是把代理事业当作一个商业问题,而忽视人寿保险的道德和慈善面向的话,那么这个代理人是不会成功的"[26]。

甚至当人寿保险变成了一门大生意,商业文献支持的人寿保险代理人依然是一个非商业的、利他的角色定位。"在对痛苦之人和哀伤之人的慈善效果方面,代理人所完成的工作是首屈一指的"[27],一个好的代理人仍然被期望为了达成这种结果而工作。一份手册解释道:"目前在人寿保险业务中有一个道德元素，这种业务我们在其他任何地方都发现不了。销售干货、硬件或机器的'旅行推销员'，知道他自己不可能像人寿保险代理人一样，给予公众以利益。"[28] 人寿保险代理人"缓解苦难和贫困……：他向法庭陈述了每一位寡妇和孤儿的缘由……在对其工作的起诉中，他给予了相当于他得到的十倍之多的益处"[29]。游说是一项"传教式的劳动"，而代理人就被赞扬为"人们的劝说者和一种宣传高尚的传教士"[30]。这些"节俭和利他主义精神的传道士"[31]的技巧可以与神父相比，二者都需要同样的灵感和信念：

> 没有人能够理解人寿保险，也没有人会相信人寿保险和那些没有感觉到其驱动力的人。有些人在整个历史长河中，在一种既道德又精神的冲动下已经完成了行动。真正的人寿保险人就是这些人的后裔。[32]

简易人寿保险的代理人同样只排在销售人员之前。他们向他们的顾客传布"节俭的福音"，并与其成为"真正的朋友"[33]。代理人所有工作的神圣性是通过对贬低那些只关心他们佣金的"可耻"和"狡猾"的游说者而获得支持的：

> 他们……不会为了你的利益或为了你的妻儿可能经历邪恶阴谋的风险而在乎丝毫。这些人就是为他们自己的金钱利益而活。……[34]

但是在人寿保险宣布一种利他主义的思想观念的同时，它

7 人寿保险代理人：职业声望和专业化中的问题 | 191

也把一种公开的商业营销结构给制度化了。这种修辞称赞代理人传教士般的热情。但这个行业对代理人才能的专门回报就像对精明商人的回报一样。人寿保险管理者最早的营销目标是产品的数量。至于其他问题，诸如所推销的风险（产品）的质量、对顾客需要的关注、保单的持久性或者代理管理的成本控制，则是"次要的目标"[35]。由此，成功的代理人就是卖掉最多保单的人。代理的薪资普遍施行的是佣金制度，这强化了单纯对数量的关注，使得代理人的收入直接取决于"他能诱导的为其生命投保的人数"[①]。对更大部分佣金的期望鼓励代理人"去创立一门大规模的新生意而不管其质量如何"[36]。

批评者警告要提防"尽其所能制造无耻之徒"的系统，但最终以失败告终。尽管人寿保险"起初是为最值得夸奖的目标之一而设计的"，但正在转变为一个高度商业化的"竞争行业"[37]。《亨特商业杂志》警告说，依靠佣金的代理人"在获得顾客和签发保单方面有着直接的金钱利益，他们完全不顾保单对投保人是否合理"[38]。但这一忠告被忽略了。人寿保险的管理者最关注的是扩大销售。以第一年的保费为基数，人寿保险公司向代理人提供日益增加的佣金，但此后续保的保费提成越来越少，

---

① 参见 "The Condition of Life Insurance Among Us," *Nation* (January 26, 1871), 12:54。佣金制度已经遭到了英国保险专家的严厉批评，因为佣金制度伴随着欺骗和强迫。一位杰出的权威巴贝奇（Babbage），就谴责佣金是对"只图金钱的代理人"的"贿赂"。游说者受到诱惑，给顾客推荐的是给他们最高佣金的公司，而不是为顾客提供最好的保单的公司。参见 Charles Babbage, *A Comparative View of the Various Institutions of The Assurance of Lives*, pp.133, 137。

这就鼓励代理人更关心新合同销售的数量而非已订立的合同的持续性。足够多的新生意被期望可以弥补投保人的高流失率，以此保持有充足数量的净业务正在生效①。

19世纪70年代之后，对代理人的利益诱因在数量和形式上都加剧了。公平保险公司的亨利·海德（Henry B. Hyde）引领了这种方式，为了刺激生产②，他为他的代理人提供"额外的佣金"、奖金和奖赏。他激励他的销售人员说：

> 利用你所有的朋友和关系。从你的医生那里拿到能够投保的人的名单，而且如果有必要，给他制造一些诱因以使你顺利达到目的。让你的牧师帮助你为他的信徒投保，加入文学社团和俱乐部——为了使你可以说服这些成员投保。39

---

① 中止的保单没有退保金，是公司的一个主要利润来源。1873年，由相互保险公司签发的保单中，有一半多都被中止了，而公司就侵吞了由此产生的100万美元。参见 Wright and Wright, *Elizur Wright*, pp.254, 255。甚至到1880年不丧失价值条款（the nonforfeiture law）颁布之后，唐提式养老保险（最受欢迎的保单类型）只有最小限度的兑换现金的价值。1893年，由于到第二年未支付保费而中止的保单价值达7亿美元。参见 William T. Standen, *The Ideal Protection*, p.154。

② 佣金的比例是变化的，对公司而言，支持延期的分红保单会更有利可图。1893年，相互人寿保险公司提供第一年保费的80%作为佣金，而且终身人寿保险（whole life insurance）后续的保费也有提成。终身人寿保险的分红会保留在公司至少20年。如果每年分红，则相同的保单支付第一年保费的35%，且没有后续保费的提成。这一制度是有效的。在这样的薪资计划下，唐提式保单占了所有业务的大概四分之三。参见 Stalson, *Marketing Life Insurance*, pp.528-29；以及 Bain, *The Process of Professionalization*, p.51。

7　人寿保险代理人：职业声望和专业化中的问题 | 193

海德的创新后来被其他的公司所采纳，这些创新利用每一项竞争策略以激励代理人。海德最早的一个销售人员回忆说：

> 海德先生有许多技巧激励代理人。其中之一就是竭力劝说一个人反对另外一个人。他曾经召唤我，并对我说："米勒，我能找到一个比你在三十天内做更多业务的人。……"海德先生继续说，他认为麦克科尔（当时最著名的游说者之一）能够击败我。最后他使我非常激动，他主动提出要和我打赌100美元，看麦克科尔能否在一个月内比我做更多的业务，我就同意打赌了。[40]

海德在代理人之间即席发挥，组织，比赛，给他们以现金或奖赏。另一个代理人回忆道：

> （一八）六几年的时候，他（海德）在门口碰到我，拍拍我的肩膀说："现在有一个机会让你赢得一份奖赏———一只银制的水壶和托盘。……"这个男人的魅力使我感觉到这份奖品已经是我的了；但是我回答："海德先生，我不想要一只水壶……！"他闪电般地说道："我们将把奖品变成两块最好的手表。"[41]

代理人也通过邮件接受教育。海德的信件总是强调扩大销售的重要性：

> 令人吃惊的是，如果一个人在他心里有一个确定的目标并

要努力完成，那么他所能做的将会比原来多得多。……换句话说，如果一个代理人下定决心在一个月内核发价值十万美元的新保险，相比于他漫无目的地开始或者只求核发一半数额保单的情况，他肯定会核发更大数量的保单。[42]

难怪到1886年，公平人寿保险公司成为了世界上最大的人寿保险公司。

代理人陷于人寿保险企业的角色矛盾之中。一方面，他们在言辞上被鼓励要像一个慈善机构中全身心投入的传教士一样；但另一方面，这个系统回报的是销售快速、对顾客漠不关心的销售人员，惩罚的是过度的顾客取向，因为这偏离了商业的营利性目标。

被污名化的销售人员

> 我被人寿保险代理人……
> 拦截、纠缠、惹恼
> 几乎就要超出我的忍耐；
> 虽然他们的方案看起来是不健全的，
> 但他们的鼓吹者不会被发现
> 在保险中有缺陷。[43]

美国的人寿保险代理人所遭遇的公共舆论，比起其17世纪的英国前辈来并没有好到哪里去。没有他们，人寿保险卖不出去。然而，代理人的角色被认定为是一种"必要的恶魔，甚至被许多人认为是一种不必要的恶魔"[44]。斯塔尔森指出："从传统的角度来看，他是一个不受欢迎的人。公众很早就对他抱有难以克服的厌恶；他是一种长期存在且异常持久的厌恶的继承人。"[45] 19世纪推销人寿保险不但不是一种神圣的使命①，而且被贬低为仅仅是有损尊严的"保费抢夺"[46]。代理人是不受欢迎的"闯入者"和"使人议论纷纷的痛苦"，他们被归于避雷针的卖家或马贩子的一类[47]。《炉边指南》(*Fireside Companion*)在笑话当中表达了对"油光粉面和油腔滑调的代理人"的流行看法：

> 您曾经碰巧遇到过一个"人寿保险代理人"吗？如果您还没遇到过，我愿意征得您的允许，问问您一直躲在什么地方，那里是否有多余的空间再容下一个人。无论您转向何方，都有一个看起来整洁漂亮的人站在您面前，他手持保单等着您填写，这是为了您亲爱的朋友和亲属的利益，不管何时您都会非常幸运，以至于"摆脱死亡的缠绕……"。他们来到一个人面前，并对他微笑，告诉他如果他只在他的公司投保，之后仁慈地死去，其家庭将会被如何合理地安置，他的寡妇会对孩子说，"相比于

---

① 人寿保险代理人在下层阶级中的地位比其相对于中产阶级顾客的地位要高。参见 Miller Lee Taylor, "The Life Insurance Man," p.325。根据韦尔（Weare）的研究，在黑人中，简易人寿保险的代理人就成了一个"民间小人物"（minor folk figure），在偏远的乡村地区尤其受欢迎。他是黑人成功的一个象征。参见 Walter B. Weare, *Black Business in the New South*, pp.130, 184。

你亲爱的穷爸爸活着的时候,现在我们相处得多么好啊!"[48]

漫画家则利用了代理人的形象(参见图7.1、图7.2、图7.3)。在全国人寿保险核保人协会的第一次会议上,主要发言人回忆了成员忍受的痛苦:

> 在我面前,我所见到的一些绅士都有足够年岁,所以记得曾经有一段时间人们非常讨厌推销人寿保险保单的人……以至于人寿保险整个行业是一场赌博游戏。……我记得非常清楚,在不久以前……纽约市的人寿保险游说者才以认真尽责的姿态走出屋子和办公室。[49]

早在1852年,柯里的《保险代理人助手》就警告读者那个"异常令人厌烦且使人沮丧的职业"面对的"困难和阻碍":"你的前进遭遇到的是冷淡和保守,你的恳求遭遇到的是奚落,你的焦虑遭遇到的是无动于衷"[50]。保险杂志通常刊发一些文章,有的是代理人写的有关"需要克服的困难和偏见"的文章,有的则是有关需要"给代理人这个职业以尊严"的文章。[51]

图 7.1 "你看,先生,你看,我已经成功向你展示了无与伦比的好处,它来自……"

"哦是的,我明白,我同意,我投降,我让步,我就是你的,你带我走吧。给我投保吧,饶了我,啊我的主啊!啊我的主啊!"摘自《炉边指南》。重印于《保险观察》(1870 年 5 月)。

图 7.2 "在生命的中间我们就死了。"摘自《组织杂志》。重印于《如何销售保险》(亚历山大著)。

图 7.3 "你在任何时候都可能沉沉睡去而让你的家庭无依无靠。"摘自《组织杂志》。重印于《如何销售保险》(亚历山大著)。

代理人对有关他们行业的污名感到愤愤不平。他们的困境被拿来与"在异教徒聚居之地传教"的痛苦相比较,"……他传布福音,尽力传教;有时候他忘记了嘲讽,据说他得救了"[52]。代理人的防御性在不经意间更为彻底地显露出他们的窘况。推销保单被合理化为"一个好代理人最核心的能力之一",决不会是"像乞讨一样的一门生意……如此的不雅或没有尊严"[53]。一位愤怒的销售人员在《保险观察》上写道:

编辑先生:我有些话要说,我打算直截了当并切中要害地说。如果没有其他人寿保险代理人放大他的声音或者举起他的手以抗议堆积在我们这个职业之上的嘲笑和诽谤,那么,先生,我来履行为我们这个行当辩护的职责。……"是谁?"一个商人对他的朋友说道,"啊,他是一个人寿保险代理人"。评论中的鄙夷令人难以言表。每一个代理人都曾感觉到这一点。……[54]

一本1867年的《人寿保险手册》再次肯定了一个代理人"在价值和道德上的伟大",并痛惜许多人"似乎感觉代理人正在从事一种卑鄙的工作,并且需要对为了这种工作而创造出来的所有东西乞求宽恕。……"[55]的确,代理人的工作有着"一种其他任何职位或工作所无可比拟也无法达至的特点"。[56]公平保险公司提醒它的销售人员:"即使(代理人)起初会被轻率自私之人冷酷对待,但他仍应有这种意识,即根据他的天职,他传递的是不可估量的好处。"[57]菲尔普斯保证说,一个代理人"能抬起他的头,盯着任何人的眼睛,如果有必要,就像威廉姆·潘

（William Penn），可以在国王面前带上他的帽子"[58]。

尽管发出了各种声明、否认了各种谣传，但人寿保险销售仍然是一个不受欢迎的行业。它主要吸引的是从之前失败的工作中漂泊而来的年长人士。代理人行业不久就成了一种"收容所，是路上挨着贫民院的最后一个避难所，是身患各种残疾和拒绝每一种天职的人的庇护所"[59]。发言者后来回忆道："曾经有一段时间，人寿保险代理人的名字极其令人讨厌，那些在其他工作中失败的人才会为我们推销。"[60]无能的律师、教师和牧师都转到代理人这一行，以此作为他们最后的一个依靠。招募新的代理人的困难尤其对这一行有破坏作用，因为人寿保险的生存取决于代理人广泛的代表性。人寿保险公司尝试了吸引销售人员的每一种方法：从传单、信件和广告到个人访问和巡回的组织者。然而，公众对代理人的尊重程度较低，严重阻碍了对优质候选人的招募。管理者被迫勉强接受一些平庸的人。选择标准在实践中是不存在的，甚至品质最糟糕的申请者都很少被拒绝①。亨德里克在1903年的报告中说：

> 他们雇佣了男人和女人，受过教育的和目不识丁的人，出身于上层和下层的人，失败的牧师，淘汰的大学教授，无人委

---

① 显然，在世纪之交，三个最大的人寿保险公司的其中一家已经计划使大纽约区的每一个理发师都变成代理人。有关缺少申请者对其他行业入职标准的负面效应，参见 Dan C. Lortie, "The Balance of Control and Autonomy in Elementary School Teaching," in Amitai Etzioni, ed., *The Semi Professions and Their Organization* (New York: Free Press, 1969), p.21。

托诉讼的律师,破产的商人,被遗弃的政治家,演员,记者,艺术家。……显然,管理者认为每一个人都有一些朋友;所以至少在他们把朋友推销完之前,他们是有用的。"任何人,只要他有一双手和用来装费率册子的裤子后袋,他就能成为一名代理人,"人寿保险的从业人员这么说。[61]

高报酬既没有提升代理人的地位,也没有使这个行业更具吸引力。人寿保险代理人的流失率高得声名狼藉。一位观察者对此感到不解:"如果这个行业相对并不难,其佣金又高,为什么没有更多人抓住这个机会,而那些已经入行的人也没能坚持下来呢?"[62] 在19世纪40年代,代理人能获得第一年保费的5%—10% 和续保保费的5% 作为佣金。在接下来的20年,佣金增加到第一年保费的15%—20%。许多人从第一年保费中得到了更高比例的佣金,经常高至50%。19世纪70年代,人寿保险公司之间日益激烈的竞争使得人力资源的短缺依然非常严重。代理人得到第一年保费和续保保费的高达80% 的佣金,还有不少不同数量的奖金和奖赏[63]。亨德里克挖苦道,主要的竞争开始了,"但不是招揽新的业务,而是招揽新的代理人"[64]。在20世纪头十年,三家主要的人寿保险公司承诺它们的代理人能获得第一年保费的100% 作为佣金,加上续保保费的一定比例作为佣金、工资或奖金。虽然有这些经济诱惑,吸引合适的人入行的问题依然没有解决。《保险观察》报道说:"不惜任何代价得到必不可少的人才被发现是不可能的,公司经常做些广告以招聘成功的代理人,但都以失败告终。"[65] 商业杂志明显刊登更多的广告用以吸引新的代理人,而不是吸引新的顾客。另一则对人力资源短缺的夸张表述是在19世纪70年代之后大量发生的"偷窃代理人"。人寿保险公司会无情地收买它们对手公司最好的销售人员。

"干脏活的人"

休斯区分了三种形式的"脏活"(dirty work):第一,生理上令人恶心的工作;第二,"象征着堕落、有损一个人尊严"的工作;最后,与"我们更为英雄主义的道德概念"相悖的工作[66]。"脏活"的概念帮助我们理解销售人寿保险的职业污名。一个行业的相对声望主要是由其对整个社会的功能意义(functional significance)所决定的[①]。决定职业等级排名的功能意义的两个维度是知识一般化和系统性的程度,以及职业角色所要求的职责大小。因此,人寿保险销售人员的低声望能从附着于该职业之上的低级知识和职责推断出来。19世纪的人寿保险代理人没有接受过正式的培训[67]。他被期望边干边学。迟至1891年,威利指出:"没有初步的培训或学习……也没有保险是一门生意的固定观念,他们在口袋里装的都是小册子和商业推

---

① 巴伯将功能意义定义为"对其他各种角色或其他形形色色的个体而言,任何职业角色相对的逻辑一贯性(consequentiality),以及社会中的人们所具有的共享目标和共享价值观。"参见 Bernard Barber, "Inequality and Occupational Prestige," p.78. 可用职员的稀缺并不一定能决定职业声望。正如在人寿保险代理人的案例中,给一种职业角色增加物质回报的数量的同时却并没有提升其声望。

销材料。"⁶⁸ "心里准备好,加上各种能力的特别组合"⁶⁹ 被认为比任何具体的知识对于一个有效的游说者来说更为重要。归根结底,代理人需要个人魅力:

> 他必须在与他人的通信、对话和交往中灵活变通;他必须练习一种异常高超的技能以避免敌对;借助他亲切、友好和毫无疑问的信誉,他必须一直和一些人保持友谊,这些人的友谊能够给予他最大的帮助。⁷⁰

代理人能够得到的印刷品信息只有商业杂志上的各种文章和公司的销售小册子。保险原理只得到了简单的阐述。大多数篇幅都被用于对各种保单的描述和费率介绍,以及对普遍反对投保的回应。出版于19世纪50年代和60年代的代理人手册几乎没有提供更多有用的知识,仅主要梳理人寿保险的一些历史背景和道德贡献⁷¹ 刚入行的代理人偶尔还从更有经验的总代理人那里得到一些建议。然而,甚至这种情况都非常罕见,因为在这个行业中大多数代理人都是独自工作的。

由于低级别的销售人员要服从总代理人和总部管理者的决定,因此人寿保险的职责程度是最小的。火险和海险的代理人被授权连署,并且交付在法律上对保险人有约束力的保单。但不同于他们,人寿保险代理人是没有权力出具有约束力的合同或理赔的①。

---

① 代理人不被允许免除没收、承认赊账或修改合同。参见 Fouse, "The(转下页)

缺少必要的一般化和系统性知识，以及低水平的职责，这就使销售人寿保险的功能意义较低，解释了其较低的职业声望。不过，这还没有完全解释人寿保险代理人的职业污名。支持保险的思想家将流行的成见归咎于"必需要使用斗争方法才能摧毁偏见，以及对使人们对为他们的生命投保这样当然的事情都缺乏理解"[72]。代理人是"一个人自己的良心"[73]。贝恩指出：

> 他必须不断地……劝说其他人为了未来的利益而推迟满足。许多人相信他们应该用人寿保险保护他们的家庭，但他们并不完全能够说服自己做这件事，由此而导致的内疚感经常使得他们对激化这种内在冲突的人——代理人——充满敌意。[74]

从传统的角度来说，对人寿保险代理人的厌恶可以从他们与死亡的密切关系中得到解释。他们是看得见的提醒者，提醒着人们关于死亡的"令人沮丧和厌恶的前景"[75]。赖利（Riley）把顾客的犹豫不决解释为"文化上固有的不愿意思考死亡主题"的一种表达[76]。然而，医生和牧师同样是密切涉及死亡的职业，但二者普遍享有较高的公共尊严。因此，销售保险的职业污名并不能被通常意义上对其与死亡的关系这种不合格的陈述所解释。与死亡相连的特定性质才导致了其臭名声。对人寿保

（接上页）Organization and Management of the Agency System," p.65。他们的职责局限于推销申请、交付保单和接收首笔保费。参见 E. Paul Huttinger, *The Law of Salesmanship* (New York: D. Appleton, 1927), p.2 以及 Edwin W. Paterson, *Cases and Materials on The Law of Insurance*, p.626。

险销售人员来说,就像殡仪业人员一样,死亡是一门赚钱的生意。作为死亡的"商人",他们区别于死亡的"专业人士",比如医生和牧师,因为他们与死亡的联系通过他们的服务取向而具有合法性。帕森斯和默顿就区分了个人动机模式和商业与职业的制度结构[77]。无论从业者有着怎样的个人动机——贪婪或慈善,职业把利他主义制度化了,而商业把利己主义制度化了。拯救和治愈要比销售神圣得多。第四章曾经讨论了货币的功利主义联系所具有的强有力的规范性污名,这导致了对于涉及从死亡当中挣钱的职业的负面评价[78]。总之,营销人寿保险是"脏活"。"不正当地买卖生命和身体"[79]使代理人失去光彩:"(许多人)认为人的生命中有些神圣的东西,因此不应该成为保险的目标。人寿保险的代理人被认为几乎与人贩子或解剖尸体的人一样坏。"[80]死亡的商业化并不尊重人的生命的独特性和神圣性。个人悲剧性的意义被商业交易的客观性和超脱性所践踏。在对职业的分析中,休斯注意到紧急服务的接受者对那些拿他们的危机来做常规交易的从业者的怨恨[81]。一篇幽默但给人以启发的文章对代理人把死亡平凡化(trivialization)的做法非常不满:

> 当一个人想到自己死后会被哀悼、会被哭泣,他会有一种悲伤的满足。但是人寿保险代理人甚至把这一点点满足都带走了。他以非常快乐、活泼的腔调谈论你的死亡,并愈加绘声绘色地描述在你死后你的家庭自由轻松的氛围。……如果代理人能够只以一种哀悼和同情的声音做这部分生意,那么这将令人们稍微容易接受一点,但是他们不会这么做。[82]

承办丧礼的人同样被污名化。华纳描写了在洋基市他们低下的地位:

> 尽管事实是丧礼承办者提供了一种必要而有用的服务……通常他也因此获得了较好的报酬,也与一个企业家一样成功,但毋庸置疑,他和他的顾客都不满意他目前在职业等级中的地位。

与人寿保险从业者一样,殡仪业人员也试图通过接受一种"神圣的"角色而使他们的生意获得合法的地位:

> 殡仪业人员借助牧师和其他专业人士的仪式和神圣性符号,以提供一套有关于他是谁、他做什么的外衣。就此而言,有一种日益显著的趋势。他的业务地点不是一个工厂或一个办公室,而是一个"殡仪馆"(chapel)或一个"家"①。

---

① 参见 Lloyd W. Warner, *The Living and The Dead: A Study of the Symbolic Life of Americans*, p.317。有关殡仪业人员的低社会声望,参见 Talcott Parsons and Victor Lidz, "Death in American Society," p.158; Leroy Bowman, *The American Funeral*, p.71; Robert L. Fulton, "The Clergyman and the Funeral Director: A Study in Role Conflict"; and John C. McKinney, ed., *Aging and Social Policy* (New York: Appleton-Century-Crofts, 1966)。除了他们与死亡的商业联系,殡仪业人员还由于与死者身体的亲密接触而背负额外的污名。对死者的厌恶转移到了负责处理他们的人身上。殡仪业人员经常被排斥在俱乐部和社会圈子之外。牧师在职业或协会背景中与殡仪业人员相联系,但很少在私人的(转下页)

在人寿保险产业内部，主要是负责销售的代理人背负着污名，而更高等级负责行政和决策的职员和管理者却获得了高地位和权力。事实上，代理人从他们的上级管理者那里受到的诋毁一点不比顾客少，他们把代理人称为一种"令人讨厌但又代价昂贵的必需品"①。

人寿保险企业在商业和利他主义之间的制度摇摆，通过将商业上的"脏活"转移给代理人，从而部分地得到了解决。当

（接上页）社交场合与他们有关联。丧礼企业同样遭到隔离。区域划分的法律禁止他们出现在公众的视野当中。即使没有规定，在居民区开办殡仪馆也会遭到积极的抵制，而且经常作为邻居"讨厌的事物"和对邻居的"冒犯"而被关闭。殡仪业人员的职业污名使得其难以招募新的职员，虽然给他们的经济报酬是充足的。在1974年美国犹太人丧礼负责人会议上，一位发言者提到了在吸引年轻人从事殡仪馆工作方面长久的困难，虽然他们的起薪达到了1.5万美元。参见 *The Jewish Post*, Friday, Decemeber 6, 1974。在医院看管太平间的人也同样遭到社会的污名化，虽然他们的工资高于医院当中其他的看守和勤杂工。参见 David Sudnow, *Passing On* (Englewood Cliffs, N.J.: Pretice-Hall, 1967), pp.53, 58。在医生的案例中，处理人的身体"脏活"是与其高声望有关系（prestige-bearing）的角色整合在一起的。休斯解释道：

"把健康带回来（这是干净的）是一个伟大的奇迹。那些为此奇迹工作的人，就会比从事那些潜在的不干净任务的人获得更多的宽恕；但那些从事低端工作而又未被认定为奇迹工作者（miracle-workers）的人就会在声望排名中非常糟糕。"参见 Everett Cherrington Hughes, *Men and Their Work*, pp.72-73。

① 参见 "Life Insurance Soliciting," *American Exchange and Review* (July 1878), 32:173，转引自 Owen J. Stalson, *Marketing Life Insurance*, p.536。在公司的营销部门，相比销售人员，办公室的行政管理人员和总代理人拥有更高的声望。尽管也涉及销售，但总代理人负有管理职责。他们负责任命下一级的代理人，亦被授权在保单发出后或者在与续保保费或免除没收已缴纳的保费的交易中，根据声明约束公司。参见 Huttinger, *The Law of Salesmanship*, p.97。于1890年由总代理人组织成立的全国人寿保险核保人协会直到1915年才认可次一级的代理人。

7 人寿保险代理人：职业声望和专业化中的问题 | 207

公司管理者忙于管理和投资时，代理人却独自处理着真正的与公众的商业交易，讨论着每一位顾客的生命价值并为其定价。斯坦登承认："从事游说的代理人在那些日子里忍受着煎熬和重压，这是一个公认的事实。"① 通过向它的销售人员转移卑贱的任务，这个行业追求一种高尚无私的形象，所以甚至当人寿保险完全被接纳、其好处也被大多数人所认可时，代理人仍然背负着污名。

如同其他"脏活"，人寿保险代理人被赋予了极大的自行决断的自由（discretion）[83]。只有他们卖出去了才是重要的，而怎么卖出去不是问题。新的申请，"就像一层慈善的覆盖物，盖住了很多罪孽"。一个观察者注意到：

> 代理人被教导说，他的业务只是拿到申请、支付保费，而不管说了什么样的话以促成他们投保。……如果代理人带来了充足数量的申请，他会因此得到在前排就坐的荣誉，否则他就是无关紧要的。[84]

成功的代理人就是成功的推销员："你会发现，代理人犯什么过错都可能被宽恕，但你不会发现有代理人因为不销售保险

---

① 参见 Standen, *Ideal Protection*, p.151。一种类似的任务分化发生在葬礼中。牧师控制着"干净和精神的阶段"，而殡仪业人员处理的是死亡的"不干净"和物质方面。参见 Warner, *The Living and the Dead*, p.317。有种迹象是，牧师憎恨殡仪业人员试图扮演一种"神圣"角色的任何举动。参见 Robert Fulton, "The Clergyman and the Funeral Director," p.319。

而得到原谅。"[85] 人寿保险公司基本会"同代理人划清界限",同时选择与他们保持最少的联系①。斯坦登哀叹道:"数以千计的地区代理人和次一级的代理人从未被教导,让他们意识到在他们工作的每一个细节中,他们应该像为他们所工作的公司担负严格的个人责信(accountability)一样去行动。"[86] 公司监督的缺乏由于公众在计划其死亡时的犹豫不决而恶化。把一切都交给专家是更普遍的。典型的顾客不会在人寿保险公司或保单之间进行辨别。威利指出:"大多数人在被邀约去投保时,对自己需要的保单种类所知甚少甚至一无所知。……他们经常根据代理人的推荐就购买某一种保单。"[87] 代理人仍旧是最后的仲裁者:

  代理的结果更多取决于代理人,而不是其公司的性质和优势,这一事实清楚地被大量对公众的承诺单薄无力的公司所证明。而在同一个地方,正在提供最好和最牢靠的产品的另一家公司几乎不会达成一份保单。②

---

① 从法律上来说,代理人甚至都不是其公司的雇员。在 19 世纪的大部分时间里,他们被雇佣,但未签订任何书面协议。只是到最近,雇主和雇员的关系安排才更多采取委托代理的形式(the agent-principal arrangement)。参见 Stalson, *Marketing Life Insurance*, pp.161, 354 以 及 Solomon S. Huebner, *Life Insurance*, p.417。

② 参见 "Suggestions on the Elements of Success of Life Assurance Agents," *United States Insurance Gazette* (August 1861), 12:206。直到今天,人寿保险公司之间还是没有什么分别。代理人在销售过程中仍然是决定性的因素。参见 Evans, "Selling," p.77。有关丧礼交易的信息也同样缺乏。参见 Robert Fulton, "The Sacred and the Secular: Attitude of the American Public Toward Death, Funerals and Funeral Directors," in Robert Fulton, ed., *Death and Identify*, p.94。

公平保险公司的海德嘲讽给他建议的代理人："你会发现，20 个人里面有 19 个都会让你替他们做决定。"[88]

可以预见的是，这种对扩大销售的目标压倒性的强调以及对制度手段的疏忽，鼓励了偏离正常轨道的销售行为[89]。19 世纪 70 年代以后，公司之间日益加剧的竞争进一步强化了"不惜一切代价的销售"这种营销哲学，但同时却没有加强由公司或顾客来实施的对代理方式的监督。代理人接受清楚的指导："让这个问题在你的代理过程中导致一个给定的结果。想想所有为了完成任务的现成方法；从旧的定例中走出来……发明新的方法。"[90] 回扣和歪曲就成了销售的方法。回扣是在价格上讨价还价。代理人为了促成交易而扣除其部分佣金。歪曲则是以一份新的保单取代顾客原有的保单，而这中间还经常涉及虚假陈述。相比在顾客更老的年纪签发的新保单，已经生效一段时间的旧保单的费率更低[91]。这两种技巧是如此流行，以至于代理人不给回扣或不歪曲信息就无法卖出保单[92]。威利指出：

> 为了促成投保，把第一笔佣金的一部分或者全部给予投保人的这种做法是毫无荣誉的代理人才会允许的行为……然而……这种做法一旦开始……在任何城镇或城市，其他代理人就不得不制定相同的条款，否则他们就会失去部分的生意。①

---

① 参见 N. Willey, *An Instruction Book for Life Insurance Agents* (New York: C. C. Hine, 1891), p.65。在 19 世纪 70 年代一个著名的歪曲信息的案例中，（转下页）

因此，针对人寿保险代理人的成见一开始就比较激烈，而这又被那些有关不道德的推销员生动的社会现实所强化。"有智慧、值得尊敬的人"[93]，严厉斥责人寿保险是"一个所能加入的最卑鄙的业务，而从事这个业务的人值得尊敬的要求最少"。代理人被刻画为"奇特的难以归类的人，每一个地方都是他的家，每一个地方都有他的业务……'在公司的行动范围内'他把欺诈视为内在的美德……他在所有实施的欺骗中提供帮助"[94]。一些观察者意识到偏离正常轨道的销售行为的结构根源："付出不受约束和不明智的努力以确保新业务的最大可能规模，而这被错误地认为是成功的实地工作最重要的因素，回扣就是这种努力的逻辑结果。"斯坦登坚持对一种"邪恶的、不合理的"系统提出告诫，因为它使代理人摆脱"任何个人的责任感，比如应该制约他们，不让他们做任何会被斥责的事情"[95]。然而，这个行业需要"拼命的"代理人去扩大销售。人寿保险管理者口头上谴责回扣和歪曲，但几乎不会做任何努力去纠正导致这些行为的系统①。

（接上页）一个代理人从纽约近郊的对手公司那里得到了一份投保者的名单，而这家公司有财务困难。纽约的一家报纸上面有对这家公司最近问题的描述。他拿到了几份报纸，然后把报纸寄给对手公司的顾客。几天之内，他就把这些顾客都抢了过来。这家公司向该代理人的总部发出了投诉：

"那个代理人的公司收到了投诉……并承诺说通知这个代理人中止这种行为；通知准备好了，也发出去了，毫无疑问，一份复件也被提供给了其他公司；但是那份复印件遗漏了一些话。……'拿到你所能拿到的所有业务。'"
参见 Miles M. Dawson, *Things Agents Should Know*, p.60。

① 试图削减代理人第一年的佣金而增加续保保费的佣金、以阻止折扣（转下页）

为声望而斗争

直到 20 世纪早期，对人寿保险代理人的文化厌恶，加之大多数推销员实实在在的低素质和许多人的不法行为，导致推销人寿保险的声望达到了最低点。由于人寿保险从保护被重新定义为投资，人寿保险代理人令人不快的商业主义得到了加强。对代理人的指导是"排除情感，你就像提供一大宗铁路债券一样地提供保险"[96]。这个产品的不道德曾经一度"污染"了它的销售者。但情况反过来了。现在推销员的不道德威胁着人寿保险的成功。代理人被指责为"这一行业当下最大的诅咒之一"。声名狼藉的游说者垄断着这一行业[97]："具有任何程度自尊自重的绅士都不会同意与某种等级的人相联系或者被归入这一等级，这种等级的人在他们的公司中现在也偶尔发现了自己不愿被归入这一等级。"[98]

1905 年的阿姆斯特朗调查使对代理人声望的侵蚀达到了顶点，因为它完全揭露了他们的失职行为。在这一高潮事件后，行业内外都尝试通过重构人寿保险营销的形式和目标来补救代理人的地位。首先，1905 年的立法听证会催生了补救性的立法，以抑制这一行业对不受约束的规模的追求。一个公司每年所能

（接上页）和鼓励销售的持久性的计划被忽略了。参见 Bain, *The Process of Professionalism*, p.91. 布利指出："想想每一个人都反对它……回扣，就像原罪明确地显示了生存的能力。" Buley, *The American Life Convention*, p.148.

核准的新业务的规模受到了限制。给代理人的所有奖赏、奖金和额外的佣金都被禁止。统一的佣金计划表得以实施，规定最高的佣金不得超过第一年保费的 50% 以及接下来 9 年每一年续保保费的 7.5%[99]。法律在对代理人的运行框架设定约束条件的同时，这个行业也重新界定了自身制度化的目标。为了挽救他们的声望，19 世纪代理人的商业主义被一种专业角色所取代。人寿保险推销员涉及社会学意义上可预测的行为，而这是所有正在专业化的行业所共有的[100]。一个专业组织，全国人寿保险核保人协会也于 1890 年组建。代理人选择了"人寿保险核保人"这一更有尊严的头衔①。他们第一版的职业伦理条例在 1918 年获得通过，第二版则在 1935 年获得通过。对人寿保险代理人的正式训练首先由公平保险公司于 1902 年引入到在总部举办的三个连续的夏季课程中[101]。1919 年，第一所著名的人寿保险推销术学校在位于匹兹堡的卡耐基技术学院（Carnegie Institute of Technology）成立。20 世纪 20 年代，强调系统性知识的趋势继续加强[102]，由此导致了一种"新推销术"："人寿保险核保这一职业所必须的知识并非自然到来的礼物。人寿保险的一般知识和针对特别保单所需要的特定知识只能经过长期、耐心且精细的学习与实践才能够习得。"[103]

---

① 显然，在 19 世纪 90 年代，这一头衔在推销员中变得流行，是发生在人们以"领取"（took out）保险来取代购买保险、以及代理人以"带去申请"（took application）取代销售保险之后。参见 Dawson, *Things Agents Should Know*, p.4。术语的转换反映了人寿保险变得日益商业化。在 19 世纪 70 年代，已经有总代理人做出一系列短期的组织努力。他们的目标主要是控制失职行为，这些行为导致了代理人在竞争中地位下降。

1927年，美利坚人寿保险核保人学院（American College of Life Underwriters）组建而成，如此可以"以一个专业的学位来恰当地识别合格的人寿保险核保人"[104]。该机构开始指定特许的人寿保险核保人为代理人，他必须符合某些业已确立的要求、并且通过一系列的考试①。对人寿保险更为复杂的利用的发展使得对专业化知识的要求变得合理。许布纳解释道："（人寿保险）密切地处理信用，要求一线业务人员具备银行和商业信用的知识……（以及）合伙关系及公司组织和运行的知识。"[105] 为商业合伙关系和为公司赔偿的人寿保险于1909年开始销售。1911年，购买保险与税法和继承法相协调，以将持保人的可能财产最大化[106]。正如斯塔尔森所称的"知情营销"（informed marketing），这种趋势伴随着顾客与代理人关系的重新界定。人寿保险销售"并不仅仅是一桩买卖的实现"[107]，代理人也不仅仅是推销员。刚入行的人被建议"忘记销售，而要专注于成为知识和技能的专家，这些知识和技能将使他们成为能为顾客设计财务计划的优秀工匠"[108]。他们也被期望带有一种专业取向，以俘获"公众的尊重和信心，而这正是人寿保险所应该具备的"[109]。较早一代的人寿保险代理人把他们自己定义为牧师和传教士，以合法化他们与死亡相联系的商业行为。20世纪的人寿保险推销员则宣称

---

① 美利坚人寿保险核保人学院是一个称号（designation），而非一个学位。这个学院类似于人寿保险领域的一个考试委员会。参见 Bain, *Process of Professionalization*, p.213。第一本人寿保险教材是许布纳博士的《人寿保险》（*Life Insurance*），出版于1915年。许布纳之后成为了一个系列共8本人寿保险教材的编者，这些书均由 D. Appleton 出版。

基于知识和服务的专业地位，用来补救他们的角色。人寿保险推销排在法律、医学和教学之后："世上没有什么天职，如果有，那它就为从业者提供了比人寿保险更大的服务机会。……人寿保险与其他确立已久的专业一起，位于高尚和希望（possibility）的服务之列。"①

持久的污名

尽管有了专业化的修辞、代理人的培训和招募也真的有了一些改进，但是推销的污名依然如故。1914年的一项问卷调查评估了纽约州的雪城，结果有很大一部分是负面评价②。另一项

---

① 参见 Solomon S. Huebner, *The Economics of Life Insurance*, p.17。最近，代理人已经接受了一个新的角色以增加其对顾客的可靠性。他已经从传教士和专业人士转变成了"好邻居"。初级类型（primary-type）的关系和个人影响对调节该行业非个人性的商业主义的重要性在当代广告中得以清楚地阐明：

"我们想要一个大型的、财务上可靠的保险公司……和一个附近的代理人，他在照顾好他的持保人方面已经众所周知。罗德·梅斯（Rod Mace）使我们两全其美。……他就住在附近，这使得他能为我们提供私人服务。……他真的非常关心我们，他又得到"国家农场"（State Farm，这家保险公司创立于1922年，是美国最大的互助保险公司，也是排名第二的保险公司——译者注）的支持。我们真的两全其美。"参见 Advertisement for State Farm, in *Times*, June 14, 1976。

② 问卷通过邮寄发给了230个人；医生、律师、商人和管理者各50人，银行家30人。62个回答中，28个是"负面的"。问卷本身是有诱导性的（revealing）："你有任何针对人寿保险推销职业的偏见吗？如果有，是为什么？"参见 Winslow Russell, "Report presented at the Twenty-Fifth Annual Convention of the NALU," *Proceedings* (New York: National Association of Life Underwriters, 1914), p.152。

不太正式的对成功的销售管理者的调查受到了诸多关注,调查发现大众针对推销人寿保险还存在普遍的偏见①。后来职业声望的研究确认了保险代理人持续的低级社会地位。1925 年,一项由乔治·康茨(George S. Counts)主持的对 45 个行业的调查在大学生和高中生中进行,结果发现保险代理人排名 14,仅次于电工而仅高于邮递员②。1936 年,对三个人群的行业态度的比较研究发现,在 30 个行业中,将保险代理人分别排名在 21、22 和 16 名[110]。20 世纪 40 年代,保险代理人的地位仅仅有了一些微不足道的进步。1947 年的一项排名发现较之 1925 年康茨的排名,保险代理人上升了 4 位,但仍位于机械工之后,而仅高于电工[111]。1947 年,由国家舆论研究中心实施的对于 90 个行业更为综合的调查中,保险代理人被置于后 50% 的最高等级,与簿记员、佃农和旅行批量销售员(wholesale traveling salesman)

---

① 一则广告被安在(placed for)推销员上,但没有提及人寿保险。最初的回答者中大部分在被告知该职位的性质后,都没有做进一步的问询。一封寄给他们的信用来调查他们拒绝的原因:
"是什么阻止了大量成功人士加入到人寿保险职业的等级当中,我们正在找寻这个问题的答案。……为了了解是什么原因导致你就此罢休,你将会帮我们一个大忙,如果你能完成密封的空白表格的话。"参见 Winslow Russell "Report," p.152。
② 将行业排名作为社会阶层的一个指标,其缺点是宽泛的分类经常遮盖了同一个行业内部成员之间的差异。参见 Bernard Barber, *Social Stratification*, p.109。保险代理人无法在不同类型的代理人中得以区分。然而,"保险代理人"这一术语一般都与人寿保险游说者而非火险或海险代理人相联系。参见 Bain, *The Process of Professionalization*, p.235。

的地位类似①。正如在前一个世纪一样，代理的职位基本留给了年纪大的人，以及一些在其他领域不成功的人②。一份 1917 年的手册观察到："一门对公众的经济和慈善具有多重重要性（ramifying importance）的生意，却背负着如此的偏见，而且如此普遍地不被当作一个职业，这是非常罕见的。"[112] 迟至 1963 年，一群 125 位成功的人寿保险推销员中，只有 10% 希望他们的儿

---

① 参见 National Opinion Research Center, "Jobs and Occupations: A Popular Evaluation," Public Opinion News (1947), 9:3-13；重印于 Reinhard Bendix and Seymour Martin Lipset, eds., *Class, Status, and Power*, pp.411-26。一篇 1937 年的文章察觉到对人寿保险代理人的负面态度减缓了一点："面对他的不再是闭门羹——至少不是经常……他递上的名片不再引起热血上涌和一种基于逃脱的渴望。"参见 Victor H. Bernstein, "Doors Once Shut Open To Insurance Men," *New York Times Magazine*, May 16, 1937。但其他的文献不足以证明这篇文章的乐观主义。20 世纪 40 年代的婚姻手册告诫年轻的夫妇要小心没有节操的代理人；参见 Judson T. Landis, *Building A Successful Marriage* (Englewood Cliffs, N.J.: Prentice-Hall, 1948), p.361；以及 Norman Himes, *Your Marriage* (New York: Farrar & Rinehart, 1940), p.235。

② 所有的申请者都被鼓励："不要认为作为一个人寿保险的游说者你会失败，只因为你从来没有在其他任何的领域取得过大的成功。……证明自己（Prove up）！让你们的朋友感到吃惊吧。"参见 Charles W. Pickell, *Plain Reasons*, p.103。

　　一则流行的寓言对不做区别的招募提出了告诫："《猎浣熊狗》（*The Coon Gog*）。卡尔佩珀上校的朋友……请求他在一次浣熊围猎中也把他们带上。……他去一个村庄，从一个马贩子那里买了一条杂种狗，这个马贩子向他保证这是一条好的猎浣熊狗。……第二天，上校抓到马贩子，问他为什么要骗他。'我没有骗你'，马贩子说，'我知道它在其他方面一无是处，所以我知道它一定是一条好的猎浣熊狗'。《申请》。在其他行业中都失败、因此加入人寿保险行业的人就会给人这种印象，即他会发现这是不用费力的事（a soft snap），会令他失望。"参见 William Alexander, *Insurance Fables for Life Underwriters*。

子步其后尘①。

尽管人寿保险核保人自己的排名显示了一个"专业的"自我形象,但这个行业从未被普遍地界定为是一个专业[113]。其伦理规范对提高推销员的自尊起到了作用,但这些规范却从来没有被作为对其行为一种具有操作性的指导。服务的概念具有公然的功利性:"一直要牢记——服务。如果我们总是在想到美元之前想到其他的东西(fellow),那么我们就会一直有美元。"[114] 继续对代理人实行宽松的筛选和培训是没有效果的。推销能力仍然是唯一真正的工作要求②。20 世纪人寿保险核保人依然是一个被污名化的地位低等的推销员。只是赋予它一个新的行业角色而不改变其功能意义,是不会提升其声望的[115]。由于他光荣的头衔和高尚的专业思想观念,核保人也被卷入到如同 19 世纪人寿保险代理人所从事的"脏活"当中。这个行业的成功依然取决

---

① 参见 Evans, "Selling," p.78。1952 年《财富》的一项调查发现大学生"厌恶推销人寿保险这种想法"。参见 "Help Wanted: Sales," *Fortune* (May 1952), 45:102。20 世纪 40 年代,大学就业安置部门(college placement bureaus)报告说毕业生不喜欢人寿保险推销这个工作,这个工作连带的是"没有吸引力的社会地位"。参见 Stalson, *Marketing Life Insurance*, p.620。黑人人寿保险公司是一个例外。对黑人大学毕业生而言,由于缺少体面的行业,这使得推销保险成了一个具有吸引力的机会。参见 Weare, *Black Business*, p.115。
② 解雇所有兼职的代理人、提高招募要求的标准的尝试都失败了。人寿保险核保人学院(CLU)并不颁发执业执照,大多数执照颁发的规则仍然是象征性的。参见 Bain, *The Process of Professionalization*, p.313。

于积极进取的推销员,而不是受过良好训练的财务顾问①。推销的数量在计算报酬方面要比服务的质量更重要。

第一年保费高额的提成和续保保费较低的提成鼓励代理人确保新业务,也使得其花费太多时间关注客户个人的需要在财务上并不明智。"成功的高速公路"依然是商业的:"我们知道每一个电话和每一次面谈都包含着一种确定不变的现金价值,见的人越多,我们就会挣更多的钱。"一个特别著名的推销员,其名誉的标志就是18年以来他打了38753通"电话",由此他仅从第一年保费中提成的佣金就有30多万美元②。公然地将只为金

---

① 只有少数的人寿保险代理人精英为数量有限的上层阶级顾客提供先进的财产计划。而一般的人寿保险推销,针对的是中等收入到低收入的顾客,几乎不需要什么培训或专业化的知识,参见 Taylor, *The Life Insurance Man*, pp.327, 403。泰勒(Taylor)和佩勒格林(Pellegrin)指出专业化由于减少了代理人的推销活力(vitality),因而使得人寿保险无法正常运行;参见 M. Lee Taylor and Roland J. Pellegrin, "Professionalization: Its Functions and Dysfunctions for the Life Insurance Occupation," *Social Forces* (December 1959), 38:110-14。在另一项研究中,一群125位成功的推销员中有四分之三表示对人寿保险核保人学院的学位没有兴趣,他们也不认为这会以任何形式帮助他们的推销。参见 Evans, "Selling," p.78。

在20世纪20年代,全国人寿保险核保人协会(NALU)创建了"百万美元圆桌"(Million Dollar Round Table),这是一个代理人的荣誉俱乐部,每年销售一百万美元或以上的人寿保险代理人才能加入这个俱乐部。保单的长久持续和低流失率并不是成员资格的一个要求。参见 Bain, *The Process of Professionalization*, p.234。

② 参见 Milton L. Woodward, *The Highway to Success*, pp.15-16。虽然公众更偏爱领取工资的代理人,但佣金制度仍然没有改变。1973年,由人寿保险研究所(Institute of Life Insurance)实施的调查显示,有四分之三的回答者对代理人的动机有疑问。将近五分之三的回答者感觉代理人应当领取工资而非提成。参见 *The Map Report*, pp.54-55。

钱的目标与其客户的死亡联系在一起,这只是被代理人的专业修辞笨拙地伪装起来,而且这种伪装是不充分的。公众购买人寿保险,但却瞧不起推销人寿保险的人[①]。

19世纪早期的股份制公司就像对待常规的商业一样对待人寿保险。它们的报纸广告和公司的小册子提供了大量的信息,但却没有效力。人寿保险已经把死亡管理提高到了一个理性和技术效率的新境界。然而没有代理人个人的影响力,人寿保险是卖不出去的。代理人走进潜在顾客的家里和办公室:解释、坚持,最后劝说。虽然代理制度的代价受到批评,但每一次消除它的尝试却都失败了。代理人是不可或缺的。然而,他的角色却是矛盾的。代理人不能劝说别人购买死亡,进而让人们将其当作一种普遍的货物。这个产业需要积极进取的推销员,但把寡妇和孤儿的福利化约为一种常规的销售工作,这是对上帝的冒犯。营销人寿保险的困境在代理人角色定位的矛盾中清晰可见。保险公司的修辞催促他们仍要以物质主义的考虑为上,但同时用一种传教士般的精神奉献去从事这项工作。推销最多保单的推销员就是成功的推销员,并将获得奖励。

尽管代理人有专业热情,但他还是被冠以"死亡推销员"的污名,因为他靠人们最严重的悲剧谋生。他是有说服力的,

---

① 人寿保险推销员的负面形象依然弥漫在我们的流行文化中。一部1975年的电影《爱情与死亡》(*Love and Death*)的结尾断言与一个人寿保险代理人共度一夜是一种比死亡更糟糕的命运。"死亡商人"(mortality merchants)仍然是被污名化的。参见 G. Scott Reynolds, *The Mortality Merchants* (New York: David McKay, 1968), pp.172-73。

但又是该受到责备的。对人寿保险产业来说，推销员是它们不可缺少但又遭人鄙视的"肮脏的工作者"。19世纪70年代后，人寿保险公司之间不断加剧的竞争强化了广泛代表性的需要。由于不受其上级或顾客监督，人寿保险代理人成了一个强力推进器，以各种非法技巧全副武装，卖出了大部分保单。1905年的阿姆斯特朗调查向公众曝光了代理人的种种问题，这引发了通过将推销员提升到专业人士的地位的方式来擦除推销的污名的努力。非法的操作被禁止，伦理规范出版了，职业协会组建起来，代理人也会得到更好的训练。然而，污名依然持续。人寿保险代理人保留了低等的地位，因为他们仍然是"肮脏的工作者"，他们受到职业的约束，要将死亡当作一门生意。

结　　论

所以，这段关于各种货币形式的准备（monetary provisions）的编年史要结束了，这种货币形式的准备取决于个人的生命持续和死亡意外。……这是有关幻觉消失、进步延迟、目标失败、但是保障达成的一份记录。……埋下种子也许伴随着嘲笑，但收获却带着光荣。[1]

美国第一个人寿保险组织出现在18世纪晚期，目的是为了减轻长老会和圣公会牧师的寡妇和孤儿的经济困窘。这一观念不久就吸引了世俗社会，到19世纪早期，数家公司乐观地开展了人寿保险业务。立法机关也采取鼓励的态度；许多州都非常迅速且热切地颁发了有关新公司组建的特许执照。人寿保险似乎是解决寡妇和孤儿日益增长的经济穷困的完美方案。然而，公众对此却没有反应。由于对其自身的失败感到惊讶和沮丧，许多最早开展人寿保险业务的公司完全退出了这一领域，有些公司则转向其他的业务以弥补人寿保险带给它们的损失。储蓄银行和信托公司所取得的截然不同的成功，与火险和海险公司的繁荣一样，都证实了在19世纪初人们有可供使用的充足收入。此外，早期的公司还提供一种可靠的经济组织；没有人寿保险公司在19世纪50年代之前失败。流行病和高死亡率都没有影响它们的稳定性；用来计算适当的保险费率的精算知识也足够了。提供给美国人的是合适的保单，这是他们需要的，也是他们负担得起的。然而他们对此却无动于衷。

19世纪40年代之后，这种趋势有了剧烈的反转，人寿保险开始了其梦幻般的财务成功史。人寿保险突然的繁荣困扰了保险史学家，就像这一产业最初的失败困扰他们的一样多。新公司提供的是相同的产品；人寿保险保单的费率和条件都没有明显改进。唯一的主要变化是采纳了积极进取的营销技巧。斯戴尔森已经令人信服地指出，19世纪中期人寿保险"白手起家"的转变可以被明确归因于雇佣了数以千计的积极、采取高压态势的推销员。但他从未解释为什么代理人对人寿保险如此必要，而同时其他险种，比如海险或火险，没有代理人也照样卖得出去。人寿保险的斗争和胜利一直令人困惑并被人误解，因为相关历史学家系统地忽略了影响人寿保险被接纳与否的非货币因素。

首先，人寿保险产业的发展反映了原教旨主义和现代主义宗教观的斗争，后者产生自19世纪。针锋相对的神学观点将牧师划分为对立的两派；其中一派的牧师就当着他们的会众谴责人寿保险，认为这是一种世俗且冒渎的设置，因为这是在对抗上帝对寡妇和孤儿的福利的关照。另外一派牧师则与企业家精神更相合，他们用言语和行动支持这一产业。许多牧师确信某种神学规矩（theological propriety），即应当在处理人类事务的时候扮演一种更为积极的参与角色，因此他们不仅为他们自己的生命投保，而且也成为这个不断发展的产业的主要代言人，在他们的讲坛赞美人寿保险，也写下祝贺的小册子和相关的杂志文章赞美人寿保险。

人寿保险与教条主义（literalist）和原教旨主义信仰之间的不相容阻碍了19世纪上半叶人寿保险的发展。相反，新出现的自由神学（liberal theology）趋向于使这一产业变得合法。宗教上的自由主义者也出于实用的考虑而支持保险计划。会众不情愿提升报酬过低的牧师工资，但在花费相对较少的保费以给他们的牧师购买一份保单方面，他们却更易于被说服。

人寿保险的历史帮助我们理解本来被界定为超越物质考虑的关系或过程的货币等价物，而这是社会学思想中一个长期引起兴趣的问题。因为人寿保险、货币和人、神圣和世俗，都遭遇到了一起；人的价值能够以货币来衡量。有关人类的纯粹数量的概念在初民社会中是被接受的，在那里神属于神圣的领域，而人是世俗世界的一部分。对涂尔干和齐美尔而言，现代社会的道德价值最为显著的变化之一就是人的神圣化，神圣之人的出现是"诸多神圣之物中最神圣的"[2]。个人主义的发展导致了对人的个性所蕴含的无限价值的新敬意，从而取代了早前对人类完全估价的功利主义。在一个日益工业化的、由"现金关系"（cash nexus）所主导的市场经济当中，人的生命和人的感觉在文化上被分为各自不可估量的领域。而人寿保险因为对生命的定价而威胁到了生命的神圣性。保险使人不舒服地联想到赔偿抚恤金或"血钱"，这是杀害一个人的凶手所赔偿的货币。因此，由人寿保险产业引入的对一个人的生命的财务估价，起初被许多人所反对，他们认为这是一种亵渎行为，将神圣的死亡事件转变成了一件庸俗的商品。直到19世纪后半叶，死亡价值的经济定义终于变得更为可以令人接受，这也使得人寿保险企业获得了合法地位。然而，对死亡的货币估价并未把死亡去神圣化；非但没有"亵渎"生命和死亡，货币还因为与二者联系在一起而变得神圣化。人寿保险承担了象征的价值，这非常不同于其功利的功能，其出现是一种新形式的仪式，用来面对死亡，也是活着的亲属在死者身后的处理过程。

另一个被探究的文化因素是有关风险和投机的思想观念的变化。我们已经表明被传统的经济道德认为是偏离正常轨道的投机冒险的某些实践，如何被补救（redeemed），进而转变为被一种不同的企业家的道德观认为是合法的、甚至高尚的投资。很多对人寿保险的反对都导源于这一行业明显的投机性质；投保人被视为用他们的生命在跟公司"打赌"。寡妇在被保人死后即刻收获现金财富，这被怀疑类似于从一张获奖的彩票中取得的收益。传统主义者支持储蓄银行是一种比人寿保险更为可敬的经济制度，因为储蓄所得的金钱是逐渐地、严肃地累积起来的。19世纪70年代之后，随着经济风险和理性投机的概念得到发展并日益被接受，缓慢获得财富的方式失去了他们昔日的一些荣光，而人寿保险获得了显著地位和道德名望。1870年后对保险态度的变化，几乎与美国内战后美国工业的"起飞"阶段同时发生。传统的态度一般在一次主要的冲突后衰落，而相同的情况亦发生在内战之后。19世纪的最后三十年，"一个新社会——一个工业社会——被创造出来，而这种创造涉及成千上万的人无家可归或流动迁移，新的群体获得权力而原来有权的群体却衰落了，他们习得新的常规、习惯和纪律，并且抛弃旧的观念"[3]。

对人寿保险的接受受到诸多文化因素的影响，比如宗教信仰、价值观和思想观念。其扩散模式表明对社会行为的一种完全经济的分析的局限性。人寿保险史学家典型地聚焦于该产业发展的经济决定因素，结果却忽略了那段历史中某些外在于经济领域的基本元素。巴伯已经批评了在大多数社会科学学科中，作为一种社会分析工具的市场的"绝对化"（absolutization）[4]。我们的研究强调了单因素理论的不足和其理论上的天真；也强调了发展更为复杂的多维度解释模型的重要性。并没有人声称人寿保险业务的变化能仅仅归因于文化因素，或者经济和技术变量是无关的分析工具。几乎没有疑问的是，对人寿保险的发展而言，19世纪中期美国经济发展的更高水平和进一步的城市化都是必要的。但它们对解释人寿保险被接纳并不充分。

我们对人寿保险的研究也将挑选出来的社会结构变量考虑在内，比如在从一种利他类型的交易转变为一种市场交易的社会实践中的张力。对寡妇和孤儿的经济保护不能简单化约为纯粹的经济交易。人寿保险提供了一种默顿所说的制度层面的结构矛盾（structural ambivalence）的原型，在此之中同时发生的商业和利他主义的目标造成了在它们自相矛盾的需要和期望之间持续的张力。如同地位—角色的矛盾一样，自相矛盾的需要导致了行为的矛盾。人寿保险企业在某些阶段强调其商业目标，在某些阶段又强调其利他主义的目标，这种阶段性的企图在本研究中得到了追踪。人寿保险代理人陷于人寿保险企业的矛盾之中；他们的职业生涯被相互冲突的角色期待和定位打上了烙印。代理人被两种形象所撕扯，一种是传教士的自我形象，他缓和死亡带来的考验，帮助悲痛的寡妇和孤儿，另一种是贪婪的推销员的公共形象，他以人们的痛苦兑现利益，剥削着那些失去亲人的人。代理人之所以被污名化，是因为虽然他声明自己是反面，但他仍然是一个"死亡商人"，以其他人的悲剧谋生。通过改进和拉长对他们的培训和组建专业协会来实现代理人的专业化，这种企图最后因为这个行业不需要言行审慎的专业人士的现实而挫败。人寿保险的成功取决于积极进取的推销员去做"脏活"，即劝说犹豫不决的顾客拿他们的死亡做交易。

  人寿保险公司的出现也为家庭的功能变迁提供了一个有用的指示器。对寡妇和孤儿的照顾，以前是社区的责任，之后却被界定为核心家庭的义务，而且这种义务还需依靠领取薪酬的专业人士的帮助。同样的过程发生在 19 世纪初对死者的身体照料方面，当时专业的殡仪业人员取代家庭完成所有的葬礼安排。

  美国曾经是、也依然是一片充满经济奇迹的土地。在人寿保险的案例中，其把戏（trick）就是推销未来——悲观的未来。向物质主义的文明推销一种商品，这一任务相对简单。但要把人的生命和死亡转化为商品，这个任务就高度复杂了。信仰者和神学家的宇宙和不感情用事的商人的宇宙牵连在一起。这种互动诞生了一种妥协的信条，与庸俗的市场连接大相径庭，与此同时又在超越简单化的神圣回报方面迈出了一大步。神学屈服于资本主义的精神气质——但迫使后者以精神的外衣伪装自身的物质主义使命。

注　释

前言

1. "Metlife Launches New Global Brand Platform Driven By Customer Insights," Metlife Corporation, accessed November 10 2016, http://www.metlife.com/about/press-room/index.html?compID=211906
2. 同上。
3. Mary Douglas, *Purity and Danger: An Analysis of Concepts of Pollution and Taboo* (London: Routledge, 2002), 3.
4. Cheris Shun-ching Chan, *Marketing Death: Culture and the Making of a Life Insurance Market in China* (New York: Oxford University Press, 2012).

致谢

1. Kurt H. Wolff, ed., *The Sociology of Georg Simmel* (New York: Free Press, 1950), pp.392-93.

导论

1. Lester W. Zartman, "History of Life Insurance in the United States," p.86.
2. J. Owen Stalson, *Marketing Life Insurance*, p.666.

3. 有一些例外。例如可参见 John W. Riley, Jr., "Basic Social Research and the Institution of Life Insurance," pp.6-9。整期杂志都致力于社会研究和人寿保险。有两篇博士论文专门论述人寿保险代理人：M. Lee Taylor, "The Insurance Man: A Sociological Analysis of the Occupation"；Robert Ketcham Bain, "The Process of Professionalization: Life Insurance Selling."。

4. Richard M. Titmuss, *The Gift Relationship*, p.198. 根据最近的一则报道，美国似乎正在向几乎完全依靠志愿的、无偿的捐献者转变。*New York Times*, Junes 19, 1977.

5. Karl Marx, *The Economic and Philosophic Manuscripts of 1844* (New York: International, 1964), p.154. 亦可参见 *The Communist Manifesto*。最重要的是，对马克思而言，货币破坏了个体性（individuality），因为它使得其拥有者能达到目标和获得品质，而这些目标和品质与个人的天赋和能力并无任何关系。

6. Peter M. Blau, *Exchange and Power in Social Life* (New York: Wiley, 1967), p.63.

历史与经济背景

1. *United States Insurance Gazette* (May 1861), 13:7.
2. United States Life Insurance and Trust Co. of Philadelphia, 1850 booklet.
3. New York Life Insurance Co. *Almanac*, 1869.
4. "Life insurance as it was – and as it is," *Insurance Monitor* (October 1871), 19:848.
5. Reported in the *Insurance Monitor* (April 1853), 1:1.
6. E. W. Stoughton, "Life Insurance," p.222.
7. Mutual Life Insurance Co. of New York, between February 1843 and August 1844, reported in *Hunt's Merchants' Magazine* (October 1844), 11:340.
8. Lord vs. Dall, *12 Mass. Reports 115*.
9. Walter S. Nichols, *Insurance Blue Book*, 1876-77.
10. 甚至意识到这些问题的历史学家都没有对此做系统调查。参见 Lester Zartman, "History of Life Insurance in the United States," p.86; Owen J. Stalson, *Marketing Life Insurance*, p.666; R. Carlyle Buley, *The Equitable Life*

Assurance Society of the United States, p.30; Shepard B. Clough, A Century of American Life Insurance, p.13; James H. Cassedy, Demography in Early America, p.44。亨利埃塔·M. 拉森（Henrietta M. Larson）对大多数保险史学家"肤浅和不加批判的"特征最为失望。Henrietta M. Larson, Guide to Business History, p.194.

11. 参见 Alexander Mackie, Facile Princeps, p.64; Zartman, "History of Life Insurance," p.80。

12. Margaret G. Myers, A Financial History of the United States. 人寿保险的商业概念和慈善事业的概念之间的冲突贯穿于人寿保险的历史始终。我将在第六章处理这个议题。

13. Nichols, Insurance Blue Book, p.9.

14. 引自 Fundamental By-Laws and Tables of Rates for the Corporation for the Relief of the Widows and Children of Clergymen in the Communion of the Protestant Episcopal Church, with Preface by Horace Binney, p.13。有关圣公会牧师对人寿保险缺乏回应的问题，亦可参见 John William Wallace, Historical Sketch of The Corporation for the Relief of the Widows and Orphans of Clergymen in the Communion of the Protestant Episcopal Church, pp.13-15。

15. Nichols, Insurance Blue Book, p.10-11.

16. Thomas H. Montgomery, A History of the Insurance Company of North America, p.72.

17. Mackie, Facile Princeps, p.126.

18. Nichols, Insurance Blue Book, p.37-38.

19. Gerald T. White, A History of the Massachusetts Hospital Life Insurance Company, p.27.

20. 引自联合保险公司（Union Insurance Co.）第一批董事的其中一位于1873年10月8日所写的一封信，转引自 J. H. Van Amringe, A Plain Exposition of the Theory and Practice of Life Assurance, p.55。

21. 转引自 F. F. Stevens, Reminiscences of the Past Half Century, p.30。

22. Hunt's Merchants' Magazine (February 1843), 8:109; Edinburgh Review, 1827, 转引自 Nichols, Insurance Blue Book, p.17。

23. 引自宾夕法尼亚公司（The Pennsylvania Co.）董事会1814年的会议记录，转引自 Stalson, Marketing Life Insurance, p.51。

24. *Legislative Documents of the Senate and Assembly of New York*, 53rd session, 1830, vol.2, no.84, p.3.
25. Zartman, "History of Life Insurance," p.86.
26. "Life Insurance Profession and Life Insurance Literature – Their Rise and Progress," *United States Insurance Gazette* (May 1861), 13:8.
27. *United States Insurance Gazette* (May 1855), 1:iv.

持续之谜

1. 19世纪的保险史学家对文化抵制和流行的偏见更为敏感；参见"Life Insurance Profession and Life Insurance Literature – Their Rise and Progress," *United States Insurance Gazette* (May 1861), vol.8; J H Van Amringe, *A Plain Exposition of the Theory and Practice of Life Assurance*; and Walter S. Nichols, *Insurance Blue Book, 1876-77*。阿尔弗雷德·曼内斯（Alfred Mannes）是一位当代作家，他意识到在人寿保险发展的前提条件中，就包括"从对个人和其所属的社会群体的伦理观点产生出来的某些主观限制"。Alfred Mannes, "Principles and History of Insurance," p.97. 在其著作《伦理、道德和保险》(*Ethics, Morality, and Insurance*) 中，约翰·朗（John D. Long）这位保险学的教授讨论了人寿保险的伦理基础。不幸的是，他的资料大部分都是主观的。一些历史学家则承认了宗教偏见对人寿保险发展的阻碍作用，但却没有系统分析这种作用。参见 J. Owen Stalson, *Marketing Life Insurance*; Charles Knight, *History of Life Insurance to 1870*; Nichols, *Insurance Blue Book*; G. A. MacLean, *Insurance Up Through the Ages*。Joseph MacLean, *Life Insurance*, p.511 则提出"这种愚蠢的偏见在很大程度上要为这门生意的缓慢发展负责"。
2. T. R. Jencks, "Life Insurance in the United States," pp.109-31 and 227-41. See also R. Carlyle Buely, *The Equitable Life Assurance Society of the United States*, pp.34-35; Shepard B. Clough, *A Century of American Life Insurance*, pp.4 and 41; Douglass C. North and Lance E. Davis, *Institutional Change and American Economic Growth*, p.169; and Alfred Mannes, "Outlines of a General Economic History of Insurance," p.40.

3. W. W. Rostow, *The Stages of Economic Growth*, p.40.
4. 见 Douglass C. North, *Growth and Welfare in the American Past*, p.75; S. Bruchey, *The Roots of American Growth*, p.85; 及 Paul David, "The Growth of Real Product in the United States Before 1840: New Evidence, Controlled Conjectures."。
5. Gerald T. White, *A History of the Massachusetts Hospital Life Insurance Company*, p.17.
6. 同上, p.28。亦可参见 W. H. Kniffin, *The Savings Bank and Its Practical Work*, p.16; Nichols, *Insurance Blue Book*, p.16; Lance E. Davis and Peter L. Payne, "From Benevolence to Business: The Story of Two Savings Banks," p.387; 及 *Statistical Abstract of the United States, 1938* (U.S. Dept, of Commerce, Bureau of the Census), p.257。
7. 转引自 In James G. Smith, *The Development of Trust Companies in the United States*, p.235。
8. Douglass C. North, "Capital Accumulation in Life Insurance Between the Civil War and the Investigation of 1905," p.239. See also Buley, *Equitable Life Assurance Society*, p.30; Clough, *A Century of American Life Insurance*, pp.6-9; and Morton Keller, *The Life Insurance Enterprise, 1885-1910*, p.9.
9. Dexter Reynolds, *A Treatise on the Law of Life Assurance*, p.9.
10. E. W. Stoughton, "Life Insurance," p.231.
11. "Life Insurance for Farm Families" (U.S. Dept, of Agriculture: Agricultural Research Service, 1959), p.2. 亦可参见 Clough, *A Century of American Life Insurance*, pp.6-9。
12. W. S. Rossiter, *A Century of Population Growth*, p.15.
13. North and Davis, *Institutional Change and Economic Growth*, p.169. 生命表用于测算足够的保费。他们以一套特定年龄的死亡率来归纳一代人或一个同期群的死亡率经验。
14. Fredrick H. Ecker, *The Great Provider*, p.31; and Irving Pfeffer and David R. Klock, *Perspectives on Insurance*, p.33.
15. C. F. Trenerry, *The Origin and Early History of Insurance*, p.157. 精算科学就是将概率法则应用于保险。概率论首先由布莱士·帕斯卡尔(Blaise Pascal)

在 1665 年发展出来。

16. MacLean, G. A., *Insurance Up Through the Ages*, p.35.
17. Maris A. Vinovskis, "The 1789 Life Table of Edward Wigglesworth," pp.570-583.
18. Miles M. Dawson, "The Development of Insurance Mathematics," p.115.
19. 见 J. A. Fowler, *History of Insurance in Philadelphia for Two Centuries*, p.647; Buley, *The Equitable Life Assurance Society*, p.33; Lester Zartman, "History of Life Insurance in the United States," p.80; Terence O'Donnell, *History of Life Insurance in Its Formative Years*, p.439。
20. Yasukichi Yasuba, *Birth Rates of the White Population in the United States, 1800-1860*, pp.82-96。凡诺夫斯基斯（Vinovskis）发现了直至 1860 年相对稳定的死亡率，Maris Vinovskis, "Mortality Rates and Trends in Massachusetts before 1860," pp.184-213。
21. 同上，p.204。
22. Rossiter, *A Century of Population Growth*, p.93; U.S. Bureau of the Census, *Historical Statistics of the United States: Colonial Times to 1957* (Washington, D.C., 1960), p.24.
23. *House Journal Penna.* (1811-12), p.157; 引用于 Smith, *The Development of Trust Companies*, p.235。
24. 委员会关于银行与保险公司的报告与人寿保险行业有关。*Documents of the Assembly of the State of New York*, 75th session, 1852.
25. Spencer L. Kimball, *Insurance and Public Policy*, p.8.
26. Oscar Handlin and Mary F. Handlin, *Commonwealth – A Study of the Role of Government in the American Economy: Massachusetts 1774-1861*, p.139.
27. *House Journal Penna.* (1811-12), p.157; 引用于 Smith, *The Development of Trust Companies*, p.235.
28. Stalson, *Marketing Life Insurance*, p.74. 这本书被誉为"人寿保险历史上最有价值的书籍"。Henrietta M. Larson, *Guide to Business History*, p.464.
29. 参见 Stalson, *Marketing Life Insurance*, p.66, 81, 201, 662; Gerald T. White, *A History of the Massachusetts Hospital Life Insurance Company*, pp.32, 83。到 1878 年，宾夕法尼亚公司、马萨诸塞公司、纽约人寿和吉拉德人寿都离开

了人寿保险行业。

30. Mannes, "Principles and History of Insurance," p.97.
31. 转引自 Mildred F. Stone, *Since 1845: A History of the Mutual Benefit Life Insurance Company*, p.19。
32. *Hunt's Merchants' Magazine* (October 1844), pp.342-43.
33. Stalson, *Marketing Life Insurance*, p.152.
34. 转引自 Harrison S. Morris, *A Sketch of the Pennsylvania Company for Insurance on Lives and Granting Annuities*, p.96。
35. 转引自 Stalson, *Marketing Life Insurance*, p.152。
36. *Insurance Monitor* (March 1853), 1:1.
37. *Prospectus of The Union Insurance Company, Incorporated by the Legislature of the State of New York, for Making Insurance on Lives, and Granting Annuities* (New York, 1818), p.1.
38. *Hunt's Merchants' Magazine* (October 1844), 11:342.
39. White, *Massachusetts Hospital Life Insurance Company*, p.31; Stalson, *Marketing Life Insurance*, p.220; and *United States Life Insurance Co.* in Philadelphia, 1850 booklet.
40. Fowler, *History of Insurance in Philadelphia*, p.655; Marquis James, *The Metropolitan Life*, p.16; Stalson, *Marketing Life Insurance*, p.327. 有关1857年对人寿保险公司的恐慌效应,奈特指出:"其他信誉直到当时还未受损的机构和商业企业每天都在失败,人寿保险公司作为对已经失去了其他事业中所有一切的许多人的财务保护的唯一一种来源却显著地屹立不倒。"Knight, *History of Life Insurance*, p.117.
41. Stalson, *Marketing Life Insurance*, p.55. 这些假设仅凭印象的基础导致了对同样变量的极端解释。扎特曼声称对人寿保险的原理的"几乎普遍的忽视"有利于人寿保险,因为这样就允许不正当的策略继续被掩盖,而这些策略是其成功的关键。Zartman, *History of Life Insurance*, p.86.
42. Alexander C. Campbell, *Insurance and Crime*, p.187.
43. James Gollin, *Pay Now, Die Later*, p.187.
44. *Consumer's Union Report on Life Insurance*, p. IX.
45. J. Brianbridge, *Biography of an Idea: The Story of Mutual Fire and Casualty*

Insurance, p.17.

46. A. C. Dollarhide, *Facts and Fallacies of Life Insurance*, p.5.
47. Burton Hendricks, "The Story of Life Insurance," p.68.
48. *New York Daily Tribune* (June 6, 1874), p.6.
49. Brianbridge, *Biography of an Idea*, p.17.
50. 同上。
51. *The Map Report*, p.44.
52. *New York Times*, Feb.23, 1974.
53. Jeffery O'Connell, "Living with Life Insurance," p.34.
54. Stone, *Mutual Benefit Life Insurance Company*, p.15.
55. Everett M. Rogers with F. Floyd Shoemaker, *Communication of Innovations*, p.108.
56. Jencks, "Insurance in the United States," p.119.
57. Stalson, *Marketing Life Insurance*, pp.321-22.

一个比较的视角

1. T. R. Jencks, "Life Insurance in the United State," p.124.
2. Portalis, from *Recueil Complet des Travaux Preparatoires du Code Civil XIV*, quoted by I. Tournan, "L'Assurance sur la Vie en France au XIX Siecle," p.24. 注意：除非有特别指明，均由我自己译自法文。
3. 罗格斯和舒梅克提出在解释一种创新成功或失败时，跨文化的检验是确定不同变量的重要性的一条路径。Everett M. Rogers with Floyd Shoemaker, *Communication of Innovations*, p.52. 有关比较分析，参见 Ivan Vallier, ed., *Comparative Methods in Sociology*。
4. Jencks, "Life Insurance in the United States," p.110. 关于火险和海险的发展，亦可参见 Stuart Bruchey, *The Roots of American Economic Growth*, p.145; Terence O'Donnell, *History of Life Insurance in Its Formative Years*, p.439; R. Carlyle Buley, *The Equitable Life Assurance Society of the United States*, p.20; Joseph S. Davis, *Essays in the Earlier History of American Corporations*, p.245;

Solomon Huebner, "History of Marin Insurance," p.18.
5. P. Henry Woodward, *Insurance in Connecticut*, p.11.
6. Davis, *Essays in the Earlier History of American Corporations*, pp.234, 245.
7. Walter S. Nichols, *Insurance Blue Book*, 1876-77, p.7, pp.13-14.
8. 同上，p.12。
9. Marquis James, *Biography of a Business*, p.43; Davis, *Essays in the Earlier History of American Corporations*, pp.234-236.
10. Nichols, *Insurance Blue Book*, p.8. See also James G. Smith, *The Development of Trust Companies in the United States*, p.235.
11. *The American Life Assurance Magazine and Journal of Actuaries* (July 1859 – April 1860), 1:12.
12. 同上，pp.11-12。
13. Woodward, *Insurance in Connecticut*, p.14.
14. Hawthorne, *The Hartford of Hartford*, p.75. 同样，1666年的伦敦大火导致了英国第一家火灾保险公司的建立。James, *Biography of a Business*, p.140.
15. 参见 S. Huebner, *Marine Insurance*, P.32; James L. Athearn, *General Insurance Agency Management*, p.30; and William D. Winter, *Marine Insurance*, p.342。
16. Miller Lee Taylor, "The Life Insurance Man: A Sociological Analysis of the Occupation," p.284.
17. *Legislative Documents of the Senate and Assembly of New York 53rd Sess.*, 1830, vol.2, no.84, pp.3-7, quoted in Smith, *The Development of Trust Companies in the United States*, p.254.
18. E. W. Stoughton, "Life Insurance," p.227.
19. William T. Standen, *The Ideal Protection*, p.84.
20. "Which is the Greater Duty," *Insurance Journal* (October 1882), 10:276.
21. Rev. S. A. Hodgman, *Fathers Life Boat*, p.8.
22. Standen, *The Ideal Protection*, p.84. 强调自我否定只是暂时的；到19世纪末，利己主义就被人寿保险出版物提升到购买人寿保险的主要动机的地位。这种在利他主义和利己主义之间的摇摆将在第六章中进行分析。
23. Editorial, *New York Journal of Commerce*, December 30, 1863.
24. Nichols, *Insurance Blue Book*, p.20.

25. Woodward, *Insurance in Connecticut*, p.13. Also in F. C. Oviatta, "History of Fire Insurance in the United States," p.77; Richard M. Bissell, "Fire Insurance: Its Place in the Financial World," p.28.
26. Nichols, *Insurance Blue Book*, p.21. 亦可见 Bissell, "Fire Insurance," p.29。
27. "Which is the Greater Duty," *Insurance Journal*, (October 1882), 10:2; "The New York Times on Insurance," *Insurance Monitor* (April 1853), 1:1.
28. Bissell, "Fire Insurance," p.29, pp.34-35.
29. Huebner, "History of Marine Insurance," pp.18-21.
30. Freeman Hunt, *Worth and Wealth*, p.38, 346, 386.
31. Editorial, *New York Times*, February 23, 1853, p.4.
32. Jencks, "Insurance in the United States," p.112.
33. Jules Lefort, *Traite du Contrat d'Assurance sur La Vie*, pp.38-39.
34. 一些公司在没有法律认可的情况下运营,但它们的合同可能随时会被撤销,它们必须退还所有保费。M. A. Wahab, "Insurance Development in Iraq and the U.A.R.," p.6. 同样参见 *Insurance Markets of the World*, p.497。
35. Marco Besso, "Progress of Life Assurance Throughout the World, from 1859 to 1883," p.427; *Insurance Markets*, pp.36-37, p.83, 98, pp.12-121, p.152, 158.
36. Henry S. Washbume, *Something About the Business of Life Assurance in Germany*, p.7; Lefort, *Traite du Contrat d'Assurance*, p.79, 84.
37. P. G. M. Dickson, *The Sun Insurance Office*, p.167.
38. Suketaro Hirose, *Development and Present Conditions of Life Insurance in Japan* (Osaka: Nippon Life Assurance Society, 1935), p.1.
39. G. Jacquemyns, Lagrand Dunomeau, p.49; *Insurance Markets*, pp.36-37, 64-65, 12-21, 142-43, p.152.
40. John Long, Ethics, *Morality and Insurance*, p.15.
41. 例如,可见于 Jencks, "Life Insurance in the United States," p.111; "Life Insurance," *Bankers Magazine* (February 1852), 6:662。
42. Edmond Reboul, *Du Droit des Enfants Beneficiares d'Une Assurance sur La Vie Contractee par Leur Pere*, p.21.
43. "Life Insurance in France," *Bankers Magazine* (September 1861), 9:179.
44. Barry Supple, *The Royal Exchange Assurance*, p.112.

45. Jencks, "Life Insurance in the United States," p.112.
46. "Life Assurance in France," *Insurance Monitor* (August 1861), 9:179.
47. 见 P. J. Richard, *Histoire des Institutions d'Assurance en France*, p.49; 及 Lefort, *Traite du Contrat d'Assurance*, p.72。
48. *Proceedings of the Second Annual Meeting of the Nautilus Mutual Life Insurance Company*, p. 14.
49. 转引自 Lefort, *Traite du Contrat d'Assurance*, p.39, 46。
50. 转引自 Supple, Royal Exchange Assurance, p.117。
51. Cornelius Walford, "Early History of Life Insurance in Great Britain," in Lester W. Zartman, and William H. Price, eds., *Life Insurance* (New Haven: Yale University Press, 1914), p.67. 成员数量被限制在 2000 人以内。
52. Supple, *Royal Exchange Assurance*, pp.100, 110.1721 年，皇家交易（the Royal Exchange）和伦敦保险（the London Assurance）这两家重要的人寿保险公司成立了。虽然它们大多数的利润都来自火险和海险，但它们开发了一种体面的人寿保险业务。
53. Owen J. Stalson, *Marketing Life Insurance*, p.41.
54. Supple, *The Royal Exchange Assurance*, p.10, pp.110-11.
55. Besso, "Progress of Life Insurance," p.431.
56. "Principles of Life Insurance," *Banker's Magazine* (April 1859), 13:810.
57. Dickson, *Sun Insurance Office*, p.101.
58. Supple, *The Royal Exchange Assurance*, p.56.
59. 来自 *Spectateur Politiqueet Litteraire* (November 1818), 转引自 J. B. Juvigny, *Coup d'Oeil sur Les Assurance sur les Assurances sur La Vie des Hommes*, p.81。
60. "Life Insurance in France," *Bankers Magazine* (September 1861), 16:214.
61. Buley, *The Equitable Life Assurance Society*, p.283.
62. Lefort, *Traite du Contrat d'Assurance*, pp.47-49.
63. 转引自 Tournan, *L'Assurance sur la Vie*, p.49。
64. Lefort, *Traite du Contrat d'Assurance*, p.54.
65. Henry S. Washburne, *Something About the Business of Life Assurance in France*, p.34; Buley, *The Equitable Life Assurance Society*, p.28; Alfred Mannes, "Outlines of a General Economic History of Insurance," p.43.

66. Jencks, "Life Insurance in the United States," p.110。法国政府于 1793 年宣布人寿保险非法。

67. F. Chevert, *L'Assurance sur la Vie*, booklet 187?, p.62. 有关法国的火险,参见 "Fire Insurance in France," *United States Insurance Gazette* (October 1856), 3:326; Richard, *Institutions d'Assurance en France*, p.48。

68. Alois de Meuron, "Du Contrat d'Assurance sur la Vie," p.13. See also Lefort, *Traite du Contrat d'Assurance*, p.61; Rene Goupil, *De La Consideration de la Mort des Personnes dans les Actes Juridiques*, p.2.

69. "Life Insurance in France," *Bankers Magazine*, p.214.

70. Juvigny, *Assurance sur la Vie des Hommes*, p.2, 94.

71. Jencks, "Life Insurance in the United States," p.112.

72. Buley, *The Equitable Life Assurance Society*, p.96; Lefort, *Traite du Contrat d'Assurance*, p.54; Tournan, *L'Assurance sur la Vie*, p.63.

73. Goupil, *La Consideration de la Mort*, p.125; Miles W. Dawson, "The Development of Insurance Mathematics," In Lester W. Zartman, ed., *Personal Insurance*, p.106.

74. "Life Insurance in France," *Bankers Magazine* (November 1857), 12:379.

75. Michel Pascan, *Les Pactes sur Succession Future*, p.103.

76. 同上,pp.105-06。

77. Goupil, *La Consideration de la Mort*, p.131, 195; Lefort, *Traite du Contrat d'Assurance*, pp.76; Pierce Pelerin, *The French Law of Wills, Probates Administration and Death Duties*, pp.8-9.

78. 转引自 Lefort, *Traite du Contrat d'Assurance*, p.38, 41。

79. 同上, p.47。

80. 转引自 Richard, *Institutions d'Assurance en France*, p.37。

81. 转引自 Tournan, *L'Assurance sur la Vie*, p.24。

82. 转引自 Jencks, "Life Insurance in the United States," p.112。

83. 见 Lefort, *Traite du Contrat d'Assurance en France*, p.65。

84. Goupil, *La Consideration de la Mort*, p.35.

85. Lefort, *Traite du Contrat d'Assurance*, p.6.

价值观和思想观念对接纳社会创新的影响：人寿保险与死亡

1. *Insurance Monitor*（August, 1863), 11:183.
2. Douglass C. North and Lancet E. Davis, *Institutional Change and American Economic Growth*, p.39. See also Everett M. Rogers with F. Floyd Shoemaker, *Communication of Innovations*, p.144.
3. Bernard Barber, "Function, Variability, and Change in Ideological Systems," p.259.
4. 科尔曼（James Coleman）提到了大多数有关社会创新生成的讨论所具有的推测属性（the conjectural quality）。"Social Inventions," p.172. 但存在一些例外。一项对老年人和健在者的保险的接纳的研究得出结论，认为社会创新尤其受到情感因素而非认知因素的影响。Ward Bauder, "Iowa Farm Operators' and Farm Landlords' Knowledge of, Participation in and Acceptance of the Old Age and Survivors' Insurance Program". 在《为社会保障而奋斗》(*The Struggle for Social Security*) 一书中，罗伊·鲁波夫（Roy Lubove）阐明了对立的思想观念对努力引入社会保险的影响。社会保障并没有因为经济基础而被攻击，但它却被认为是对志愿主义和个人主义的思想观念的挑战。本杰明·尼尔森（Benjamin Nelson）则在《高利贷观念》(*The Idea of Usury*) 一书中展现了一项创新在道德基础上遭到反对的另一个案例。
5. 令人惊讶的是，当葬礼花费和遗嘱已经被用作对待死亡的态度的一个指标时，人寿保险的相关材料却大多未被开发。关于葬礼花费，参见 Vanderlyn R. Pine and Derek L. Phillips, "The Cost of Dying," pp.130-39; and William M. Kephart, "Status After Death," pp.635-43。关于遗嘱，Thomas L. Schaffer, *Death, Property, and Lawyers* and Michel Vovelle, *Piete Baroque et Dechristianisation en Provence au XVIII Siecle*。
6. 选自18世纪各个志愿团体的《规章制度》(*Rules and Constitutions*)（引自收藏于哥伦比亚大学图书馆的微缩胶卷）：Society for the Sons of St. George, 1772, 1774, 1778 (English); Friendly Brothers of St. Patrick, 1775 (Irish); Baltimore Benevolent Society, 1796 (Catholic); Scots Society, New York City, 1744; Fellowship Society of Charleston, South Carolina, 1769; Society for the Relief of Poor, Aged and Infirm Masters of Ships, their Widows and Children, 1800; and

Moravian Brotherly Association for the Support of Widows, 1771。成员所支付的一笔入会费以及每月或每年的费用提供了基础的基金，由此可以提供救济金（benefits）。1780年，平均的入会费是30先令，每年的费用也差不多相同数目。其他的钱财则来自对各种情况的处罚，包括品行不端、会议缺席、或不参加会员伙伴的葬礼等。这些团体支付的救济金的平均水平限制在每人或每个家庭10磅之内。虽然经常自我定义为慈善，但这些互助救济的团体并不只限于穷人。

7. Gerald T. White, *A History of the Massachusetts Hospital Life Insurance Company*, p.3.
8. Leroy Bowman, *The American Funeral*, p.113; Robert Habenstein and William M. Lamers, *The History of American Funeral Directing*, p.220, 235.
9. Lawrence M. Friedman, "Patterns of Testation in the 19th Century," p.39.
10. James T. Phelps, *Life Insurance Saying*, pp.12-13.
11. Rev. Henry Ward Beecher, *Truth in a Nutshell*.
12. Emile Durkheim, *The Elementary Forms of the Religious Life*, p.55.
13. Georg Simmel, *Philosophie des Geldes*, pp.387-437. 社会学家几乎没有注意到这本书；其首个英译版本在1978年才出现。参见 Georg Simmel, *The Philosophy of Money*, Tom Bottomore and David Frisby, trans. (Ondon: Routledge and Kegan Paul, 1978). 亦可见于 S. P. Altmann, "Simmel's Philosophy of Money," pp.46-48; Donald Levine, ed., *Georg Simmel on Individuality and Social Forms* (Chicago: University of Chicago Press, 1971); P. A. Lawrence, *Georg Simmel: Sociologist and European* (New York: Harper &Row, 1976); Peter Etzkorn, *Georg Simmel: Conflict in Modern Culture and Other Essays* (New York: Teacher's College Press, 1968)。赎罪抚恤金（wergild）在一些国家仍然存留；参见 Jacques El-Hakim, *Le dommage de source delictuelle en droit musulman*, p.110。
14. 转引自 Altmann, "Simmel's Philosophy of Money," p.58。帕森斯和利兹也将生命的神圣性概念与对个人主义的强调相联系；参见 Talcott Parsons and Victor Lidz, "Death in American Society," p.163。
15. 同上, p.133。
16. Michel Pascan, "Les Pactes sur Succession Future," p.2.

17. Rene Goupil, *De La Consideration de la Mort des Personnes Dans Les Actes Juridiques*, p.139, 183. 亦可见于 *Vovelle, Piete Baroque et Dechristianisation*。
18. Oscar T. Schultz: *The Law of the Death Human Body*, p.5.
19. Richard M. Titmuss, *The Gift Relationship*, p.198. 齐美尔认为卖淫对人的神圣性的冒犯与将人的价值化约为金钱有关。Altmann, "Simmel's Philosophy of Money," p.59.
20. "Tax Consequences of Transfers of Bodily Parts," pp.862-63.
21. Talcott Parsons, Renee C. Fox, and Victor M. Lidz, "The Gift of Life and Its Reciprocation," p.46. 勒尼·福克斯（Renee Fox）特别提到了心脏移植的魔法—宗教（magico-religious）层面；参见 "A Sociological Perspective on Organ Transplantation and Hemodialysis," p.422。
22. "Transfer of Bodies Parts," pp.843-45, 863。《统一遗体捐赠法》是法律工具，借此身体的某些部分或身体本身对不同的机构来说，成为死后的礼物变得可能。该法是由统一各州法律委员会（the Commission on Uniform State Laws）于1968年起草，到1971年6月，已经被48个州和哥伦比亚特区通过。
23. Geoge Albree, *The Evils of Life Insurance*, p.18. 门诺会（Mennonites）也激烈地反对人寿保险，其也引用了类似的理由："这就等同于拿人的生命做交易；给人的生命一个货币的价格，这是非基督教的（unscriptural），因为人是'基督教徒的身体，圣灵之殿'（temple of the Holy Ghost）"。"Life Insurance," Mennonite Encyclopedia, 3:343.
24. Beecher, *Truth in a Nutshell*.
25. Walter S. Nichols, *Insurance Blue Book*, 1876-77, p.37.
26. William T. Standen, *The Ideal Protection*, pp.44-45. See also Moses Knapp, *Lectures on the Science of Life Insurance*, p.207.
27. Norman O. Brown, *Life Against Death*, pp.239-48.
28. Durkheim, *The Elementary Forms of the Religious Life*, p.466.
29. Kephart, "Status After Death," p.636.
30. Bowman, *The American Funeral*, p.47. 从法律上说，葬礼的费用甚至优先于债权人的债务声索。New York Public Health Law 4200, in William Mark McKinney, *Consolidated Laws of New York Annotated*, Book 44, p.401. 亦可参见 Allison Dunham, "The Method, Process and Frequency of Wealth Transmis-

sion at Death," p.273。

31. George Russell and Kenneth Black, *Human Behavior and Life Insurance*, p.203.
32. *Practical Points for Practical Persons*, p. 57.
33. 葬礼变得如此昂贵，以至于马萨诸塞州州议会（the General Court of Massachusetts）分别于1721年、1724年和1842年通过法律，禁止"葬礼的过度花费"（Extraordinary Expenses at Funerals）。Habenstein and Lamers, *History of American Funeral Directing*, pp.203-04. 有关这一主题亦可参见 *Hunt's Merchants' Magazine* (1855), 32:519。对现代葬礼操办人的批评，参见 Jessica Mitford, *The American Way of Death*; Ruth Mulvay Harmer, *The High Cost of Dying*。
34. Frederick L. Hoffman, *History of The Prudential Insurance Company of America*, p.4. 约翰·F·德莱登是1909年保诚人寿保险公司的董事长，他也看到"针对穷人的人寿保险的问题根源深深埋在他们对贫民葬礼的厌恶"。John F. Dryden, *Addresses and Papers on Life Insurance and Other Subjects*, p.75. 亦可参见 Charles R. Henderson, *Industrial Insurance in the United States*, p.150; John F. Dryden, "Burial or Industrial Insurance," p.394。
35. Marilyn G. Simmons, "Funeral Practices and Public Awareness," p.10, 19; Habenstein and Lamers, *Funeral Customs the World Over*, p.449.
36. James Gollin, *Pay Now, Die Later*, p.210.
37. Parsons and Lidz, "Death in American Society," p.156.
38. Pine and Phillips, "The Cost of Dying," p.138. 类似的，阿利埃斯也提出葬礼操办人挣的钱"不会得到宽容，如果他们不是极需要钱的话"。Phillipe Aries, *Western Attitudes Toward Death*, p.100.
39. William Graham Sumner, *Forkway*, p.26.
40. Bronislaw Malinowski, *Magic, Science, and Religion*, p.31.
41. Charles W. Wahl, "The Fear of Death," p.17.
42. Habenstein and Lamers, *Funeral Customs the World Over*. 此书提供了无数个在死亡时刻应用魔法的例证，p.85, 165, 465, 482 以及其他页面。亦可参见 "Death and its Superstitions," Eclectic Magazine (January 1881), 96:396-400; Leo W. Simmons, The Role of the Aged in Primitive Society, pp.221-22; Robert Blauner, "Death and Social Structure," p.382。

43. Friedman, "Patterns of Testation," p.37.
44. Theo P. Otjen and Arthur J. Pabst, "Updating Life Insurance Settlement Options (A Comparison with Wills)," *Journal of Insurance* (December 1960), 27:75-76. See also Dunham, "Wealth Transmission," p.279.
45. New York Life Insurance Company Newsletter, May 1869, p.3.
46. "A Thought for Life Insurance," *Insurance Monitor* (May 1854), 1:43.
47. Knapp, *Science of Life Insurance*, p.207.
48. "The Usual Objections To Life Insurance Answered," *United States Insurance Gazette* (November 1859), 10:19.
49. "Thirty Short Answers to Thirty Common Objections to Life Insurance."
50. T. R. Jencks, "Life Insurance in the United States," p.111.
51. *Duty and Prejudice – an Interesting and Truthful Narrative*, p. 1.
52. 同上。
53. Judah T. Pompilly, *Watchman! What of The Night? Or Rejected Blessings. For Wives and Mothers*, p.5.
54. New York Life Insurance Company newsletter, May 1869, p.3.
55. *A Query for Women*, p. 18.
56. *Duty and Prejudice*, p. 1.
57. *Our Mutual Friend* (New York: Equitable Life Assurance Co., June 1867), p.3.
58. Pompilly, *Watchman! What of the Night?* p.8.
59. Rev. Henry Clay Fish, Word to *Wives*, p.5.
60. "Woman's Agency," *Insurance Monitor* (September 1855), 3:69.
61. Standen, *Ideal Protection*, pp.44-45.
62. Phelps, *Life Insurance Sayings*, p.27.
63. *A Query for Women*, p. 18.
64. Standen, *Ideal Protection*, pp.44-45.
65. Phelps, *Life Insurance Sayings*, p.27.
66. Rogers and Shoemaker, *Communication of Innovations*, p.188.
67. Charles E. Rosenberg, *The Cholera Year*. 以前很多疾病都被视为"无可避免的，而试图逃避疾病将会违抗天意"；参见 R. Carlyle Buley, "Pioneer Health and Medical Practices in the Old Northwest Prior to 1840," p.501。精神错乱

同样被认为是上帝意志的结果；参见 David J. Rothman, The Discovery of the Asylum (Boston: Little, Brown, 1971), p.109。

68. Parsons and Lidz, "Death in American Society," p.139.
69. "A Thought for Life Insurance," p.38.
70. Albree, *The Evils of Life Insurance*, p.11.
71. *Nile's Weekly Register* (February 8, 1823), 1:354.
72. Gerald J. Gruman, "A History of Ideas about the Prolongation of Life," p.86. 亦可见于 James H. Cassedy, *Demography in Early America*, pp.262-64; and T. H. Hollingsworth, *Historical Demography*, p.219。
73. D. R. Jacques, "Mutual Life Insurance," p.164.
74. "Why Should I Insure My Life?" *American Life Assurance Magazine*, (January 1860), 1:185.
75. Phelps, *Life Insurance Sayings*, p.33, 83.
76. Irving Fisher, "Economic Aspects of Lengthening Human Life," p.20.1914 年，保险行业组建了长寿研究所（Life Extension Institute）以保护生命；这为所有公司的保单持有人提供了一个中心，那里可以进行阶段性体检，也可以实施个人卫生教育项目。到 1919 年，他们为超过 600000 位保单持有人做了体检。参见 Irving Fisher, "The Life Extension Institute," and *Prolonging Life As A Function of Life Insurance* (New York: Life Extension Institute, 1919); 及 Edward A. Woods, *The Sociology of Life Insurance*。有些人寿保险公司早在 1869 年就资助长寿研究，见 T. S. Lambert's *Biometry: The Measure of the Span of Life*。
77. Glenn Vernon, *The Sociology of Death*, p.13. See also Geoffrey Gorer, *Death, Grief, and Mourning in Contemporary Britain*, pp.110-16.
78. William A. Faunce and Robert L. Fulton, "The Sociology of Death: A Neglected Area of Research," p.207; Pine and Phillips, "The Cost of Dying," p.138; Blauner, "Death and Social Structure," p.286.
79. Parsons and Lidz, "Death in American Society," p.156.
80. Gollin, *Pay Now, Die Later*, p.205.
81. Pine and Phillips, "The Cost of Dying," p.138; Bowman, *American Funeral*, p.118。阿利埃斯把当代美国的葬礼仪式看作是去仪式化和传统的悼念方式

之间的一种妥协。Phillips Aries, "The Reversal of Death: Change in Attitudes Towards Death in Western Societies," in David E. Stannard, ed., *Death in America*, pp.154-55. 群体治疗和家庭团聚也被认为是世俗的仪式,参见 Raul R. Patterson, "Children and Ritual of the Mortuary," p.86。

82. Alexander Welsh, "The Religion of Life Insurance," p.1576.
83. David N. Holwig, *The Science of Life Insurance*, p.22.
84. Morris Franklin, speech delivered at the First Annual Session of the Convention of Life Assurance Underwriters, May 26, 1859, in *American Life Assurance Magazine* (January 1860), 1:34.
85. *In Life Prepare for Death*, p.24.
86. *American Life Assurance Magazine* (January 1860), 1:180.
87. Lewis O. Saum, "Death in the Popular Mind of Pre-Civil War America," in David E. Stannard, ed., *Death in America*, pp.44-46.
88. "Life Insurance as a Duty," *Insurance Journal* (October 1882), 10:313.
89. Life Insurance (Manhattan Life Insurance Co., 1852 年出版的一本小册子), p.19.
90. Knapp, *Science of Life Insurance*, p.226.
91. "Life Insurance-Present Time and its Requirements," *United States Insurance Gazette* (June 1868), 27:6.
92. New York Life Insurance Co., *Almanac*, 1869, p.6.
93. *Insurance Journal* (May 1882), 10:103.
94. Standen, *Ideal Protection*, p.40, 194.
95. Beecher, *Truth in a Nutshell*.
96. 来自 T. DeWitt Talmage 的一次布道,他是 *Christian Herald* 和 *Signs of Our Times* 的编辑;转引自 Roger Hull, "Immortality Through Premiums," *Christian Century* (February 19, 1964), 81:240。
97. "The Ethics of Life Insurance," *Catholic World* (March 1897), 64:820.
98. 不朽的第五种模式被称之为"经验的"(experiential),通过生命中特定的超凡体验而获得。Robert J. Lifton and Eric Olson, *Living and Dying*, pp.79-82, 有关对自传作为一种社会不朽的形式的有趣评论,参见 Irving Louis Horowitz, "Autobiography as the Presentation of Self for Social Immortality," *New Literary History* (1977-78), 9:173-79。

99. Carl Becker, *The Heavenly City of Eighteenth-Century Philosophes*, particularly his last chapter, "The Uses of Posterity."
100. Vovelle, *Piete Baroque et Dechristianisation*, pp.57-59, 63-65, p.111, 113, 119, 274.
101. 转引自 "Attitudes Towards Death Grow More Realistic," *New York Times* (July 21, 1974), p.34. See also Herman Feifel, "Death," p.17。
102. E. W. Stoughton, "Life Insurance," p.223. 关于在19世纪留下遗产的重要性，参见 Henry Commager, The American Mind, p.50。清教徒对于死亡和临死的观念，参见 Stannard, "Death and Dying in Puritan New England," pp.1305-30。
103. 通过将人寿保险描绘成使"生命为受养人的利益而挣钱的能力"得以永恒，教科书的定义强化了这种象征意义。S. Huebner and Kenneth Black, Jr., Life Insurance, p.20.
104. Booklet published by the United States Life Insurance, Annuity and Trust Company of Philadelphia (New York, 1850).
105. Standen, *Ideal Protection*, p.46.
106. New York Life Insurance Company *Almanac*, 1869, p.6.
107. *Our Mutual Friend* (June 1867), p.1.
108. Goody, Death, *Property, and the Ancestors*, pp.375-78.
109. "A Ghostly Argument," *Insurance Monitor* (November 1894), 42:447.
110. C. Stephen H. Tyng, "Life Insurance Does Assure," p.4.
111. Joe B. Long, *The Adventures of a Life Insurance Salesman*, pp.78-79.
112. Schaffer, *Death, Property, and Lawyers*, p.82.
113. Blauner, "Death and Social Structure," p.387.
114. *Insurance Monitor* (February 1863), 11:34.
115. 参见 Kurt W. Back and Hans W. Baade, "The Social Meaning of Death and the Law," in Lewis M. Simes, *Public Policy and the Death Hand*, p.1; Dunham, "Wealth Transmission," p.255。早在17世纪，许多把财产遗赠给孩子的遗嘱是根据他们是否保持行为的某些模式而定的，参见 John Demos, A Little Commonwealth, p.103。不同于普通法，民法为后代提供了合法（legitime）分享他们父母财产的权利，而且这种分享是不可废止的（undefeasible）。

116. Goody, Death, *Property, and the Ancestors*, p.328, 394, 407, 414.
117. Quoted in the *Insurance Monitor* (August 1870), 18:4.
118. 关于其他对人之生命的经济价值的估价尝试，参见 Louis I. Dublin and Alfred J. Lotka, *The Money Value of Man*, pp.6-21。
119. Knapp, *Science of Life Insurance*, p.227.
120. "The Money or Commercial Value of a Man," *Hunt's Merchants' Magazine*, (July 1856), 33:34.
121. Holwig, *The Science of Life Assurance*, 1856, p. 4.
122. "The Philosophy of Life Insurance," *United States Insurance Gazette* (May 1868), 26:2.
123. Beecher, *Truth in a Nutshell*.
124. Dr. C. C. Pierce, "Human Life as a National Asset," p.386.
125. S. Huebner, in *Proceedings of the 35th Annual Convention of the National Association of Underwriters* (Los Angeles, 1924), p.18. 这个演讲受到了加州报纸的广泛关注，而且也以小册子的形式发给了人寿保险核保人。人的生命价值概念"火了起来"；不久大多数代理人就在推销中应用了这些观念。Mildred F. Stone, *The Teacher Who Changed An Industry: A Biography of Dr. Solomon S. Huebner* (Homewood, III: R. D. Irwin, 1960), pp.150-51.
126. S. Huebner, *The Economics of Life Insurance*, pp.55, 195. 伍兹估计在1926年，美国人口所拥有的货币价值为1.65万亿美元。Woods, *The Sociology of Life Insurance*, p.22.
127. Huebner, *The Economics of Life Insurance*, p.22 (1959 ed.).
128. Huebner and Black, *Life Insurance*, p.36.
129. 同上，p.3。甚至经济学家都犹豫是否让人寿保险出现在他们对产品、交易和消费的一般讨论中。Huebner, *Proceeding of the 35th Annual Convention*, p.21. 亦可见于 S. Huebner, "Human Life Values," in Life and Health Insurance Handbook, Davis W. Gregg, ed. (Homewood, III.: R. Irwin, 1959), p.8。
130. Huebner, *Proceedings of the 35th Annual Convention*, p.21.

生命、偶然与命运

1. Freeman Hunt, ed., *Worth and Wealth*, p. 345.
2. 参见 John Samuel Ezell, *Fortune's Merry Wheel: The Lottery in America*, pp. 205, 274。埃泽尔（Ezell）解释说彩票的衰微很大程度上是由于体制内部的腐败，而斯图亚特·布鲁奇（Stuart Bruchey）则提出其衰微部分是由于19世纪30年代道德改革运动对赌博的反对以及其他诸如股票和债券的投资可能性的出现。参见 Bruchey, *The Roots of American Economic Growth*, p. 145。
3. A. M. Sakolski, *The Great American Land Bubble*, p. 232, 234, 250.
4. 来自1972年11月3日环球唐提协会（the Universal Tontine Association）股东会议的记录，转引自 J. A. Fowler in *History of Insurance in Philadelphia*, p.43。亦可参见 Charles K. Knight, *History of Life Insurance to 1870*, p. 69。唐提式养老金制度是在17世纪中期由洛伦佐·唐提（Lorenzo Tonti）设计的，他建议以此作为资金筹集的方案，来解决路易十四政府的财政困难问题。参见 A. Fingland Jack, An Introduction to the History of Life Assurance, p.211。唐提式养老金制度在18世纪后期被引入美国，主要是为了给特殊楼宇的建设筹集资金。他们大多都失败了。其中两个突出的例子是成立于1791年的波士顿唐提公司（Boston Tontine）和成立于1792年的费城环球唐提（the Universal Tontine Philadelphia）。参见 Marquis James, Biography of a Business, p.12, 15。
5. 有关欧洲唐提式养老金制度的成功，参见 R. Carlyle Buley, *The Equitable Life Assurance Society of the United States*, p. 96；Terence O'Donnell, *History of Life Insurance in Its Formative Years*, p. 163；Jules Lefort, *Traité du Contrat d'Assurance sur La Vie*, p. 54。
6. *Life Insurance Illustrated and Objections Considered From A Business Standpoint*, booklet, 1870. 其他清单可见 William Alexander, *What Life Insurance Is and What It Does*, p. 107; Owen J. Stalson, *Marketing Life Insurance*, p. 278。
7. Charles Norton, *Life Insurance*, p. 63. 这很可能是第一本在美国出版的人寿保险教科书。
8. Elizur Wright, "Life Insurance For the Poor," *Journal of Social Science* (1876), no. 8, p. 148.

9. William T. Standen, *The Ideal Protection*, p. 224.
10. "An Examination and Defense of Life Insurance," *United States Insurance Gazette* (July 1857), 5:151. See also George W. Gordon, *Lecture before the Boston Young Men's Society*, p. 13.
11. "The Difference Between Life and Fire Insurance," *Insurance Monitor* (November 1895), 43:455.
12. George Albree, *The Evils of Life Insurance*, p. 2.
13. Johan Huizinga, *Homo Ludens*, p. 73.
14. Alexander Colin Campbell, *Insurance and Crime*, p. 195. 亦可见 A. Fingland Jack, *An Introduction to the History of Life Assurance*, p. 200, 及 Florence Edlerde Roover, "Early Examples of Marine Insurance," p. 196。
15. "The Romance of Life Insurance," Harper's *New Monthly Magazine* (October 1859), 19:664–65。这篇文章列举了其中的几个公司：一个处理马匹自然死亡的保险办事处、女性贞操保险（Assurance of Female Chastity）、入室抢劫者保险、撒谎保险（Assurance from Lying）、日内瓦的普鲁默和佩蒂醉酒身亡保险公司（Plummer and Petty's Insurance from death by drinking）。还有一些为不小心怀上孩子提供保险的公司。Barry Supple, *The Royal Exchange Assurance*, p. 9.
16. *Public Advertiser* (December 6, 1771), 转引自 Cornelius Walford, *Insurance Guide and Handbook*, pp. 27–28。
17. John Francis, *Annals, Anecdotes, and Legends*, p. 144.
18. Heineccius in *Pandectes*, 2, tit. 5, no. 258, 转引自 Raymond Kahn, *L'Aléa Dans Les Contrats*, p. 93。
19. Samuel Williston, *A Treatise on the Law of Contracts*, p. 571.
20. Edward C. Devereux, Jr., "Gambling," p. 53.
21. I Couch on Insurance 79.
22. Paul Swadener, "Gambling and Insurance Distinguished," p. 463.
23. Gerald J. Nolan, "Fact or Fiction? The Relationship Between Insurance and Gambling," p. 27. 如需了解保险与赌博相似性的深入分析，参见 Camilo Viterbo, *Ensayos de Derecho Comerdaly Económico*, pp. 148–53, 283–87。
24. Charles O. Hardy, *Risk and Risk-Bearing*, p. 70.

25. St. 14 Geo. III, c. 48 (1774).
26. Wamock v. Davis, 104 U.S. 775 (1881).
27. Allan H. Willet, "The Economic Theory of Risk and Insurance," p. 116.
28. Wright, "Rights and Wrongs of Policy-Holders," from the *New York Daily Tribune Supplement*, March 15, 1873; reprinted in Elizur Wright, *Politics and Mysteries of Life Insurance*, p. 171.
29. *Hunt's Merchants' Magazine* (May 1849), 20:499.
30. William T. Standen, *The Ideal Protection*, p.119. 亦可见于 Moses L. Knapp, *Lectures on the Science of Life Insurance*, p. 207。
31. Albree, *The Evils of Life Insurance*, p. 6, 10.
32. William Graham Sumner and Albert Keller, *The Science of Society*, p. 749.
33. John Angell James, *The Widow Directed to the Widow's God*, pp. 81, 83, 84. 根据导论，这本小册子是美国出版的第一本寡妇指南。亦可参见 A. C. Rose, *The Widow's Souvenir* (New York: Lane & Scott, 1852)。欲查看1830年至1880年间激增的慰藉性出版物，请参见 Ann Douglas, "Heaven Our Home: Consolation Literature in the Northern United States, 1830–1880," in David E. Stannard, ed., *Death in America*, pp. 49–68。
34. Albree, *The Evils of Life Insurance*, p. 11.
35. Nautilus Mutual Life Insurance Co., Second Annual Report, May 1847, p. 33.
36. "The Morality of Life Insurance," *Hunt's Merchants' Magazine* (January 1850), 22:117.
37. "Converting A Deacon," *Practical Points for Practical Persons*, p. 20. See also *United States Insurance Gazette* (July 1857), 5:152–53.
38. Myles A. Tracy, "Insurance and Theology," p. 86.
39. Jacob Viner, *The Role of Providence in the Social Order*, pp. 5–11, 32–42, p.88, 99.
40. Albree, *The Evils of Life Insurance*, p. 19.
41. David J. Rothman, *The Discovery of the Asylum*, p. 156.
42. P. Henry Woodward, *A History of insurance in Connecticut*, p. 62.
43. Albree, *The Evils of Life Insurance*, p. 19.
44. 来自 Elder Swan 的一次布道，引自 Woodward, *A History of Insurance in Connecticut*, p. 62。

45. 引自 Terence O'Donnell, *History of Life Insurance*, p. 726。
46. Knapp, *Lectures on the Science of Life Insurance*, p. 207.
47. "Life Insurance," *Mennonite Encyclopedia*, 3:343.
48. *Insurance Monitor* (January 1899), 47:21. 官方的路德宗百科全书不再谴责人寿保险，而宣称它是"为不可避免之事做准备的智慧的部分"。"Insurance," *Encyclopedia of the Lutheran Church 1965*, 2:1152–53.
49. Rev. D. D. Lore, *Address to Christian Pastors and Churches on Life Assurance*, p. 4.
50. Rev. Henry Ward Beecher, *Truth in a Nutshell*.
51. *Practical Points for Practical Persons*, p. 10. 有的公司雇佣牧师作为"辅助代理人"，在他们的教区居民中售卖保单。O'Donnell, *History of Life Insurance*, pp. 684, 726. 亦可参见 R. Carlyle Buley, *The Equitable Life Assurance Society*, 1:71. 在使他们的顾客相信为死亡带来的经济意外做准备是一个男人的责任为由，人寿保险的著述补充了神职人员的作品：
    "人们已经活得足够长，懂得为未来做合适的准备并不是不信任上帝，而是一种智慧的预见。……吝啬、自私、考虑不周、拖延的灵魂……诱使一个男人在没有回头路的地方开始他漫长的旅程，什么也没有给他的妻儿留下。" Burleigh, *The Sunny Side of Life Insurance*, p. 9.
52. James T. Phelps, *Life Insurance Sayings*, p. 78.
53. "Does a Man Shorten His Life by Insuring It?" *Hunt's Merchants' Magazine* (July 1856), 35:110.
54. Henry Mayhew, "An Inquiry into the Number of Suspicious Deaths Occurring in Connection with Life Insurance Offices," p. 73. 另一个受到投机性保险人欢迎的猎物是他们自己的妻子。许多保险办事处拒绝为他们保险，尤其是外科医生的妻子。*Insurance Monitor* (September 1856), 4:100.
55. *A Letter from Uncle John to his nephew Richard on Speculative Insurance*, p. 2.
56. Brockway v. Mutual Benefit Life Insurance Co. 9 Fed. Rep. 249, quoted in "Insurable Interest in Life," *Albany Law Journal* (November 1885), 32:386.
57. Brockway v. Mutual Benefit Life Insurance, *Albany Law Journal*, p. 368, 385.
58. John F. Onion, "Insurable Interest in Life," p. 11.
59. Williston, *A Treatise on the Law of Contracts*, p. 649. 反对赌博的公共政策如此强大以至于在大部分州，受到州法律谴责的赌博合同将不被法院批准执行，即使在它签订的地方还处于生效的状态。

60. St. 14 Geo. III, c. 48 (1774). 亦可参见 Edwin W. Patterson, *Cases and Materials on the Law of Insurance*, p. 114. 在所选实例中，赌博也被美国法院指控是轻率的行为。在 Love v. Harvey, 114 Mass. 80 (1873) 中，原告和被告就一位卡希尔博士的下葬地点下注。法官反对说："要让法官和陪审团参与回答每一个懒散愚蠢的人会选择下注的轻浮问题……与我们的法律原则不一致。"(p. 82).

61. Williston, *A Treatise on the Law of Contracts*, p. 649.

62. Irvin G. Wyllie, *The Self-Made Man in America*, p. 77. 欲了解新教伦理对经济生活的影响，请参见 Max Weber, *The Protestant Ethic and the Spirit of Capitalism*。亦可参见 Edmund S. Morgan, *The Puritan Family*, p.71。

63. Ezell, *Fortune's Merry Wheel: The Lottery in America*, p. 16, 53, 272.

64. Richard Weiss, *The American Myth of Success*, p. 37. 亦可参见 Wyllie, *The Self-Made Man*, p. 79。

65. *Hunt's Merchants' Magazine* (November 1839), 5:447.

66. Hunt, *Worth and Wealth*, pp. 72, 104–5. 弗里曼·亨特（Freeman Hunt）是内战前"自助"理论最重要的代言人之一。在 1839 年，他创办了《亨特商人杂志》。这本杂志传达了他的观点，劝告读者虽然一鸟在手并不总是胜过二鸟在林，但是："因为……正如这句谚语也想要告诫我们的，不要为了充满诱惑的不确定性而放弃有好处的确定性，我们的行为应完全出于谨慎和周全的考虑……" *Hunt's Merchants' Magazine*, (May 1852), 26:50.

67. Editorial, *New York Times*, February 23, 1853, p. 4.

68. Hunt, *Worth and Wealth*, p. 345.

69. Editorial, *New York Times*, February 23, 1853, p. 4.

70. Standen, *The Ideal Protection*, p. 228.

71. Hunt, *Worth and Wealth*, p. 38, 196.

72. Editorial, *New York Times*, February 23, 1853, p. 4.

73. Hunt, *Worth and Wealth*, p. 352.

74. A. B. Johnson, "The Relative Merits of Life Insurance and Savings Banks," p. 673.

75. A. B. Johnson, *A Guide to the Right Understanding of Our American Union* (New York: Derby & Jackson, 1857).

76. "Life Insurance Investment," *Banker's Magazine*, (May 1856), 16:273.
77. "The New York Times on Insurance," *Insurance Monitor* (April 1853), 1:1.
78. George Cardwell, *A Month in a Country Parish*, p. 43.
79. Hunt, *Worth and Wealth*, p. 346.
80. Gilbert Currie, *A Popular Essay on Life Assurance*, p. 159.
81. Donald McConnell, *Economic Virtues in the United States,* p. 59.
82. Standen, *The Ideal Protection*, pp. 69–70. 在19世纪晚期，兄弟会同样支持集体主义这种更重要的道德而非储蓄银行的个人主义："仅有节俭是不够的。……有一种节俭，比如新英格兰那种吝啬的利己主义式的节俭。……储蓄银行是一个纯粹个人主义的团体并且……脱离了现代生活真实的社会发展。" *Lend a Hand* (1892), 8:292, quoted by Hace Sorel Tishler, *Self-Reliance and Social Security*, p. 24.
83. Henry Crosby Emery, *Speculation on the Stock and Produce Exchanges of the United States*, p. 8. 埃梅里也区分了赌博和服务于社会经济需要的合法投机行为。他的书被认为是那个时期讨论投机的主要作品之一。
84. "Cause for the Popularity of Life Assurance," *Prospectus for 1885*, Equitable Life Assurance Society, p. 5.
85. Burton Hendrick, "The Story of Life Insurance," p. 411. 这个特点让唐提式养老金制度对不赞成从丈夫的死亡获益的妻子充满吸引力。来自一份传单，*Equitable's Scrapbook*, 1885, 转引自 Owen J. Stalson, *Marketing Life Insurance*, p. 506。
86. Hendrick, "Story of Life Insurance," p. 411. 一开始，唐提保单没有退保金额。在1871年的时候，公平公司介绍了一种"唐提储蓄基金保单"，它提供小金额的退保金，因此销量显著提高。

营销生命：道德说服与企业

1. 法国革命政府（the French Revolutionary Government）1789年的声明，转引自 P. J. Richard, *Historire des Institutions d'Assurance en France*, p. 37。

2. Richard M. Titmuss, *The Gift Relationship*, p. 23. 对不同经济和社会交换形式的类型和功能分析，参见 Bernard Barber, "The Absolutization of the Market"。从"法律地位"到"合同"的转变，参见 Henry Sumner Maine, Ancient Law (New York: Dutton, 1961)。

3. George Albree, *The Evils of Life Insurance* (Pittsburgh: Bakewell and Mathers, 1870), p. 28.

4. "Life Insurance," *Mennonite Encyclopedia*, 3:344.

5. Frederick L. Hoffman, *History of the Prudential Insurance Co. of America*, p. 7. 第一个兄弟保险公会是 1868 年在宾夕法尼亚州的米德维尔（Meadville）成立的"联合工人的传统秩序"（the Ancient Order of United Workmen）。兄弟会行使宗教、社会和慈善实体的功能，提供除了保险之外的"乡间小屋和俱乐部会所，仪式和庆典的组织，熟悉的人和风俗习惯的吸引。" Morton Keller, *The Life Insurance Enterprise*, p. 10. 他们也是外来移民适应陌生土地的中途休憩地。兄弟会的社会功能，参见 Richard De Raismes Kip, *Fraternal Life Insurance in America*, p.4, 148; Charles O. Hardy, *Risk and Risk-Bearing*, p.286; and Charles R. Henderson, *Industrial Insurance in the United States*, pp. 63–64。

6. Hoffman, *History of the Prudential*, p. 34. 意识到兄弟会组织的吸引力，保德信公司成立了保德信友爱会（The Prudential Friendly Society）。仅在两年后的 1877 年，它便脱去了所有兄弟会组织的伪装；重新命名为美国保德信保险公司（The Prudential Insurance Company of America）。

7. *Insurance Monitor* (May 1854), 2:38.

8. Moses L. Knapp, *Lectures on the Science of Life Insurance*, p. 18.

9. "Life Insurance—Present Time and Its Requirements," *United States Insurance Gazette* (June 1868), 27:81. 同样，火险也取代了更为随意和不够充分的邻里帮助。

10. "The Power of Association Illustrated by the System of Life Insurance," *United States Insurance Gazette* (November 1870), 32:4.

11. "Life Insurance," *United States Insurance Gazette* (June 1868), 27:82.

12. "The Relation Between Life Assurance and Natural Law," *United States Insurance Gazette* (November 1873), 38:33.

13. Rev. Dr. Cook, "Life Insurance," *Banker's Magazine* (October 1849), 4:375.

14. *Importance of Life Assurance*, 1861 booklet published by Equitable.
15. Elias Heiner, "An Examination and Defense of Life Insurance," p. 146. 亦可见 *The Advantage of Life Insurance* (New York: Mutual Life Insurance Co. of New York, 1855), and "The Moral Duty of Life Assurance," *Insurance Monitor* (August 1863), 11:183。
16. *Importance of Life Assurance* and "Life Insurance as a Duty," *Insurance Journal* (October 1882), 10:313. 一个作者指出"如果一个兄弟……去帮助自己兄弟贫困的寡妇或是自己的姐妹……他因自己的慷慨而得到的赞扬正是他缺少这种美德的证明。""Power of Association," p. 2.
17. Knapp, *Science of Life Insurance*, p. 29.
18. "The Moral Duty."
19. "The Philosophy of Life Insurance," *United States Insurance Gazette* (May 1868), 26:3.
20. "Why Should I Insure My Life?" *American Life Assurance Magazine* (January 1860), 1:176.
21. Heiner, "Defense of Life Insurance," p. 143.
22. Knapp, *Science of Life Insurance*, p. 204.
23. Hon. Morris Franklin, President of the New York Life Insurance Company, cited by *United States Insurance Gazette* (May 1859), 9:138.
24. Knapp, *Lectures on the Science of Life Insurance*, p. 28.
25. 同上 , p. 25。
26. *Mutual Life Insurance Company*.
27. Heiner, "An Examination and Defense of Life Insurance," pp. 82–83, p.152.
28. "Life Insurance—Its Importance and Necessity," *United States Insurance Gazette* (June 1855), 1:117.
29. "The Moral Duty."
30. Heiner, "An Examination and Defense of Life Insurance," p.143.
31. Knapp, *Lectures on the Science of Life Insurance*, p. 60.
32. "Why Should I Insure My Life?" p. 179.
33. Knapp, *Lectures on the Science of Life Insurance*, p. 227.
34. Cook, "Life Insurance," p. 377.

35. Knapp, *Lectures on the Science of Life Insurance*, p. 209.
36. "Why Should I Insure My Life?" p. 179.
37. *Importance of Life Assurance.*
38. *Fifteen Good Reasons for Insuring My Life.*
39. Knapp, *Lectures on the Science of Life Insurance*, p. 27.
40. George Cardwell, *A Month in a Country Parish*, p. 17.
41. *United States Insurance Gazette* (May 1868), 27:2.
42. *Insurance Monitor* (August 1863), 11:183. 同样，随后几年的工业人寿保险声称其社会贡献之一是由于贫民葬礼的减少而带来的纳税人和社区可观的储蓄。Hoffman, *History of the Prudential*, p. 307.
43. Knapp, *Lectures on the Science of Life Insurance*, p. 27.
44. "Why Should I Insure My Life?" p. 177. 亦可见 *Fifteen Good Reasons for Insuring My Life*, 1860 booklet, on the social duty to prevent dependents from "becoming a tax on the charity of others."。
45. "Life Assurance," *Hunt's Merchants' Magazine* (August 1870), 68:120.
46. Darwin P. Kingsley, "Life Insurance—Its Service and Its Leadership," *Independent* (1900), 52:2827; 引用于 Morton Keller in *The Life Insurance Enterprise*, p. 29。
47. S. E. Mulford, *A Reply to Colonel Greene.*
48. "Life Assurance," *Hunt's Merchants' Magazine.*
49. *Insurance Journal* (October 1880), 8:409.
50. William T. Standen, *The Ideal Protection*, p. 80.
51. 公众越来越相信保单的条款是不公平的，并且公司经理"太过武断，太过不切实际或者太过无情自私。"Owen J. Stalson, *Marketing Life Insurance*, p. 406.
52. Dr. T. M. Coan, "Does Life Insurance Insure?" p. 279.
53. J. A. Fowler, *History of Insurance in Philadelphia*, p. 659.
54. 来自 1845 年互益人寿保险公司发行的第一份募股章程，转引自 Mildred F. Stone, *Since 1845*, p. 9；亦可参见 *Fifteen Good Reasons to Insure My Life*。
55. *Journal of Insurance* (October 1858), 39:498.
56. "A Thought for Life Insurance," *Insurance Monitor* (May 1854), 2:43.
57. *Insurance Monitor* (May 1854), 2:37. 亦可见于 Stalson, *Marketing Life Insur-*

ance, p. 275。
58. Stephen H. Tyng, *Life Insurance Does Assure*, pp. 14–15.
59. 唐提式的递延股利保单要求保单持有人放弃短时的红利，而是用更长的时间换取公司更大的投资灵活性及其他保单持有人的保单期满和保单放弃带来的在期满时的收益前景。Stalson, *Marketing Life Insurance*, p. 487; Keller, *Life Insurance Enterprise*, p. 56.
60. *A Fortune for Everybody—How It Pays or the Best Investment for Business Men*, p. 15, 19.
61. E. A. Rollins, *The Business Worth of Life Insurance*; *A Fortune for Everybody—How It Pays or the Best Investment for Business Men*.
62. Rev. H. C. Fish, *The American Manual of Life Assurance*, p. 9. 亦可见于 Burleigh, *Life Insurance Illustrated and Objections Considered from a Business Standpoint*, p. 20。
63. "Hints to Life Insurance Agents," from a New York Life Insurance Company newsletter, April, 1868, p. 4.
64. S. S. Huebner, *The Economics of Life Insurance*, p. 120.
65 William Alexander, *How To Sell Life Assurance*, p. 195.
66. *How to Sell Life Assurance* (instruction booklet), p.18.
67. "Auger Holes and Gimlets," *Insurance Monitor* (January 1899), 47:35.
68. Burton Hendrick, *The Story of Life Insurance*, p. 36.
69. Solomon S. Huebner and Kenneth Black, Jr., *Life Insurance*, p. 21. 新的文献鼓励将家庭重新定义为一门应该被保护的生意，其不应受"可避免的破产"的影响。同上, p. 27。
70. C. Wright Mills, "Situated Actions and Vocabularies of Motive," *American Sociological Review* (December 1940), 5:904-13.
71. *A Brief History* (New York: Mutual Life Insurance Co., 1857), p.1.
72. Fowler, *History of Insurance in Philadelphi*a, p. 659.
73. Heiner, "Defense of Life Insurance," p. 146.
74. Knapp, *Lectures on the Science of Life Insurance*, p. 224.
75. 参见 Mutual Benefit Life Insurance Company booklet, 1858, 转引自 Stone in *Since 1845*, p. 51；亦可参见 Knapp, *Lectures on the Science of Life Insurance*,

p. 225; and "Mrs. Buffon's Nerves," *New York Life Insurance Co. Newsletter* (March 1868)。

76. *Insurance Journal* (October 1882), 10:277. 对于批评储蓄银行自私的类似声音，人寿保险的反对者回应说无私是不充分的动机："一个为了自己的孤儿寡妻未来的福利而努力工作并购买保险的人，不能控制当他为了其自身当下的富足努力工作而感受到的能量。A. B. Johnson, "The Relative Merits of Life Insurance and Savings Banks," p. 672.

77. Cook, "Life Insurance," p. 378.

78. Editorial, *New York Evangelist*, September 21, 1876.

79. Standen, *The Ideal Protection*, p. 25.

80. Elizur Wright, "The Regulation of Life Insurance," p. 541. 詹克斯（Jencks）同样注意到，"微不足道的保费"是如何等值于"舒适的感受的，这使我们觉得死亡本身不会导致我们信赖的朋友和依靠我们的亲属变得贫困。" T. R. Jencks, "Life Insurance in the United States," p. 124.

81. 布莱恩布瑞琪（Brainbridge）解释了"除了他的保单之外，收起来放进抽屉或文件夹，保险的购买人没有证明他买的是什么的实际证据"。J. Brainbridge, *Biography of an Idea*, p. 18. 有关人寿保险的不可感知性，参见 Mark Greene *Risk and Insurance*, p. 168; Kimball, *Insurance*, p. 4。早期的人寿保险公司积极地寻求重要的社群领导人的支持，作为另一种使客户对他们公司的合法性感到安心的方式。Stalson, *Marketing Life Insurance*, pp. 70, 145; Gerald, T. White, *A History of the Massachusetts Hospital Life Insurance Company*, p. 5.

82. *Remarks of the Late Dr. Norman MacLeod on Life Assurance*.

83. Everett Rogers with F. Floyd Shoemaker, *Communication of Innovations*, pp. 22-23, p.155.

84. 对越轨行为的公开揭露是强化社会规范的一个机制，参见 Paul F. Lazarsfeld and Robert K. Merton, "Mass Communication, Popular Taste and Organized Social Action," in David Rosenberg and D. M. White, eds., *Mass Culture*, pp. 102–04。

85. "Power of Association," p. 4.

86. *Insurance Journal* (October 1882), 10:314.

87. *Practical Points for Practical Persons*, p. 60.
88. Standen, *The Ideal Protection*, p. 238. 早期的绰号是反过来的，把未投保者变为一个"亡命的赌徒"。*Insurance Monitor* (November 1895), 43:456.
89. "The Moral Duty," p. 183.
90. "The Power of Association," p. 4. 有人甚至建议将人寿保险作为婚姻强制性的必备条件。"The Duty of the Hour," Insurance Journal (September 1880), 8:369.
91. "The Moral Duty," p. 183.
92. Standen, *The Ideal Protection*, p. 94.
93. Elias Heiner, "An Examination and Defense of Life Insurance," p. 143.
94. "Why Should I Insure my Life?" p. 177. 亦可参见 *U. S. Insurance Gazette* (June 1868), 27:81; Letter to the editor, *Equitable Record* (August 1, 1888). 塔马格牧师（Rev. T. DeWitt Talmage, D. D.）在1894年的一次布道中说道，一个死去的未投保之人是一个盗用公款的人和一个骗子："他没有死去，而是逃走了。"转引自 R. Carlyle Buley, *The Equitable Life Assurance Society of the United States*, p. 395。
95. 可以断定地是，解约退还金受到了一些人的反对，那些人认为购买人寿保险是保单持有人没有利益的纯粹无私的行为。讽刺的是，有些认为人寿保险是一门生意的发言人也攻击了解约退还金政策，因为"闻所未闻的恩惠与退职金"更适合慈善组织。Hoffman, *History of the Prudential*, p. 41, and Hendrick, *Story of Life Insurance*, p. 547.
96. Hoffman, p. 36.
97. Huebner, *The Economics of Life Insurance*, p. 145.
98. 同上，p. 144。
99. Knapp, *Lectures on the Science of Life Insurance*, p. 205.
100. Darwin P. Kingsley, *Militant Life Insurance*, p. 16.
101. F. Robertson Jones, ed., *History and Proceedings of the World's Insurance Congress*, p. 3.
102. Standen, *The Ideal Protection*, p. 76. 斯坦登将对公司管理人员高薪酬的大量批评归因于对理性看待"承担死亡风险的企业"的抵制，并指出在其它商业活动中，利润却被轻而易举地接受了：

"当你从最便宜的市场买到面包和靴子；当你付了大笔钱并作为回报收到正

品……你不会在乎弹指之间你的烘焙屋是否装饰了一个新门面或者你的制靴人沉迷于新标志的奢华。"同上, p. 77。

103. Fowler, *History of Insurance*, p. 822.
104. "The Ethics of Life Insurance," *Catholic World* (March 1897), 64:817, 821.
105. Kingsley, *Militant Life Insurance*, p. 13.
106. Tyng, *Life Insurance Does Assure*, p. 25. 参见 Keller, *The Life Insurance Enterprise*, p. 39。客观存在场所的象征意义,参见 Bernard Barber, "Place, Symbol, and Utilitarian Function in War Memorials," pp. 328-44。
107. Geo. Rowland, ed., *Advice to the Holders of Life Insurance Policies, by a Practical Observer*, p. 7.
108. "A Popular Error Corrected," *United States Insurance Gazette* (May 1870), 31:18.
109. "Solid Facts," *Insurance Times* (May and June 1868), 1:202.
110. "Popular Error Corrected," p. 18.
111. Coan, "Does Life Insurance Insure?" p. 279.
112. Hardy, *Risk and Risk-Bearing*, p. 285; Kip, *Fraternal Life Insurance*, p. 99.
113. Henderson, *Industrial Insurance*, p. 119.
114. Robert K. Merton and Elinor Barber, "Sociological Ambivalence," in Edward A. Tyrakian, ed., *Sociological Theory, Values, and Socio-Cultural Change* (New York: Free Press, 1963), p. 96.
115. Charles L. Sanford, "The Intellectual Origins and New-Worldliness of American Industry," pp. 1–16. 有关这一主题,亦可参见 Richard Hofstadter, *Anti-Intellectualism in American Life* (New York: Vintage Books, 1963), p. 251。用于最终的社会和慈善目的的金钱证明了大量财富的积累是正当的。参见 Sigmund Diamond, *The Reputation of the American Businessman*, pp. 13–15。

人寿保险代理人:职业声望和专业化中的问题

1. Burton Hendrick, *The Story of Life Insurance*, p.65.

2. "Advice to Life Insurance Agents," *United States Insurance Gazette* (February 1859), 8:189. 作为代理人功效的一个例证，1843年至1868年，纽约相互人寿保险保险公司签发的保险有2.96908亿美元，而不推销的办事处签发的保险只有1740.2万美元。Shepard B. Clough, *A Century of American Life Insurance*, pp.89-90.
3. New York Life Insurance Co. newsletter (June 1871).
4. "Suggestions on the Elements of Success of Life Insurance Agents," *United States Insurance Gazette* (August 1861), 13:202.
5. N. Willey, *An Instruction Book for Life Insurance Agents* (New York: C. C. Hine, 1891), p.6.
6. 同上，p.64。
7. "Life Assurance," *Hunt's Merchants' Magazine* (August 1870), 63:123.
8. William T. Standen, *The Ideal Protection*, p.232.
9. John F. Dryden, *Addresses and Papers on Life Insurance*, p.106。简易人寿保险公司使代理制度适应了其下层阶级的顾客。保费由代理人每周（每月）到被保人的家里亲自收取的。
10. Burton Hendrick, *The Stock of Life Insurance*, p.65.
11. "Life Assurance," *Hunt's Merchants' Magazine* (August 1870), p.122.
12. Dr. T. M. Coan, "Does Life Insurance Insure?" p.277.
13. "Commissions to Agents," *Insurance Monitor* (September 1870), 18:719.
14. Louis D. Brandeis, *Business – A Profession*, p.149.
15. Darwin P. Kingsley, *Militant Life Insurance*, p.73.
16. "Commissions to Agents," *Insurance Monitor* (September 1870), 18:881.
17. Miles M. Dawson, *Things Agents Should Know*, p.20.
18. Everett Rogers with F. Floyd Shoemaker, *Communication of Innovations*, p.255.
19. Elihu Katz and Paul F. Lazarsfeld, *Personal Insurance*, p.178.
20. James T. Phelps, *Life Insurance Sayings*, p.17.
21. "Life Insurance as It Was – and As It Is: The Views of an Old Time Worker," *Insurance Monitor* (October 1871), 19:848.
22. Rogers and Shoemaker, *Communication of Innovations*, p.246.
23. *Our Mutual Friend* (April 1867), p.7.

24. Moses L. Knapp, *Lectures on the Science of Life Insurance*, p.230.
25. Gilbert E. Currie, *The Insurance Agent's Assistant*, p.174.
26. *How to Sell Life Assurance*, p.18, 42.
27. Standen, *Ideal Protection*, p.180.
28. Willey, *An Instruction Book*, p.40.
29. Standen, *The Ideal Protection*, p.232.
30. Solomon S. Huebner, "How the Life-Insurance Salesman Should View His Profession." Baltimore Life Underwriters Association，1915 年 2 月 20 日，年度会议前的一次讲话，转自 Solomon S. Huebner, *Life Insurance: A Textbook*, p.436。
31. Hugh D. Hart, *Life Insurance as a Life Work*, p.202.
32. Kingsley, *Militant Life Insurance*, p.79. The methods of "the divine and the solicitor" are compared by William Alexander, *How to Sell Assurance*, p.180.
33. Frederick L. Hoffman, *History of the Prudential Insurance Company of America*, p.148.
34. Standen, *The Ideal Protection*, p.201, 204.
35. Owen J. Stalson, *Marketing Life Insurance*, p.526.
36. Standen, *The Ideal Protection*, p.151.
37. "A Dishonesty in High Walk," *Banker's Magazine* (July 1848), 3:46, 47.
38. "Life Assurance," *Hunt's Merchants' Magazine*, p.123.
39. Henry B. Hyde, "Hints to Agents," cited by Burton Hendrick, *The Story of Life Insurance*, p.244.
40. "Reminiscences of the Oldest Agents," *Henry Baldwin Hyde: A Biographical Sketch*, p.195.
41. 同上，p.197。
42. 同上，pp.228-29。
43. 一首所谓的 17 世纪英文十四行诗，转引自 "The Romance of Life-Insurance," *Harper's New Monthly Magazine* (October 1859), 19:664。
44. Warren Horner, *Training for a Life Insurance Agent*, p.16.
45. Stalson, *Marketing Life Insurance*, p.26.
46. *Insurance Monitor* (January 1899), 45:35.

47. 见于 J. A Fowler, *History of Insurance in Philadelphia*, p.660; New York Life Insurance Company newsletter (December 1870); *Proceedings of the Fifth Annual Convention of the National Association of Life Insurance Underwriters*, June 20-21, 1894 (Boston, Mass.: Standard Publishing Co., 1894), p.38。

48. 转载于 *The Insurance Monitor* (May 1870), 18:405。

49. Charlton Lewis, *Proceedings of the First Annual Convention of the NALU*, 1890 (Boston, Standard Publishing Co., 1890), p.39. "小贩、推销者或保险代理人不得入内",迟至 1900 年,这种标示还出现在办公楼的大堂中。Mildred F. Stone, *A Calling and Its College*, p.1.

50. Currie, *Insurance Agent's Assistant*, p.173. 虽然最初在英格兰出版,但它在美国被广泛阅读。Stalson, *Marketing Life Insurance*, p.251. 这被 19 世纪 60 年代公平保险公司的代理人所利用。R. Carlyle Buley, *The Equitable Life Assurance Society of the United States*, p.72.

51. "Life Insurance Solicitions – The Difficuties And Prejudices to Be Overcome," *Insurance Times* (August 1868), 355; see also "Difficulties of a Life Insurance Agency," *Insurance Monitor* (February 1863), 11-12:39; "Life Insurance as a Profession," *United States Insurance Gazette* (June 1868), 27:64.

52. Fowler, *History of Insurance*, p.660.

53. The American Mutual Life Insurance and Trust Co., New Haven, Conn. (1860), sale booklet, p.23, 引自 Stalson, *Marketing Life Insurance*, p.367。

54. *Insurance Monitor* (October 1868), 16:653, cited by Stalson, *Marketing Life Insurance*, p.512.

55. Henry C. Fish, *Agent's Manual of Life Assurance* (New York, 1867), p.57, cited by Stalson, *Marketing Life Insurance*, p.371.

56. "Life Insurance as a Profession," p.66.

57. *Our Mutual Friend* (April 1867), p.7.

58. Phelps, *Life Insurance Saying*, p.20.

59. 来自 Richard A. McCurdy 的讲话,转引自 *Weekly Statement*,由 the Mutual Life Ins. Co. of New York 发行, p.18, 引自 Stalson, *Marketing Life Insurance*, p.510。最初,代理人是上层或中产阶级的专业人士或商务人士,他们一年当中的一些时间致力于核发保单。当人寿保险成为一个全职职业后,他们就被低社会经济地位的个人取代了。

60. Wilson Williams, "The Great Opportunity for Trained Men," Proceedings of The Fourth Annual Meeting of the Association of Life Insurance Presidents, p.96. 另一个该会议上的发言人也提到了人寿保险"是完全堕落的证据",代理人"就是……在其他任何行业都失败的人。" Sylvester C. Dunham, "The Systematic Training of Agents," *ibid.*, p.88.
61. Burton Hendrick, *The Story of Life Insurance*, p.66.
62. "Commissions to Agents," p.881.
63. Robert Ketcham Bain, *The Process of Professionalization: Life Insurance Selling*, pp.41, 51; Stalson, *Marketing Life Insurance*, p.66.
64. Hendrick, *The Story of Life Insurance*, p.66.
65. "Commissions to Agents," p.881.
66. Everett Cherrington Hughes, *Men and Their Work*, pp.49-52.
67. 一个职业角色所必需的正式教育和培训的数量,被认为是对工作所需的一般化和系统的知识的掌握程度一个有效测量。Bernard Barber, "Inequality and Occupational Prestige," p.79. See also Bernard Barber, *Social Stratification*, p.24.
68. Willey, *An Instruction Book*, p.51.
69. "Life Insurance as a Profession," p.65.
70. Standen, *The Ideal Protection*, p. 179.
71. Henry C. Fish's *Agent's Manual of Life Assurance*, 最初出版于 1867 年,包括更多的实用信息。然而,个人质量仍然被作者认为是一位好代理人的参数。
72. Homer, *Training for a Life Insurance Agent*, p.16.
73. New York Life Insurance Co. newsletter (December 1870).
74. Bain, *The Process of Professionalization*, p.46.
75. "Difficulties of A Life Insurance Agency," *Insurance Monitor* (February 1863), 11-12:39.
76. John W. Riley, "Basic Social Research and the Institution of Life Insurance," *American Behavioral Scientist* (May 1963), 6:8.
77. Talcott Parsons, "The Professions and Social Structure," and Robert K. Merton, "The Uses of Institutionalized Altruism," pp.110-11.

78. 有关某些职业角色的象征性侮辱，参见 Barber, *Social Stratification*, p.143。戈夫曼将污名定义为一种"不受欢迎的差异性"（undesired differentness）。其种类涵盖从身体形式的污名到国家、种族、宗教和部落的污名。Erving Goffman, *Stigma*, pp.4-5. 人寿保险代理人和其他从业者是职业污名的例子。
79. Charles W. Pickell, *Plain Reasons*, p.31.
80. Willey, *An Instruction Book for Life Insurance Agents*, p.95.
81. Hughes, *Men and Their Work*, pp.45-55.
82. *The Fireside Companion*, reprinted in *Insurance Monitor* (May 1870), 18:405.
83. 有关"肮脏的工作者"的自行决断的自由，参见 Everett C. Hughes, "Good People and Dirty Work," pp.30-32.
84. Willey, *An Instruction Book*, pp.9, 46.
85. Dawson, *Things Agents Should Know*, p.4.
86. Standen, *The Ideal Protection*, p.149.
87. Willey, *An Instruction Book*, p.61.
88. Hendrick, *The Story of Life Insurance*, p.244.
89. 有关文化目标和一个社会结构的制度化手段不完全整合（malintegration）所导致的越轨行为，参见 "Social Structure and Anomie," in Robert K. Merton, *Social Theory and Social Structure* (New York: Free Press, 1968), pp.185-214。
90. 来自 Henry B. Hyde 经经理人发的传单, February 1, 1871, in *Henry Baldwin Hyde*, p.213。
91. Bain, *The Process of Professionalization*, p.51, 54.
92. Standen, *The Ideal Protection*, p.152. 代理人通常也诉诸贬损性的小册子和文章，这些材料由其公司出版，用来无节制地攻击竞争对手。R. Carlyle Buley, *The American Life Convention*, p.147.
93. "Life Insurance as It Was," p.848.
94. *Tuckett's Monthly Insurance Journal* (February 15, 1855), p.12, cited in Stalson, *Marketing Life Insurance*, p.268.
95. Standen, *Ideal Profession*, p.151, 157, 174.
96. Alexander, *How to Sell Assurance*, p.179.
97. Willey, *Instruction Book*, p.44.
98. "The Character of Life Solicitors," *Insurance Monitor* (October 1870), 18:804.

99. Bain, *The Process of Professionalization*, pp.115, 121。该法案于纽约首先获得通过，之后陆续在其他州获得通过。Stalson, *Marketing Life Insurance*, p.352.
100. 有关新兴的或有抱负的专业一再发生的模式，参见 Bernard Barber, "Some Problems in the Sociology of the Profession," 676-768; William Goode, "The Theoretical Limits of Professionalization," *Explorations in Social Theory* (New York: Oxford University Press, 1973)。对人寿保险代理人专业化尝试性的详细分析，参见 Bain, *The Process of Professionalization*, and Miller Lee Taylor, *The Life Insurance Man*。我们对人寿保险代理人的专业化的兴趣局限于其作为一种地位提升的机制的功能。斯塔尔森提出专业化是在阿姆斯特朗调查之后有意施行的，其目的是挽救代理人的声望。Stalson, *Marketing Life Insurance*, p.579.
101. 根据斯塔尔森，大学第一门保险课程出现在1897年的哈佛大学。同前注，p.578。
102. 传授系统知识的方式各种各样，包括函授或自学课程、总部学校（home-office school）、总部派出到各地代理机构讲课的旅行讲师、学院中的成人教育夜校、以及由公司或本地核保人协会资助的基督教青年会（YMCA）和"推销大会"（sales congresses）。Bain, *The Process of Professionalization*, p.161, 199.
103. Edward A. Woods, *Life Underwriting as a Career*, p.59.
104. Stone, *A Calling and Its College*, p.69.
105. Solomon S. Huebner, *The Economics of Life Insurance*, p.19. 许布纳成了这个国家最著名的人寿保险教师。
106. 1914年后，人寿保险也被用于慈善遗赠。
107. Huebner, *Life Insurance*, p.431. 亦可见于 William Alexander, *How to Sell Insurance*, p.5。
108. 引自 Stalson, *Marketing Life Insurance*, p.635.
109. Huebner, *Life Insurance*, p.427.
110. Kenneth Evans, Vernon Hughes, and Logan Wilson, "A Comparison of Occupational Attitudes," *Sociology and Social Research* (November/December 1936), 21:147. 他们分别是来自东德克萨斯州立教师学院（East Texas State Teachers College）的学生、数个营地的CCC职工、以及来自德克萨斯东北

部五个镇的被雇佣的男女。

111. M. E. Deeg and D. G. Patterson, "Changes in Social Status of Occupations," *Occupations* (1947), 25:205-18, reprinted in Barber, *Social Stratification*, p.101.
112. Horner, *Training for a Life Insurance Agent*, p.15.
113. 关于代理人专业的自我形象，参见 Taylor, *The Life Insurance Man*, p.287; Evans, "Selling as a Dyadic Relationship," p.78。两项丰富的研究得出结论，认为人寿保险不是一个专业：Bain, *The Process of Professionalization*, p.379; Taylor, *The Life Insurance Man*, pp.401-02。从业者也把专业化视为地位提升的一种手段。然而，公众舆论将他们远远排在其他所有的专业人士之后（全国民意研究中心[NORC]调查）。像人寿保险一样，葬礼指导（directing）仍然是一门生意。Leroy Bowman, *The American Funeral*, pp.81-83. 关于一般意义上商业的专业化所遭遇的社会和文化约束，参见 Bernard Barber, "Is American Business Becoming Professionalized?"
114. Milton L. Woorward, *The Highway to Success* (Cincinnati: Diamond Life Bulletins, 1934), p.18。如同"精明的自我提升"一样，声望构建也以类似的实用主义方式被追求。Lorraine Sinton, *Practical Prestige Building* (Indianapolis: R & R Publications, 1937), p.5.
115. Barber, "The Limits of Equality," p.38.

结论

1. J. A. Fowler, *History of Insurance in Philadelphia*, p.822.
2. Ernest Wallwork, *Durkheim: Morality and Milieu*, p.145. 参见 Georg Simmel, *Philosophic des Geides*, pp.387-437。
3. Sigmund Diamond, ed., *The National Transformed*, p.6.
4. Bernard Barber, "The Absolutization of the Market," p.16.

参考文献

主要来源

报纸，期刊和杂志

American Life Assurance Magazine and Journal of Actuaries I. July 1859; April 1860.
Banker's Magazine, July 1848; February 1852; December 1854; May 1856; April 1859; September 1861.
Catholic World, March 1897.
Harper's New Monthly Magazine, October 1859; January–April 1881.
Hunt's Merchants' Magazine, October, November 1839; February 1843; October 1844; April 1846; May 1849; May 1852; April, October 1855; July 1856; February 1857; January 1858; February, April, October 1860; January 1861; May 1862; September 1865; August 1870.
Insurance Journal, October 1880; October 1882.
Insurance Monitor, April, June 1853; May 1854; September 1855; August 1861; February, July–August 1863; May–November 1870; March, October 1871; February 1873; November 1894; August, November 1895; January 1899.
Insurance Times, May–June, August 1868.
Journal of Commerce, December 30, 1863.
Journal of Insurance, October 1858.
Nation, January 1871.
New York Evangelist, September 1876.
New York Times, February 21, 23, 1853; July 21, 1974; August 11, 1976.
Nile's Weekly Register, February 1823.
Our Mutual Friend, June–September 1867.

Proceedings of the First, Fifth, Twenty-Fifth and Thirty-Fifth Annual Conventions of the National Association of Life Underwriters. Boston, Mass., 1890, 1894, 1914, 1924.

United States Insurance Gazette, May, June 1855; October 1856; January, July 1857; February, May, November 1859; May, August 1861; May, June 1868; May, November 1870; November 1873.

文章

Coan, Dr. T. M. "Does Life Insurance Insure?" *Harper's Monthly Magazine* (January 1881), 62:273–77.

Cook, Rev. Dr. "Life Insurance." *Banker's Magazine* (October 1849), 4:370–82.

Corliss, Guy C. H. "Insurable Interest in Life." *Albany Law Journal* (November 1885), 32:385–88.

Fisher, Irving. "The Life Extension Institute," *Proceedings from the Insurance Institute of Hartford*. Hartford, Conn.: 1914.

Heiner, Elias. "An Examination and Defense of Life Insurance." *United States Insurance Gazette* (August 1863), 11:138–46.

Hendricks, Burton. "The Story of Life Insurance." *McClures*, May to November 1906.

Homans, Sheppard. "The Banking Element in Life Insurance." *Bankers Magazine* (July 1875), 30:49–52.

Jacques, D. R. "Mutual Life Insurance." *Hunt's Merchants' Magazine* (February 1847), 16:152–65.

Jencks, T. R. "Life Insurance in the United States." *Hunt's Merchants' Magazine* (February 1843), 8:109–30.

Johnson, A. B. "The Relative Merits of Life Insurance and Savings Banks." *Hunt's Merchants' Magazine* (December 1851), 25:670–77.

Lottin, J. "La Statistique Morale et le Determinisme." *Journal de la Société de Statistique de Paris* (October 1905), 10:21–34.

Mayhew, Henry. "An Inquiry into the Number of Suspicious Deaths Occurring in Connection with Life Insurance Offices." *Insurance Monitor* (July 1856), 4:73, 99–100.

Onion, John F. "Insurable Interest in Life." *Proceedings of the Legal Section of the American Life Convention*, Chicago, 1918.

Quételet, Adolphe Jacques. "Sur la Statistique Morale." *Nouveaux Mémoires de L'Académie Royale de Bruxelles* (Brussels: M. Hayez, 1848), 21:1–111.

Riley, George D. "Aiding Humanity to Meet Disaster." *United States Daily*, December

15, 1932.

Russell, Winslow. "Report." *Proceedings of the Twenty-Fifth Annual Convention of Life Underwriters*. New York, 1914.

Stoughton, E. W. "Life Insurance." *Hunt's Merchants' Magazine* (March 1840), 2:222–33.

Tyng, Stephen H. "Life Insurance Does Assure." *Harper's Monthly Magazine* (April 1881), 62:754–63.

Williams, Wilson. "The Great Opportunity for Trained Men." *Proceedings of the Fourth Annual Meeting of the Association of Life Insurance Presidents*. Chicago, 1910.

Wright, Elizur. "The Regulation of Life Insurance." *Hunt's Merchants' Magazine* (November 1852), 27:541–45.

Yartman, John V. "Principles of Assurance." *Insurance Monitor* (October 1854), 2:77.

专著和人寿保险宣传册

A Fortune for Everybody—How It Pays or the Best Investment for Business Men. New York: J. H. and C. M. Goodsell, 1871.

Albree, George. *The Evils of Life Insurance*. Pittsburgh: Bakewell and Mathers, 1870.

A Letter from Uncle John to His Nephew Richard on Speculative Insurance. A pamphlet published in 1880 and found in the New York Public Library.

Alexander, William. *How To Sell Life Assurance*. New York: Winthrop Press, 1902.

——. *What Life Insurance Is and What It Does*. New York: Spectator, 1917.

——. *Insurance Fables for Life Underwriters*. New York: Spectator, 1924.

A Query for Women. New York: Equitable Life Insurance Co., 1882.

Babbage, Charles. *A Comparative View of the Various Institutions for the Assurance of Lives*. London: J. Manman, 1826.

Beecher, Rev. Henry Ward. *Truth in a Nutshell*. New York: Equitable Life Insurance Co., 1869.

Burleigh. *Life Insurance Illustrated and Objections Considered From a Business Standpoint*. New York, 1870.

——. *The Sunny Side of Life Insurance*. New York: S. W. Green, 1873.

Cardwell, George. *A Month in a Country Parish*. New York: Dana, 1856.

Currie, Gilbert E. *The Insurance Agent's Assistant*. London: H. G. Collins, 1852.

——. *A Popular Essay on Life Assurance*. London: H. G. Collins, 1852.

Dawson, Miles M. *Things Agents Should Know*. New York: Insurance Press, 1898.

de Meuron, Alois. "Du Contrat d'Assurance sur la Vie." Ph.D. diss., Faculté de Droit de l'Académie de Lausanne, 1877.

Documents of the Assembly of the State of New York, 75th session, 1852, vol. 5, no. III, April 7, 1852.

Dollarhide, A. C. *Facts and Fallacies of Life Insurance*. Ohio: American Actuarial Bureau, 1926.

Dryden, John F. *Addresses and Papers on Life Insurance and Other Subjects*. Newark: Prudential Press, 1909.

Duty and Prejudice-an Interesting and Truthful Narrative. New York: J. H. and C. M. Goodsell, 1870.

Emery, Henry Crosby. *Speculation on the Stock and Produce Exchanges of the United States*. New York: Columbia University Press, 1896.

Fifteen Good Reasons for Insuring My Life. New York: Equitable Life Insurance Co., 1860.

Fish, Rev. H. C. *The American Manual of Life Assurance*. New York: Equitable Life Assurance Society of the United States, 1885.

——— *Word to Wives*. New York: Equitable Life Insurance Co., 1872.

Fisher, Irving. *Prolonging Life as a Function of Life Insurance*. New York: Life Extension Institute, 1919.

Fundamental By-Laws and Tables of Rates for the Corporation for the Relief of the Widows and Children of Clergymen in the Communion of the Protestant Episcopal Church, with preface by Hon. Horace Binney. Philadelphia: Sherman, 1851.

Gabelli, Aristide. *Gli Stettici della Statistica*. Rome: Libreria A. Manzoni, 1878.

Gordon, George W. *Lecture before the Boston's Young Men's Society*. Boston: Temperance Press, 1833.

Goupil, René. *De la Consideration de La Mort des Personnes dans les Actes Juridiques*. Ph.D. diss., Université de Caen, Faculté de Droit, 1905.

Graham, William. *The Romance of Life Insurance*. Chicago: The World Today, 1909.

Hart, Hugh D. *Life Insurance as a Life Work*. New York: F. S. Crofts, 1928.

Henry Baldwin Hyde: A Biographical Sketch. New York: De Vinne Press, 1901.

Hodgman, Rev. S. A. *Father's Life Boat*. Saint Louis: Western Insurance Review Printing House, 1871.

Holwig, David N. *The Science of Life Assurance*. Boston, Mass.: Provident Life and Trust Co., 1886.

Horner, Warren. *Training for a Life Insurance Agent*. Philadelphia: J. B. Lippincott, 1917.

How To Sell Life Assurance. New York: Equitable Life Insurance Co. instruction booklet, 1870.

Huebner, Solomon S. *Life Insurance, A Textbook*. New York: D. Appleton, 1921.

Hunt, Freeman. *Worth and Wealth: A Collection of Maxims, Morals, and Miscellanies for Merchants and Men of Business*. New York: Stringer and Townsend, 1856.

Importance of Life Assurance. New York: Equitable Life Insurance Co., 1861.

In Life Prepare for Death. New York: Manhattan Life Insurance Co., 1852.

James, John Angell. *The Widow Directed To The Widow's God*. New York: D. Appleton, 1844.

Juvigny, J. B. *Coup d'Oeil sur les Assurances sur la Vie des Hommes*. Paris: Librairie de Commerce, 1825.

Kingsley, Darwin P. *Militant Life Insurance*. New York Life Insurance Co., 1911.

Knapp, Moses L. *Lectures on the Science of Life Insurance*. Philadelphia: E. J. Jones, 1851.

Lambert, T. S. *Biometry: The Measure of the Span of Life*. New York: American Popular Life Insurance, Co., 1869.

Lefort, Jules. *Traité du Contrat d'Assurance sur la Vie*. Paris: Ancienne Librairie Thorin et Fils, 1893.

Long, Joe B. *The Adventures of a Life Insurance Salesman*. Barre, Mass.: State Mutual Life Assurance Co. of America, 1966.

Lore, Rev. D. D. *Address to Christian Pastors and Churches on Life Insurance*. Home Life Insurance Co., 1861.

Mulford, S. E. *A Reply to Colonel Greene*. Philadelphia, 1885.

Mutual Life Insurance Company: A Brief History. New York: published by the company, 1857.

New York Life Insurance Company newsletters. March 1868; April 1868; May 1869; December 1870; June 1871.

Norton, Charles B. *Life Insurance: Its Nature, Origin, and Progress*. New York: Irving Bookstore, 1852.

Pascan, Michel. "Les Pactes sur Succession Future." Ph.D. diss. Faculté de Droit, Université de Paris, 1907.

Phelps, James T. *Life Insurance Sayings*. Cambridge, Mass.: Riverside Press, 1895.

Pickell, Charles W., *Plain Reasons*. New York: Spectator, 1912.

Pompilly, Judah T. *Watchman! What of the Night? or Rejected Blessings: For Wives and Mothers*. New York: English & Rumsey, 1869.

Practical Points for Practical Persons. New York: Matthew Griffin, 1882.

Reboul, Edmond. *Du Droit des Enfants Bénéficiaires d'Une Assurance sur la Vie Contractée par Leur Père*. Paris: Librairie Nouvelle de Droit, 1909.

Remarks of the late Dr. Norman MacLeod on Life Assurance. New York: July 15, 1872.

Reynolds, Dexter. *A Treatise on the Law of Life Assurance*. New York: Banks, Gould,

1853.

Rollins, E. A. *The Business Worth of Life Insurance*. New York: J. H. and C. M. Goodsell, 1872.

Rowland, Geo., ed. *Advice to the Holders of Life Insurance Policies, by a Practical Observer*. New York: Office of *Insurance Monitor*, 1871.

Sayle, Philip. *Practical Aids for Life Assurance Agents*. London: Simpkin, Marshall, 1879.

Sinton, Lorraine. *Practical Prestige Building*. Indianapolis, Ind.: R & R Publications, 1937.

Standen, William T. *The Ideal Protection*. New York: U.S. Life Insurance Co., 1897.

Stevens, B. F. *Reminiscences of the Past Half Century*. Boston: New England Mutual Life Insurance Co., 1897.

Thirty Short Answers to Thirty Common Objections to Life Insurance. New York: Manhattan Life Insurance Co., 1860.

Touman, I. *L'Assurance sur la Vie en France au XIX Siècle*. Ph.D. diss., L'Université de Paris, 1906.

Tuckett, Harvey. *Practical Remarks on the Present State of Life Insurance*. New York, 1850.

Tyng, Stephen H. *Life Insurance Does Assure*. New York: Coby, 1881.

United States Life Insurance and Trust Company of Philadelphia, 1850 booklet.

Van Amringe, J. H. *A Plain Exposition of the Theory and Practice of Life Assurance*. New York: Charles A. Kittle, 1874.

Wallace, John William. *Historical Sketch of the Corporation for the Relief of the Widows and Orphans of Clergymen In the Communion of the Protestant Episcopal Church*. Philadelphia: Collin Printing House, 1870; reprinted with additions in 1889.

Willey, N. *An Instruction Book for Life Insurance Agents*. New York: C. C. Hine, 1891.

Woods, Edward A. *Life Underwriting as a Career*. New York: Harper, 1923.

Woodward, Milton L. *The Highway to Success*. Cincinnati, Ohio: The Diamond Life Bulletins, 1934.

Wright, Elizur. *Politics and Mysteries of Life Insurance*. New York: Lee, Shepard, and Dillingham, 1873.

法律资料——案件

37	California Reports	670
9	Federal Reporter	249
136	Florida Reports	188

114	Mass.	80
12	Mass. Reports	115
23	N.Y. Reports	523
94	U.S. Reports	460
104	U.S. Reports	188

次要来源
文章

Altmann, S. P. "Simmel's Philosophy of Money." *American Journal of Sociology* (July 1903), 9:46–68.

Barber, Bernard. "Inequality and Occupational Prestige: Theory, Research and Social Policy." *Sociological Inquiry*, 48(2):75–88.

—— "Some Problems in the Sociology of the Professions." *Daedalus* (Fall 1963), 92:669–88.

Bauder, Ward. "Iowa Farm Operators' and Farm Landlords' Knowledge of, Participation in, and Acceptance of the Old Age and Survivors' Insurance Program." *Agricultural and Home Economics Experiment Station*, Iowa State University, Research Bulletin 479, Ames, Iowa, June 1960.

Becker, Howard. "On Simmel's Philosophy of Money." In Kurt H. Wolff, ed., *Georg Simmel*. Columbus: Ohio State University, 1959.

Berekson, Leonard L. "Birth Order, Anxiety, Affiliation and the Purchase of Life Insurance." *Journal of Risk and Insurance* (March 1972), 39:93–108.

Besso, Marco. "Progress of Life Assurance Throughout the World, from 1859 to 1883." *Journal of the Institute Of Actuaries* (October 1887), 26:426–35.

Blauner, Robert. "Death and Social Structure." *Psychiatry* (November 1966), 29:378–94.

Bloch, Herbert A. "The Sociology of Gambling." *American Journal of Sociology* (November 1951), 57:215–21.

Buley, R. Carlyle. "Pioneer Health and Medical Practices in the Old Northwest Prior to 1840." *Journal of American History* (1933–34), 20:497–520.

Chinard, Gilbert. "Eighteenth-Century Theories on America as a Human Habitat." *American Philosophical Society Proceedings* (1947), 91:27–57.

Coleman, James. "Social Inventions." *Social Forces* (December 1970), 39:164–72.

Curti, Merle. "The Changing Concept of 'Human Nature' in the Literature of American Advertising." *Business History Review* (Winter 1967), 41:335–57.

David, Paul A. "The Growth of Real Product in the United States Before 1840: New Evidence, Controlled Conjectures." *Journal of Economic History* (June 1967), 27:151–95.

Davis, Lance E. and Peter L. Payne. "From Benevolence to Business: The Story of Two Savings Banks." *Business History Review* (Winter 1958), 30:386–91.

de Roover, Florence Edler. "Early Examples of Marine Insurance." *Journal of Economic History* (May 1945), 5:172–97.

Devereux, Jr., Edward C. "Gambling." *International Encyclopedia of Social Science.* 2d ed., vol. 6.

Dunham, Allison. "The Method, Process, and Frequency of Wealth Transmission at Death." *University of Chicago Law Review* (Winter 1963), 30:241–85.

Evans, F. B. "Selling as a Dyadic Relationship." *The American Behavioral Scientist* (May 1963), 6:76–79.

Faunce, William A. and Robert L. Fulton. "The Sociology of Death: A Neglected Area of Research." *Social Forces* (October 1957), 36:205–9.

Fox, Renée C. "A Sociological Perspective on Organ Transplantation and Hemodialysis." *New Dimensions in Legal and Ethical Concepts For Human Research*, Annals, New York Academy of Sciences (January 2, 1970), 169:406–28.

Friedmann, Lawrence M. "The Dynastic Trust." *Yale Law Journal* (March 1964), 73:547–81.

—— "Patterns of Testation in the 19th Century: A Study of Essex County (New Jersey) Wills." *American Journal of Legal History* (1964), pp. 34–53.

Fulton, Robert L. "The Clergyman and the Funeral Director: A Study in Role Conflict." *Social Forces* (May 1961), 39:317–23.

Gruman, Gerald J. "A History of Ideas about the Prolongation of Life." *Transactions of the American Philosophical Society* (1966), 56:5–91.

Hellner, Ian. "The Scope of Insurance Regulation." *American Journal of Comparative Law* (1963), 12:494–543.

Hollenberg, Richard H. "Is a Uniform Statute on Insurable Interest Desirable?" *Proceedings of the Section on Insurance Law of the American Bar Association.* Cincinnati, December 1945.

Hull, Robert. "Immortality Through Premiums?" *The Christian Century* (February 19, 1964), 31:239–40.

Kephart, William M. "Status After Death." *American Sociological Review* (October 1950), 15:635–43.

"Life Insurance." *Mennonite Encyclopedia.* Scottsdale, Pa.: Mennonite Publishing

House, 1957.

Manes, Alfred. "Outlines of a general economic history of insurance." *Journal of Business of the University of Chicago* (January 1942), 15:30–47.

—— "Principles and History of Insurance." *International Encyclopedia of The Social Sciences*, vol. 8. New York: MacMillan, 1932.

Merton, Robert K. "The Unanticipated Consequences of Purposive Social Action." *American Sociological Review* (1936), 1:894–904.

Merton, Robert K. "The Uses of Institutionalized Altruism." *Seminar Reports*, pp. 105–13. New York: Columbia University, 1975.

Mills, C. Wright. "Situated Actions and Vocabularies of Motive." *American Sociological Review* (December 1940), 5:904–13.

Moore, Wilbert E. "Time-The Ultimate Scarcity." *American Behavioral Scientist* (May 1963), 6:58–60.

Nolan, Gerald J. "Fact or Fiction? The Relationship Between Insurance and Gambling." *Insurance Advocate* (April 24, 1965), 76:26–29.

O'Connell, Jeffrey. "Living with Life Insurance." *New York Times Magazine* (May 19, 1974), pp. 34–102.

Parsons, Talcott. "Death in American Society-A Brief Working Paper." *American Behavioral Scientist* (May 1963), 6:61–65.

Patterson, Edwin W. "Hedging and Wagering on Produce Exchanges." *Yale Law Journal* (April 1931), 40:843–53.

Pine, Vanderlyn R. and Derek L. Phillips. "The Cost of Dying: A Sociological Analysis of Funeral Expenditures. " *Social Problems* (Winter 1970), 17:131–39.

Ploscowe, Morris. "The Law of Gambling." *The Annals of the American Academy of Political and Social Science*, Philadelphia (May 1950), 269:1–19.

Riley, John W. "Basic Social Research and the Institution of Life Insurance." *American Behavioral Scientist* (May 1963), 6:6–9.

Sanford, Charles L. "The Intellectual Origins and New-Worldliness of American Industry." *Journal of Economic History* (1958), 18:1–15.

Simmons, Marylin G. "Funeral Practices and Public Awareness." *Human Ecology Forum* (Winter 1975), 5:9–13.

Smith, Robert S. "Life Insurance in 15th Century Barcelona." *Journal of Economic History* (May 1941), 1:57–59.

Stannard, David E. "Death and Dying in Puritan New England." *American Historical Review* (December 1973), 78:1305–30.

Swadener, Paul. "Gambling and Insurance Distinguished." *Journal of Risk and Insurance*

(September 1964), 31:463–68.

"Tax Consequences of Transfers of Bodily Parts." *Columbia Law Review* (April 1973), 73:842–65.

Tracy, Myles A. "Insurance and Theology." *Journal of Risk and Insurance* (March 1966), 33:85–93.

Vinovskis, Maris A. "Mortality Rates and Trends in Massachusetts before 1860." *Journal of Economic History* (March 1972), 32:184–213.

—— "The 1789 Life Table of Edward Wigglesworth." *Journal of Economic History* (September 1971), 31:570–83.

Welsh, Alexander. "The Agent as Priest." *Christian Century* (December 18, 1963), 80:1574–76.

—— "The Religion of Life Insurance." *Christian Century* (December 11, 1963) 80:1541–43.

专著

Ariès, Phillipe. *Western Attitudes Towards Death*. Baltimore, Md.: Johns Hopkins University Press, 1974.

Atheam, James L. *General Insurance Agency Management*. Homewood, Ill.: Richard D. Irwin, 1965.

Aubert, Vilhem. "Chance in Social Affairs." *The Hidden Society*. Totowa, N.J.: Bedminster Press, 1965.

Back, Kurt W. and Hans W. Baade. "The Social Meaning of Death and the Law." In John C. Kinney, ed., *Aging and Social Policy*. New York: Appleton-Century-Crofts, 1966.

Bain, Robert Ketcham. "The Process of Professionalization: Life Insurance Selling." Ph.D. diss., University of Chicago, 1959.

Barber, Bernard. "The Absolutization of the Market: Some Notes on How We Got From There to Here." In G. Dworkin, G. Bermant, and P. Brown, eds. *Markets and Morals*. Washington, D.C.: Hemisphere, 1977.

—— "Function, Variability, and Change in Ideological Systems." In Bernard Barber and Alex Inkeles, eds. *Stability and Social Change*. Boston: Little, Brown, 1971.

—— "Is American Business Becoming Professionalized? Analysis of a Social Ideology." In E. A. Tiryakian, ed., *Sociocultural Theory, Values, and Sociocultural Change*. Glencoe, Ill.: Free Press, 1963.

—— "Place, Symbol, and Utilitarian Function in War Memorials." In Robert Gutman, ed., *People and Buildings*. New York: Basic Books, 1972.

—— *Social Stratification*. New York: Harcourt, Brace & World, 1957

Becker, Carl. *The Heavenly City of Eighteenth-Century Philosophes*. New Haven: Yale University Press, 1932.

Bendix, Reinhard and Seymour Martin Lipset, eds. *Class, Status, and Power: A Reader in Social Stratification*. Glencoe, III.: Free Press, 1953.

Bissell, Richard M. "Fire Insurance: Its Place in the Financial World." *Yale Insurance Lectures*. New Haven: Tuttle, Morehouse, and Taylor Press, 1903–4.

Bowman, Leroy. *The American Funeral*. Washington, D.C.: Public Affairs Press, 1959.

Brainbridge, J. *Biography of an Idea: The Story of Mutual Fire and Casualty Insurance*. New York Doubleday, 1952.

Brandeis, Louis D. *Business—A Profession*. Boston: Small, Maynard, 1925.

Brown, Norman O. *Life Against Death*. Middletown, Conn.: Wesleyan University Press, 1959.

Bruchey, S. *The Roots of American Economic Growth, 1607–1861*. New York: Harper and Row, 1965.

Buley, Carlyle R. *The American Life Convention, 1906–1952*. New York: Appleton-Century-Crofts, 1953.

—— *The Equitable Life Assurance Society of the United States*. New York: Appleton-Century-Crofts, 1967.

Buttrick, George A. *The Interpreter's Bible*. New York: Cokesbury Press, 1953.

Cahn, William. *A Matter of Life and Death*. New York: Random House, 1970.

Campbell, Alexander Colin. *Insurance and Crime*. New York: Putnam, 1902.

Cassedy, James H. *Demography in Early America*. Cambridge: Harvard University Press, 1969.

Clough, Shepard B. *A Century of American Life Insurance: A History of The Mutual Life Insurance Company of New York*. New York: Columbia University Press, 1946.

Colton, John W. *The First Century*. Hartford: Connecticut Life Insurance Co., 1946.

Commager, Henry Steele. *The American Mind*. New Haven: Yale University Press, 1950.

Consumer's Union Report on Life Insurance. New York: Bantam Books, 1972.

Corcoran, Charles. *Search for a Sign*. New York: Equitable Life Assurance Society of the United States, 1961.

Couch Encyclopedia of Insurance Law. 2d ed., 1960.

Cowing, Cedric B. *Populists, Plungers, and Progressives*. Princeton: Princeton University Press, 1965.

Davis, Joseph S. *Essays in the Earlier History of American Corporations.* Cambridge: Harvard University Press, 1917.

Dawson, Miles M. "The Development of Insurance Mathematics." In Lester W. Zartman, ed., *Yale Readings in Life Insurance.* New Haven: Yale University Press, 1914.

Demos, John. *A Little Commonwealth.* New York: Oxford University Press, 1970.

Diamond, Sigmund. *The Nation Transformed: The Creation of an Industrial Society.* New York: George Braziller, 1963.

——. *The Reputation of the American Businessman.* Cambridge: Harvard University Press, 1955.

Dickson, P. G. M. *The Sun Insurance Office.* London: Oxford University Press, 1960.

Dodd, Edwin Merrick. *American Business Corporations until 1860.* Cambridge: Harvard University Press, 1954.

Donohue, Sister J. H. *The Irish Catholic Benevolent Union.* Washington, D.C.: Catholic University of America, 1953.

Dryden, John. "Burial or Industrial Insurance." In Lester W. Zartman and William H. Price, eds., *Life Insurance.* New Haven: Yale University Press, 1914.

Dublin, Louis I. and Alfred J. Lotka. *The Money Value of Man.* New York: Ronald Press, 1930.

Durkheim, Emile. *The Elementary Forms of the Religious Life.* New York: Free Press, 1965.

Ecker, Frederick H. *The Great Provider.* Hartford, Conn.: Industrial Publication Co., 1959.

El-Hakim, Jacques. *Le dommage de source delictuelle en droit musulman.* Paris: R. Pichon et Durand Auzias, 1971.

Ezell, John Samuel. *Fortune's Merry Wheel: The Lottery in America.* Cambridge: Harvard University Press, 1960.

Feifel, Herman. "Death." In Norman Farberow, ed., *Taboo Topics.* New York: A. Thernton Press, 1963.

Fisher, Irving. "Economic Aspects of Lengthening Human Life." In Lester W. Zartman and William H. Price, eds., *Life Insurance.* New Haven: Yale University Press, 1914.

Fouse, L. G. "The Organization and Management of the Agency System." In *Insurance.* Philadelphia: American Academy of Political and Social Science, 1905.

Fowler, J. A. *History of Insurance in Philadelphia for Two Centuries.* Philadelphia: Review Publishing and Printing Co., 1888.

Francis, John. *Annals, Anecdotes, and Legends.* London: Longman, Brown, Green, and Longmans, 1853.

Fulton, Robert, ed. *Death and Identity*. New York: Wiley, 1965.

Gamble, Philip. *Taxation of Insurance Companies*. Albany: J. B. Lyon, 1937.

Garcia-Amigo, M. *Condiciones Generales de los Contratos*. Madrid: Editorial Re-vista de Derecho Privado, 1969.

Goffman, Erving. *Stigma*. Englewood Cliffs, N.J.: Prentice-Hall, 1963.

Goldsmith, R. W. *A Study of Savings in the United States*. Princeton: Princeton University Press, 1955.

Gollin, Gillian Lindt. *Moravians in Two Worlds*. New York: Columbia University Press, 1967.

Gollin, James. *Pay Now, Die Later*. New York: Penguin Books, 1969.

Goody, Jack. *Death, Property, and the Ancestors*. Stanford, Calif.: Stanford University Press, 1962.

Gorer, Geoffrey. *Death, Grief, and Mourning in Contemporary Britain*. London: Cresset Press, 1965.

Greene, Marc. *Risk and Insurance*. Cincinnati, Ohio: Southwestern Publishing Co., 1962.

Habenstein, Robert and William M. Lamers. *The History of American Funeral Directing*. Milwaukee, Wisc.: Bulfin Printers, 1955.

Handlin, Oscar and Mary F. Handlin. *Commonwealth: A Study of the Role of Government in the American Economy: Massachusetts 1774–1861*. New York: New York University Press, 1947.

Hardy, Charles O. *Risk and Risk-Bearing*. Chicago: University of Chicago Press, 1923.

Harmer, Ruth Mulvey. *The High Cost of Dying*. New York: Crowell-Collier Press, 1963.

Hawthorne, Daniel. *The Hartford of Hartford*. New York: Random House, 1960.

Henderson, Charles R. *Industrial Insurance in the United States*. Chicago: University of Chicago Press, 1909.

Hendrick, Burton. *The Story of Life Insurance*. New York: McClures, Phillips, 1906.

Hirose, Suketaro. *Development and Present Conditions of Life Insurance in Japan*. Osaka: Nippon Life Assurance Society, 1935.

Hoffman, Frederick L. *History of the Prudential Insurance Company of America*. Newark: Prudential Press, 1900.

Hollingsworth, T. H. *Historical Demography*. New York: Cornell University Press, 1969.

Huebner, Solomon S. "History of Marine Insurance." In Lester W. Zartman, ed, *Property Insurance*. New Haven: Yale University Press, 1909.

—— "Human Life Values." In Davis W. Gregg, ed., *Life and Health Insurance Handbook*. Homewood, III.: Richard D. Irwin, 1959.

—— *Marine Insurance*. New York: D. Appleton, 1919.

—— *The Economics of Life Insurance*. New York: Appleton-Century-Crofts, 1927.

Huebner, Solomon S. and Kenneth Black Jr. *Life Insurance*. New York: Appleton-Century-Crofts, 1969.

Hughes, Everett Cherrington. "Good People and Dirty Work." In Howard S. Becker, ed., *The Other Side*. New York: Free Press, 1964.

—— *Men and Their Work*. Glencoe, III.: Free Press, 1958.

Huizinga, Johan. *Homo Ludens*. New York: Harper and Row, 1970.

Hunter, Rudolf. A *Short Survey of Swedish Insurance Activity*. Stockholm: Swedish Insurance Association, 1930.

Ibsen, H. *Four Great Plays*. New York: Bantam Books, 1971.

Insurance Markets of the World. Zurich: Swiss Reinsurance Co., 1964.

Jack, A. Fingland. *An Introduction to the History of Life Assurance*. London: P. S. King, 1912.

Jackson, Kenneth T. and Stanley K. Schultz, ed. *Cities in American History*. New York: Knopf, 1972.

Jacquemyns, G. *Lagrand Dumoneau*. Brussels: Centre d'Histoire Economique et Sociale de l'Université Libre de Bruxelles, 1960.

James, Marquis. *Biography of a Business*. New York: Bobbs-Merrill, 1942.

—— *The Metropolitan Life*. New York: Viking, 1947.

James, William. *Essays in Pragmatism*. New York: Hafner, 1948.

Johnson, Donald R. *Savings Bank Life Insurance*. Homewood, III.: Richard D. Irwin, 1963.

Jones, F. Robertson, ed. *History and Proceedings of the World's Insurance Congress*. San Francisco: National Insurance Council, 1917.

Kahn, Raymond. *L'Aléa Dans Les Contrats*. Paris: Librairie de la Societé du Reccueil Sirey, 1924.

Katz, Elihu and Paul F. Lazarsfeld. *Personal Influence*. New York: Free Press, 1955.

Keller, Morton. *The Life Insurance Enterprise*. Cambridge: Harvard University Press, 1963.

Kimball, Spencer L. *Insurance and Public Policy*. Madison: University of Wisconsin Press, 1960.

Kip, Richard de Raismes. *Fraternal Life Insurance in America*. Philadelphia: College Offset Press, 1953.

Kniffin, William H. Jr. *The Savings Bank and its Practical Work*. New York: Bankers, 1912.
Knight, Charles K. *History of Life Insurance to 1870*. Philadelphia: by the author, 1920.
Koren, John, editor. *The History of Statistics*. New York: Macmillan, 1918.
Larson, Henrietta M. *Guide to Business History*. Cambridge: Harvard University Press, 1948.
Lebrun, François. *Les Hommes et La Mort en Anjou Aux 17e et 18e Siècles*. La Haye: Mouton, 1971.
Life Insurance Consumers. Hartford: Life Insurance Agency Management Association, 1973.
Life Insurance Statistical Highlights. New York: Institute of Life Insurance, 1974.
Lifton, Robert J. and Eric Olson. *Living and Dying*. New York: Praeger, 1974.
Linton, M. Albert. "Life Annuities." In S. S. Huebner, ed., *Modern Insurance Problems*. Philadelphia: American Academy of Political and Social Science, 1917.
Long, John. *Ethics, Morality, and Insurance*. Bloomington: Indiana University, Bureau of Business Research, 1971.
Lubove, Roy. *The Struggle for Social Security*. Cambridge: Harvard University Press, 1968.
Mackie, Alexander. *Facile Princeps: The Story of the Beginning of Life Insurance in America*. Lancaster, Pa.: Lancaster Press, 1956.
MacLean, G. A. *Insurance Up Through the Ages*. Louisville, Ky.: Dunne Press, 1938.
McLean, Joseph. *Life Insurance*. New York: McGraw-Hill, 1945.
Malinowski, Bronislaw. *Magic, Science, and Religion*. New York: Doubleday, 1954.
May, Henry F. *Protestant Churches and Industrial America*. New York: Harper, 1949.
McConnell, Donald. *Economic Virtues in the United States*. New York: by the author, 1930.
McKinney, William Mark. *Consolidated Laws of New York Annotated*. Minneapolis, Minn.: West Publishing Co., 1971.
Meitzin, August. *History, Theory, and Techniques of Statistics*. Philadelphia: American Academy of Political and Social Science, 1891.
Mitford, Jessica. *The American Way of Death*. Greenwich, Conn.: Fawcett Crest Books, 1963.
Moir, Henry. "Mortality Tables." In Lester W. Zartman and W. H. Price, eds., *Life Insurance*. New Haven: Yale University Press, 1914.
Montgomery, Thomas H. *A History of the Insurance Company of North America*. Philadelphia: Review Publishing and Printing Company, 1885.

Morgan, Edmund S. *The Puritan Family*. New York: Harper and Row, 1966.

Morley, John. *Death, Heaven and the Victorians*. Pittsburgh: University of Pittsburgh Press, 1971.

Morris, Harrison S. *A Sketch of the Pennsylvania Company for Insurance On Lives and Granting Annuities*. Philadelphia: Lippincott, 1896.

Myers, Margaret G. *A Financial History of the United States*. New York: Columbia University Press, 1970.

Nelson, Benjamin. *The Idea of Usury*. Chicago: University of Chicago Press, 1969.

Nichols, Walter S. *Insurance Blue Book, 1876–77*. New York: C. C. Hine, 1877.

North, Douglass C. "Capital Accumulation in Life Insurance between the Civil War and the Investigation of 1905." In William Miller, ed., *Men in Business*. Cambridge: Harvard University Press, 1952.

North, Douglass, C. *The Economic Growth of the United States, 1790–1860*. New York: Norton, 1966.

—— *Growth and Welfare in the American Past*. Englewood Cliffs: Prentice Hall, 1966.

North, Douglass C. and Lance E. Davis. *Institutional Change and American Economic Growth*. Cambridge: Harvard University Press, 1971.

O'Donnell, Terence. *History of Life Insurance in its Formative Years*. Chicago: American Conservation Co., 1936.

Oviatt, F. W. "History of Fire Insurance in the United States." In Lester W. Zartman, ed., *Property Insurance*. New Haven: Yale University Press, 1909.

Parsons, Talcott. "The Professions and Social Structure." In Talcott Parsons, ed., *Essays in Sociological Theory*. New York: Free Press, 1949.

Parsons, Talcott, Reneè C. Fox, and Victor Lidz." The Gift of Life and Its Reciprocation." In Arien Mack, ed., *Death In American Experience*. New York: Schocken Books, 1973.

Parsons, Talcott and Victor Lidz." Death in American Society." In Edwin S. Schneidman, ed., *Essays in Self Destruction*. New York: Science House, 1967.

Passamaneck, Stephen M. *Insurance in Rabbinic Law*. Edinburgh: University of Edinburgh Press, 1974.

Patterson, Edwin W. *Cases and Materials on the Law of Insurance*. New York: Foundation Press, 1955.

Patterson, Raul R. "Children and Ritual of the Mortuary." In Otto S. Margolis, ed., *Grief and the Meaning of the Funeral*. New York: MAS Information Corporation, 1975.

Pelerin, Pierre. *The French Law of Wills, Probates, Administration and Death Duties*. London: Stevens, 1958.

Pfeffer, Irving and David R. Klock. *Perspectives on Insurance*. Englewood Cliffs, N.J.: Prentice-Hall, 1974.

Pierce, Dr. C. C. "Human Life as a National Asset." In F. Robertson Jones, ed., *History and Proceedings of the World's Insurance Congress*, San Francisco: National Insurance Council, 1915.

Presbrey, A. *The History and Development of Advertising*. New York: Greenwood Press, 1968.

Richard, P. J. *Histoire des Institutions d'Assurance en France*. Paris: L'Argus, 1956.

Rogers, Everett M. with F. Floyd Shoemaker. *Communication of Innovations*. New York: Free Press, 1971.

Rosenberg, Charles. *The Cholera Years*. Chicago: University of Chicago Press, 1962.

Rosenberg, David and D. M. White. *Mass Culture*. New York: Free Press, 1957.

Rossiter, W. S. *A Century of Population Growth*. U.S. Bureau of the Census. Washington D.C.: Government Printing Office, 1909.

Rostow, W. W. *The Stages of Economic Growth*. London: Cambridge University Press, 1971.

Rothman, David J. *The Discovery of the Asylum*. Boston: Little, Brown, 1971.

Russell, George and Kenneth Black. *Human Behavior and Life Insurance*. Princeton: Princeton University Press, 1963.

Sakolski, A. M. *The Great American Land Bubble*. New York: Harper and Row, 1932.

Schaffer, Thomas L. *Death, Property, and Lawyers*. New York: Dunellen, 1970.

Schultz, Oscar T. *The Law of the Dead Human Body*. Chicago: American Medical Association, 1930.

Simes, Lewis M. *Public Policy and the Dead Hand*. Ann Arbor: University of Michigan Law School, 1955.

Simmel, Georg. *Philosophie des Geldes*. Leipzig: Duncker and Humblot, 1900.

—— *The Philosophy of Money*. Tom Bottomore and David Frisby, trans. London: Routledge and Kegan Paul, 1978.

Simmons, Leo W. *The Role of the Aged in Primitive Society*. New Haven: Yale University Press, 1945.

Smith, James G. *The Development of Trust Companies in the United States*. New York: H. Holt, 1927.

Stalson, Owen J. *Marketing Life Insurance*. Bryn Mawr, Pa.: McCahan Foundation, 1969.

Stannard, David E. editor. *Death in America*. Philadelphia: University of Pennsylvania Press, 1975.

Stone, Mildred F. *A Calling and Its College*. Homewood, Ill.: Richard D. Irwin, 1963.

——— *Since 1845: A History of the Mutual Benefit Life Insurance Company*. New Brunswick, N.J.: Rutgers University Press, 1957.

Sumner, William Graham. *Folkways*. New York: New American Library, 1940.

Sumner, William Graham and Albert Keller. *The Science of Society*. New Haven: Yale University Press, 1927.

Supple, Barry. *The Royal Exchange Assurance*. London: Cambridge University Press, 1970.

Sussman, Marvin B., Judith N. Cates, and David T. Smith. *The Family and Inheritance*. New York: Russell Sage Foundation, 1970.

Taeuber, C. and Irene B. Taeuber. *The Changing Population of the United States*. New York: Wiley, 1958.

Taylor, Miller Lee. "The Life Insurance Man: A Sociological Analysis of the Occupation." Ph.D. diss., Louisiana State University and Agricultural and Mechanical College, 1958.

Teweley, Richard J., Charles U. Harlow, and Herbert L. Stone. *The Commodity Futures Game*. New York: McGraw Hill, 1974.

The Map Report. New York: Institute of Life Insurance, 1973.

The Nature of the Whole Life Contract. New York: Institute of Life Insurance, 1974.

Tishler, Hace Sorel. *Self-Reliance and Social Security 1870–1917*. New York: Kennikat Press, 1971.

Titmuss, Richard M. *The Gift Relationship*. New York: Random House, 1971.

Trenerry, C. F. *The Origin and Early History of Insurance*. London: P. S. King, 1926.

U.S. Bureau of the Census. *Historical Statistics of the United States: Colonial Times to 1957*. Washington, D.C.: Government Printing Office, 1960.

Vallier, Ivan. *Comparative Methods in Sociology*. Berkeley: University of California Press, 1971.

Vernon, Glenn M. *The Sociology of Death*. New York: Ronald Press, 1970.

Viner, Jacob. *The Role of Providence in the Social Order*. Philadelphia: American Philosophical Society, 1972.

Vinovskis, Maris A. "Angels' Heads and Weeping Willows: Death in Early America." In Michael Gordon, ed., *The American Family in Social-Historical Perspective*. New York: St Martin's Press, 1978.

Viterbo, Camilo. *Ensayos de Derecho Comercial y Económico*. Buenos Aires, Argentina: Tea Tipográfica, 1948.

Vovelle, Michel. *Piété Baroque et Déchristianisation en Provence au XIII Siècle*. Paris: Plon, 1973.

Wahab, M. A. "Insurance Development in Iraq and the U.A.R." Master's thesis, New York, College of Insurance, May 1969.

Wahl, Charles W. "The Fear of Death." In Herman Feifel, ed., *The Meaning of Death*. New York: McGraw Hill, 1959.

Walford, Cornelius. *Insurance Guide and Handbook*. London: Charles & Edwin Layton, 1901.

Wall work, Ernest *Durkheim: Morality and Milieu*. Cambridge: Harvard University Press, 1972.

Ward, William M. *Down The Years*. Newark, N.J.: Mutual Benefit Life Insurance Co., 1932.

Warner, Lloyd W. *The Living and The Dead: A Study of the Symbolic Life of Americans*. New Haven: Yale University Press, 1959.

Washburne, Henry S. *Something About the Business of Life Assurance in France*. Boston: Franklin Press, 1879.

——— *Something About the Business of Life Assurance in Germany*. Boston: Franklin Press, 1879.

Weare, W. *Black Business in the New South: A Social History of the North Carolina Mutual Life Insurance Company*. Urbana: University of Illinois Press, 1973.

Weber, Max. *The Protestant Ethic and the Spirit of Capitalism*. New York: Scribners, 1958.

Weiss, Richard. *The American Myth of Success*. New York: Basic Books, 1969.

White, Gerald T. *A History of the Massachusetts Hospital Life Insurance Company*. Cambridge: Harvard University Press, 1955.

Willet, Allan H. "The Economic Theory of Risk and Insurance." Ph. D. Thesis, Columbia University, 1901.

Williston, Samuel. *A Treatise on the Law of Contracts*. New York: The Lawyers Co-operative Publishing Co., 1972.

Winter, William D. *Marine Insurance*. New York: McGraw Hill, 1919.

Woods, Edward A. *The Sociology of Life Insurance*. New York: D. Appleton, 1928.

Woodward, P. Henry. *Insurance in Connecticut*. Boston: D. H. Hurd, 1897.

Wrong, Dennis H. *Population and Society*. New York: Random House, 1963.

Wyllie, Irvin G. *The Self-Made Man in America*. New York: Free Press, 1954.

Yasuba, Yasukichi. *Birth Rates of the White Population in the United States, 1800–1860: An Economic Study*. John Hopkins University Studies in Historical and Political Science, 79, No. 2. Baltimore: John Hopkins University Press, 1962.

Zartman, Lester W. "History of Life Insurance in the United States." In Lester W. Zartman, ed., *Personal Insurance: Life and Accident*, rev. by William H. Price. Yale Readings in Life Insurance. New Haven: Yale University Press, 1914.

译后记

　　翻译泽利泽教授的《道德与市场》，说来是一段因缘际会。
　　我自己并不从事人寿保险的研究，最早听说泽利泽这个名字，是从我博士导师陈纯菁（Cheris Chan）那里。陈老师的博士论文写的就是改革开放后中国人寿保险市场的兴起，其主要的学术对话者就是泽利泽。陈老师的博士论文经修订后由牛津大学出版社于2012年出版，其中文版亦为"薄荷实验"书系的一员，即将由华东师范大学出版社出版，定名为《生老病死的生意》。由此，我才知道有这样一位新经济社会学的"大神"存在。她独树一帜，数十年来倡导从文化的路径剖析和理解经济行为和现象，并且身体力行，出版了数部极具影响力的学术作品。
　　最初接到这个译书邀请时，我尚在犹豫。如今高校青年教师的生存处境众所周知，科研成果乃是生存第一要务，而翻译作品对职称升等不算成果，至多只能算锦上添花。而且，翻译学术作品是件吃力不讨好的事情，翻译中的问题往往会被人指摘而让译者心理压力巨大。不过，我最后还是决定接下这个任务。一来是我幸运地暂时解决了"生存压力"，可以做点自己想做的事情；二来我也可以与同学们一起开读书会，培养他们的学术品鉴和研究性写作能力，顺便完成翻译工作。视每章篇幅，我们采取每次读书会读1-2章的方法，由1-2人主讲，然后就其中的一些内容难点和语言难点进行讨论。当然，为了控制翻译质量，真正执笔翻译只有我和2014级的陈美伊同学。陈美伊的英文很好，还在做美剧的字幕翻译工作。就具体分工而言，陈美伊翻译了第五章和第六章，其余部分由姚泽麟翻译。初稿完成后，由姚泽麟做了一次校译。形成完整的中文译稿后，2015级的潘仪沁同学校读了全，并提出修订建议。最后，由姚泽麟对中文译文做最后的校订。

泽利泽教授的著作特点是引注多，她喜欢旁征博引各种历史材料。从某种意义上，她更像是一位历史学家。为了便于读者理解，我们在中文版中加了不少"译者注"，将我们查阅到的一些重要的背景信息置于脚注当中。

我的妻子是学英文出身。在翻译和校订过程中，她也通读了全书，并就其中的一些语言问题提出意见。在此感谢她的辛勤付出。此外，也要特别感谢2013级的赵皓玥同学和2016级丁若昱同学，书中的一些法文片段得益于她们的帮助。

最后谢谢"薄荷实验"的信任，谢谢顾晓清老师。我2012级的学生李泽坤如今也是这本书的编辑之一，谢谢他的精心校对和审读。我们期待读者的批评指正，也期待泽利泽教授的问题意识与研究方法能在中国社会学界得到进一步的应用和发展。我的邮箱是zelinyao@126.com，欢迎读者就相关问题与我联系交流。

姚泽麟于华东师大闵行校区

2019年3月12日